李致文存

Lizhi Wencun

第三卷

我与出版

四川人民出版社

图书在版编目（CIP）数据

我与出版. 第三卷 / 李致著. — 成都：四川人民
出版社，2019.6
（李致文存）
ISBN 978-7-220-11025-2

Ⅰ. ①我… Ⅱ. ①李… Ⅲ. ①出版工作—四川—文集
Ⅳ. ①G239.277.1-53

中国版本图书馆CIP数据核字（2018）第257276号

WO YU CHUBAN

我与出版
李致文存（第三卷）

出 品 人	黄立新
项目统筹	谢 雪
责任编辑	张 丹
封面设计	张 妮
版式设计	戴雨虹
责任校对	袁晓红
责任印制	李 剑
出版发行	四川人民出版社（成都槐树街2号）
网 址	http://www.scpph.com
E-mail	scrmcbs@sina.com
新浪微博	@ 四川人民出版社
微信公众号	四川人民出版社
发行部业务电话	（028）86259624 86259453
防盗版举报电话	（028）86259624
照 排	四川胜翔数码印务设计有限公司
印 刷	成都东江印务有限公司
成品尺寸	160mm×238mm
印 张	27.5
字 数	360千
版 次	2019年6月第1版
印 次	2019年6月第1次印刷
书 号	ISBN 978-7-220-11025-2
定 价	158.00元

80年代初，李致于盐道街3号四川人民出版社大院

李 ｜ 致 ｜ 文 ｜ 存
我 与 出 版

他用所有时光回答一个问题

廖全京

凝视着这五卷（六册）沉甸甸的文字，仿佛望见无数春花秋月在叠彩流光。面前这套《李致文存》，朴实而生动地记录了作者过往几十年生命中刻骨铭心的人和事。这是他灵魂的笔记。

这里面包含着他过去岁月的所有时光。

他用所有时光回答一个问题：如何做人？

中国古代的贤人或智者，无一不把如何做人视为人生第一要义甚至是唯一要义，由此而形成人文传统。钱穆关于读《论语》是学习"做人"的看法，则代表了近代以来的人文学者对这一传统的遵循。日积月累，潜移默化，这传统已经随同中国历代的主流思想意识即孔孟儒学浸入社会的每一个细胞，成为整个社会言行、公私生活以及精神领域的导向和规范。即使是经历了"五四"时期及其后几十年新思潮的反复冲击，中国传统的这种积淀仍旧保留着它的神髓，并有意识或无意识地通过人们的行为、思想、言语、活动不同程度地显露出来。自然，在漫长的传统浸润与新潮冲击的矛盾过程中，人们对于如何做人的理解和履践也不可避免地发生了变化，正所谓"曲翻古调填今事，义探新思改旧观"，尤其是在主张冲破世俗的道德规范、抵御旧的社会道德戒律对个体的人的压制的一批政治家思想家陆续登上中国现代社会的政治舞台之后，这种变化尤其明显。在追求建构现代政治的民主体制和社会理想的强劲之风的推动下，对传统思想意识进行解构的呼声日益高涨，张扬现代革命伦理主义的具体行动日趋激烈。在相当长的一段历史时期内，通过对如何做人的各种回答呈现出来的新旧矛盾的冲撞和撕裂状况，一直是时代和民族的重要精神现象。

李致就是在这样一种大的精神背景下，踏上了自己的人生之路，开始了对如何做人的思考和探索。回头看去，这条路上重峦叠嶂，遍布荆棘。时或星汉灿烂、朝霞开曙；时或乱云飞渡、阴霾蔽日。但所有的历史波折，不仅没有从根本上改变李致自始至终对方向和道路的选择，反而更加激励了他一路之上的生命意志，坚定和饱满了他对于如何做人的信念和情绪。这些都可以从这几卷文字里窥见其大略。所以称大略者，是因为他一生的所有行为、行动，远远多于、大于他留在纸面上的这些文字。尽管如此，对于走近并理解李致来说，这些文字仍然有它不可取代的重要性。这重要性，首先的和根本的就在于这些有血有肉有情感的文字告诉我们，李致对于如何做人的认知与实践其精神趋向既是为传统道德观念所规范的，又是受现代革命伦理主义影响的，还是带有某些启蒙色彩与理想主义成分的。归根结底，李致的做人准则和为人行止，无论从个人修养还是从社会公德的角度来说，都符合一个由传统文化孕育出来的现代中国人的标准。

李致做人是从"爱人"出发，由"亲亲"做起的。十六岁那年，他将自己的生命交付给了进步学生运动，从此在"五四"新文学的影响下，学习做一个普通的、真正的中国人。在传统的氛围中高扬起反传统的旗帜，这是那一辈先知先觉者们的精神特质。这里面的深层原因，恐怕是在看似相互背反的传统与反传统之间，却有着对于人的相当接近的理解和尊重，虽然各自的理解和尊重的角度和程度不尽相同，马克思主义着眼于人的解放，人类的解放；孔子思想的核心是"仁"，而"仁"的核心是"爱人"。我们看到，二者在李致的一些言行中，奇妙而自然地结合乃至融合到了一起。当我们深入李致的心灵世界时，进一步发觉他的"爱人"是从对亲人的爱的基础上提升出来的。这又与所谓"仁者，人也，亲亲为大"（《礼记·中庸》）的精神暗合，而这种暗合，又被李致用行动赋予了新的含义。上述种种，都可以在这几卷文字中找到鲜活的例证。

我一直觉得，在李致的以《大妈，我的母亲》《终于理解父亲》《小屋的灯光》《我淋着雨，流着泪，离开上海》等为代表的一系列亲情散文中，能明晰地见到他的思想情感之流的源头及质地。更重要的是他对父亲、母亲、妻子、四爸巴金的思念和追怀已经不可以用简单的传统观念如孝道之类去把握，那是一种建立在理解基础之上的对传统道德中的愚、盲成分的批判和超越。我曾经这样写道："李致一直自觉地把理解别人，尤其是理解自己的亲人，作为通往人格理想的一条重要路径，努力想在理解别人的过程中获得内心的纯净、光明、温暖。"（《对李致散文的一种解读》）这种理解，源于在长期艰难曲折的社会实践活动中对人类现代文明思想和新的道德观念的吸纳和认知。

从对"爱人"的现代理解出发，李致在如何做人的漫漫长途上执着前行。从20世纪40年代中期至今，李致几乎将全部的精力和时间都献给了自己服膺的信仰、信念、事业。在那一辈先知先觉者心目中，一切为了他人，乃全部信仰、信念、事业的核心，他们甚至一度把"毫不利己、专门利人"这种燃烧着激情同时有些浪漫色彩的口号写满了江河大地。无论历史将如何评价，他们身上从内到外的那一个闪光的"诚"字已经为后人立下了精神的丰碑。李致作为那一辈先知先觉者们的追随者，他的言行，一直是符合"己所不欲，勿施于人"（《论语·卫灵公》）和"夫仁者，己欲立而立人，己欲达而达人"（《论语·雍也》）的传统伦理道德规范的。不同的是，他不是为立己而立人或达人，而是为了他心中神圣的信仰、事业而立人或达人，为了大多数人的利益而立人或达人。在某种程度上，这也是对传统伦理道德观念的一种批判和超越。

过去的半个多世纪里，李致先后在共青团部门、党政部门、新闻出版部门、文化艺术部门留下了精神足迹。他在所承担的每一项工作任务中，都特别注意把尊重人、理解人、关心人、支持人、爱护人放在重要以至首要的位置。无论对上级领导、下级同事，还是对编辑、记者、作家、艺术家，他都一视同仁，认真倾听他们的倾诉，尽力排解他们的烦难，畅快分享他们的喜悦，往往成为他们的朋友。在他看来，立人、达人的过程，其实是一个"亲亲"的过程。在与他人的交往中，他勉力地向古往今来那些"尊德性而道问学"的君子学习，待人接物一秉至诚：诚其心，诚其意，诚其言，诚其行，关键是一个"诚"——真实无妄。古人云："诚者，天之道也。诚之者，仁之道也。"（《礼记·中庸》）诚哉斯言！在四川文化界，李致有许多彼此知根知底相互推心置腹的朋友，比如马识途、王火、杨字心、高缨、沈重，比如魏明伦、徐棻，又比如周企何、陈书舫、竞华、许倩云，等等。他们之间的友情，正是仁之道的生动体现。20世纪80年代，魏明伦在改革开放的春风中从自贡本土脱颖而出，以"一年一戏""一戏一招"轰动海内外，他的成长，得到过自贡、成都、北京的领导和朋友伯乐们的发现和扶持。魏明伦常常提起的浇灌他的五位园丁中，就有他尊称为"恩兄"的李致。时任中共四川省委宣传部副部长的李致，继承巴金遗风，爱才惜才，肝胆相照。在魏明伦遭受极左棍棒打压之时，是李致力排"左"议，抵制"左"风，支持和保护了魏明伦。我觉得，李致身上体现出来的这种诚，除了传统道德的影响之外，还含有现代文明中的人道主义思想的成分。这成分，表现为一种现代意味的爱。对此，我曾经写道："爱是一个漫长的过程，一个需要不断学习、耐心修炼的过程。李致用笔墨记录下的所有感情，都是在学习和修炼过程中的感悟。陀思妥耶夫斯基在他的《卡拉玛佐夫兄弟》里借佐西马长老的嘴说过：'用爱去获得世界。'李致也许并不接受作为基督徒的这位俄国作家思想中的宗教情绪和神秘主义成分，但是，我相信，他对这位反对沙皇专制暴政的死牢囚徒关于人类爱的认识是完全同意的。"（《对李致散文的一种解读》）

说到李致对如何做人这一问题的回答，就不能不说到他的精神导师巴金。巴金的思想和作品，巴金的为人和一生，为李致树立了一个做人的榜样。在李致的生活中，四爸巴金是鲜活的灵魂的精神支撑和性格、情感的源头。巴金远走了，李致的许多亲人都远走了，但巴金及巴金的亲人们给李致留下了一笔宝贵而丰富的精神遗产。其中，巴金留给李致的四句话成为他一生的座右铭："读书的时候用功读书，玩耍的时候放心玩耍，说话要说真话，做人得做好人。"这盏温暖心灵的灯火，至今仍是李致做人的标准。他在顺境中牢记这四句话，他在逆境中不忘这四句话。通过这四句话，他不仅为自己更为广大读者树起了一个清洁的精神的思想标杆。其实，归结起来，巴金留给李致的也是留给中国知识分子的遗产就是两句话：一句是"生命的意义在于奉献而不是索取"，还有一句是"人总得说真话"。关于巴金对李致的影响和李致对巴金的深情，那篇《我淋着雨，流着泪，离开上海》有极其感人的揭示。这里我只想说，巴金与李致之间深层的内在联系就是，巴金是一个中国的知识分子，在他的影响下，李致也努力使自己成为一个中国的知识分子。

追溯起来，李致心目中的精神导师还应当有鲁迅。他是读着鲁迅的作品在暗夜中走向破晓的，是鲁迅教他"横眉冷对千夫指，俯首甘为孺子牛"，他用这种精神指导自己去回答如何做人的问题。而巴金对鲁迅的崇敬和追随，无疑更加重了鲁迅在李致心目中的分量。曾经为巴金辩护从而保护了巴金的鲁迅说过："巴金是一个有热情的有进步思想的作家，在屈指可数的好作家之列的作家。"（《答徐懋庸并关于抗日统一战线问题》）而在巴金那一代青年作家心目中，鲁迅是给他们温暖的太阳，也是为他们挡住风沙的大树。在所有进步作家的心目中，鲁迅先生的人格是比他的作品更伟大的。他的正义的呼声响彻了中国的暗夜，在荆棘遍地的荒野中，他执着思想的火把，引导着无数的青年向远远的一线光亮前进。这些青年中，应当也有李致，尽管当时他还只是一株幼嫩的秧苗。在"文革"被关"牛棚"的后期，李致靠"天天读"鲁迅的书获得精神支柱，度过他一生最困难的时候。

实践是检验真理的唯一标准，实践也是检验一个人的人生态度的唯一标准。无论是"俯首甘为孺子牛"的精神引领，还是"生命的意义在于奉献"的思想勉励，在李致身上都不同程度地默默化作了认真而坚实的实践。这些实践在他从事出版工作期间显得尤其突出。20世纪的最后二十年里，李致与出版结缘。他担任四川省出版工作的领导职务之初，中国正闹"书荒"，读者求书若渴，彻夜排队买书，但在百废待兴的情况下，人们往往买不到需要的书籍。面对此情此景，李致难过、内疚、心急如焚。全身心投入出版工作的李致团结带领四川出版界同仁，在迅猛发展的改革开放形势推动下，解放思想，实事求是，首先从突破束缚地方出版社手脚的"三化"（地方化、群众化、通俗化）框框入手，实行"立足本省，面向全国"的方针，抓住机遇，深化改革，勇于实践，埋头实干，使四川出版在短时间内异军突起，以品种多、成系列、有重点的鲜明特色，在国内以至海外出版界产生很大影响，广大读者由此对四川出版赞誉有加，四川出版事业由此而出现了空前繁荣的局面。一时间，许多作家、诗人、翻译家大受鼓舞，一部部佳作纷纷投向四川的出版社，人们戏称"孔雀西南飞"。曾被鲁迅先生誉为"中国最为杰出的抒情诗人"的冯至对李致说："你是出版家，不是出版商，也不是出版官。"李致将这些话理解为是对当时的四川人民出版社的整体评价，他向出版社全体职工传达说："冯至同志说四川出版社是出版家，不是出版商，也不是出版官。"李致，这位四川出版事业的有功之臣，就是这样坚持把社会效益放在首位，同时注重经济效益，以改革的思路、开放的心态，将鲁迅、巴金关于如何做人的观念，落实到一步一个脚印的重大社会实践中。

李致的实践，往往渗透着感情。实践的过程，就是积累感情的过程，深化感情的过程。而这感情，则是他与事业的感情，与人的感情。从担任振兴川剧领导小组副组长到顾问，李致与川剧界结缘几十年，将自己的身心融入了川剧事业。当年他抓川剧抓得十分具体，从讨论规划、研究创作、筹措经费、安排会演到带队出国访问、亲临排练现场、关心演员生活、解决剧团困难，事无巨细、亲力亲为。更重要的是，他"踩深水"、边做边学；将演职人员视为知己，情同手足。川剧界对他的评价很高，他则甘心自始至终当川剧的"吼班儿"。由于他不仅懂川剧，而且懂演员，川剧界无不为他那颗热爱川剧、热爱川剧人的心所感动。"望着满头白发的李致，我感叹，川剧之幸！"川剧表演艺术家左清飞的这句话道出了川剧人的心声。

天地之间，做人不易，做知识分子更不易，做中国知识分子尤其不易。偶读陈寅恪先生著作，见他曾谈到古代文人的自律问题，那是他在研究唐史时因诗人李商隐在"牛李党争"中的遭遇而引发的感叹："君子读史见玉溪生与其东川府主升沉荣悴之所由判，深有感于士之自处，虽外来之世变纵极纷歧，而内行之修谨益不可或缺也。"（《唐代政治制度史述论稿》中篇）字里行间，强调的是知识分子（士）的"自处"及"内行之修谨"。用今天的话说，知识分子首先要注重自我修养、自我提升、自我完善。只有自己有了良好的修养、坚定的信念，咬定青山不放松，才能不仅做到立人、达人，利国利民，而且做到宠辱不惊，进退从容，任尔东西南北风。这是如何做人的一条很重要的经验和原则。从这个角度看，《李致文存》透露出来的当代文人李致的所思所言所行，似可视为如何做人的一个鲜活个案；也可以说《李致文存》记载了作者对于如何做人问题的基本答案。

　　读读《李致文存》，会给我们在如何做人、如何自处自律等方面带来一些启示，这也许是《李致文存》出版的重要意义吧！

2018年6月10日

目 录

李｜致｜文｜存

我 与 出 版

铭 记 在 心

少 儿 出 版

书 籍 装 帧

编 务 纪 事

知 己 知 彼

他 人 评 说

李致文存·我与出版

附　录

1998年版前言[①]

我长期从事出版工作，在出版社工作近十年，出版局工作五年，出版总社工作四年，在宣传部分管出版工作五年。其间有交叉，如任出版局副局长兼任四川人民出版社总编辑，任宣传部副部长兼任出版总社社长。

在这若干年内，四川出版经历了两个重要阶段。一个是在全国率先突破地方出版的"三化"（即地方化、群众化、通俗化）方针的束缚，改为"立足本省，面向全国"。另一个是分社，既分工专业化，又打破垄断形成竞争局面。可惜不久，我的工作发生变化，以致未能参加分社的收尾（即完善）工作。这对我来说是一个遗憾。

我十分热爱出版工作，常常与当年在一起工作的同志回顾那一段历史。在一些同志的支持和帮助下，把那一段时期我的讲话和短文集中起来，印成这样一个小册子。这些讲话和短文，大多是我根据当时的局党组、社党组的各项决定而讲和写的。如有错误，则该由我负责。翻翻这个小册子，多少可以看出四川出版工作的一些足迹。

随着历史的发展，出版工作出现了巨大的变化，面临着新的形势。当年的出版工作处于计划经济时期，而今已处于社会主义市场

---

① 此系《我与出版》前言，1998年内部编印。

经济时期；当年人工排字拼版，而今已改用电脑；当年是以新华书店为发行主渠道，而今多渠道发行已经形成，等等。因此用历史的观点来看待这些讲话和短文，它只具有一定的参考价值。但是，出版工作为人民服务，为社会主义服务的方向没有变，处理社会效益和经济效益的关系——即把社会效益放在首位，同时又要取得经济效益——的原则也应该不变。编辑、印刷、发行工作，应当为广大读者、作者服务的优良传统更需要发扬。实际上，有些出版部门这些方面的工作比过去已有很大进步。

　　本书供有兴趣的同志翻阅。

1998年8月7日

2013年版前言[①]

为保存历史材料，在张京同志的支持下，我于1998年编印了一本小册子《我与出版》。转眼十四年了。

这十四年，我又写了一些与出版有关的随笔。有对当年"立足本省，面向全国"的回忆，有胡耀邦、杨尚昆、张爱萍等党和国家领导人对川版书的关怀，有回忆彭德怀《最后的年月》一书被停售前后的过程，有缅怀江明、袁明阮和崔之富的情愫，还有一些讲话和短文。篇目最多的是我与作家的交往。我始终认为，密切编辑与作者的关系，是搞好出版工作的一个重要环节。老诗人冯至当年称赞四川出版人"是出版家，不是出版商，也不是出版官"。对不是"出版商"这个说法曾有过争论，理由是现在是市场经济，图书是以商品形式出售的。我以前说过不在"商"字上搞文字游戏。图书有两重性，既属于商品，又是意识形态的载体，不能简单地以金钱来衡量它的价值。也就是说，在力争社会效益和经济效益的同时，要把社会效益放在首位。这是邓小平一贯强调的。对社会效益好但发行量不大的图书，或列入公益图书，给予补助；或在出版社内统一核算，以盈补亏；也可自费出书。这是文化积累和传承。至于不当出版官（巴金老人也很强调这一点），就是要与作家和作者交朋

① 此系《我与出版》前言，四川教育出版社2013年版。

友，关心他们的思想、写作和生活，帮助他们解决困难，为他们服务并发扬他们的长处，包括向他们学习。

形势有很大的变化。主要是目前绝大多数的出版社定性为企业，要自负盈亏。如何适应这种变化，有一个过程，空谈无用，需要探索和创新。长江后浪推前浪，我期待并相信当今的出版人会做得更好。

2012年4月4日

突破「三化」

李致文存·我与出版

LIZHIWENCUN

突破"三化"是形势发展需要①

　　地方出版社的方针，过去局限在"三化"，即地方化、群众化、通俗化上。出书强调八个字：字大、图多、本薄、价廉。内容一般是突出政治，围绕中心，配合运动，宣传典型。其结果，二十多年，本版书出得不多，有保留价值的更少。好的文艺书、科技书源源外流，我们连一本中长篇小说都没有出过，根本谈不上团结本省作者。本版书在书店占的比例很小，书店搞本版图书的同志感到很窝囊，不想干。读者的意见更大，说我们"这也不敢出，那也不敢出"。长篇小说《春潮急》的作者是四川人，但书是在上海出的，许多人为此批评我们。出版社在省内没有应有的地位，与上述情况分不开，因为你没有出什么有价值、引人注意的书嘛。

　　粉碎"四人帮"以后，群众迫切要求解决"书荒"问题。特别是党的工作重点转移，群众要求为实现"四化"贡献力量的时候，对书籍的要求更加迫切。四川这么大，一亿人，全国哪一个出版社都包不了。全国分给我们的书有限，很多书拿不到门市部。当我们看见群众通宵排队买书，或进书店买不到需要的书的时候，作为出版工作者，心里的确感到难过、内疚。

---

　　①　本文系1979年12月在全国出版工作座谈会上的发言，原载《出版工作》1980年第1期。

1979年12月，国家出版局在湖南长沙召开全国出版工作座谈会，李致（右一）和袁明阮（中）与辽宁省、吉林省的代表合影

认识的发展有一个过程。我们并不是一开始就明确要突破"三化"这个束缚的，而是形势发展、读者和作者要求我们这样做的。例如：1977年我们得到《周总理诗十七首》的书稿，但中央领导同志的著作地方能不能出呢？我们反复研究，群众对总理是这样的热爱，总理的诗是这样的珍贵，下决心出版，出版后果然受到广大读者热烈欢迎。接着又出版了《罗瑞卿诗选》，全国发行五十多万册。粉碎"四人帮"以后，许多老作家焕发革命青春，写了很多感人肺腑的文章。有人建议我们出版老作家的近作。出不出？开初只出版了郭老、巴金的，因为他们是四川人，同我们挨边。茅盾、周立波、严文井等不是四川人，出不出？为了满足读者的需要，我们决定出。全国科技大会以后，不少专家把自己的著作拿出来，如著

名老中医李斯炽的医案、陈达夫的《中医眼科六经法要》。我们能因为固守"三化",而不出这些专著吗?当然不能。这样,就突破了"三化"这个框框,情况大有变化:不仅把本省作家团结住了,省外也有不少作者来稿。两年来,我们还出版了曹禺、陈白尘、艾芜、何其芳、叶君健、唐弢、臧克家、王朝闻、马识途、柯岩、金近、包蕾、叶永烈等同志的书。真是路子宽了,书也多了。目前,本版书在省内书店比例增大,书店搞本版图书的同志也高兴了;有些县店过去看不起本版书,订货少,现在感到吃了亏。听说文代会期间,在北京王府井书店看到有二十一种川版文艺书。两年来,国际书店和香港三联书店订川版图书共一百零六种。省委主管文教的书记、省委宣传部对出版社曾多次鼓励。出版社的同志很受鼓舞,许多同志表示要热爱出版事业,甘为他人做嫁裳,认真干十几年,为四川留一两百本"保留节目"。据我们所知,全国还有不少地方出版社的工作搞得很好,很活跃。如果把全国所有地方出版社的积极性充分调动起来,互相学习,取长补短,开展竞赛,对繁荣全国的出版事业会大有好处。

我们这样做,会不会发生一些问题呢?

会不会忽视地方的特点?地方出版社当然要有地方特点。有特点,有个性,不一般化,才会受读者欢迎。例如,我们根据毛泽东同志选读过的有关四川的诗词,出了一本《诗词若干首——唐宋明朝诗人咏四川》,不仅省内欢迎,省外也销了不少。四川的中医、口腔科全国有名,我们出版的有关中医和口腔的书很受欢迎,香港订数不少,马来西亚的华侨还来信要求函授。川戏剧本文学性强,富有幽默感,在本省有群众基础,在外省也受欢迎,甚至日本东京的书店也来购买。至于本省作家的创作或选集、革命回忆录、旅游图书(从峨眉山到三峡),以及科学家的专著、画家的画集等,我们都要出版。

会不会忽视面向农村和青少年读者?地方出版社应该把面向农

村的读物出好，并多出教育青少年的书。几年来，我们有了"农业科技"丛书、"农业机械"丛书、公社生产队会计教材。每年下乡的历书、年画和春联，数量都是很大的。最近出了农民识字课本，还准备出社员家庭副业小丛书。我们根据本省青少年的需要，出版了不少青少年读物。如"数理化自学"丛书、《中学英语常用词例解》《鲁迅作品教学问答》等，发行十几万、几十万册。至于中、小学教科书，我们是做到"课前到书，人手一册"的。

会不会忽视抓本省作者和培养新生力量？我们今年出版的近三百种图书，绝大多数是本省作者。工人、农民、解放军中冒尖的业余作者，我们都分别出了一些个人的专集。今年我们所出的几本受欢迎的书，如《周总理青少年时代》《在彭总身边》《高能物理入门》等，都是业余作者搞的。

会不会造成出版社之间的紧张关系？这几年，我们组稿面较宽，不只与中央一级出版社、上海的出版社发生关系，与一些地方出版社也发生关系。实践证明，我们为了一个共同目标，基本上是互相支持的。如人民文学出版社的严文井、韦君宜同志就很支持我们，给我们鼓励和指教。我们和江西人民出版社还共同出版了《朱总司令在井冈山》。有时也碰到矛盾。如我们和百花文艺出版社都准备出版老舍的长篇小说《四世同堂》，后来经过协商，我们只发行西南地区，把矛盾解决了，与百花的关系也密切了。我们遵循三条原则：一是虚心向各兄弟出版社学习；二是不用不正当的方法拉稿，坚决不"挖墙脚"；三是有了矛盾，本着互相谅解、互相支持的精神协商解决。如果说兄弟出版社之间要有一点竞赛，主要应从定好选题、缩短出书周期、搞好装帧设计、提高出版物质量等方面来努力。

会不会不量力而行，甚至粗制滥造？这的确是一个要注意的问题。战略上要大胆敢干，战术上要小心谨慎。出《周总理诗十七首》的时候，为避免错误，我们一面派人查证、对原稿，一面把

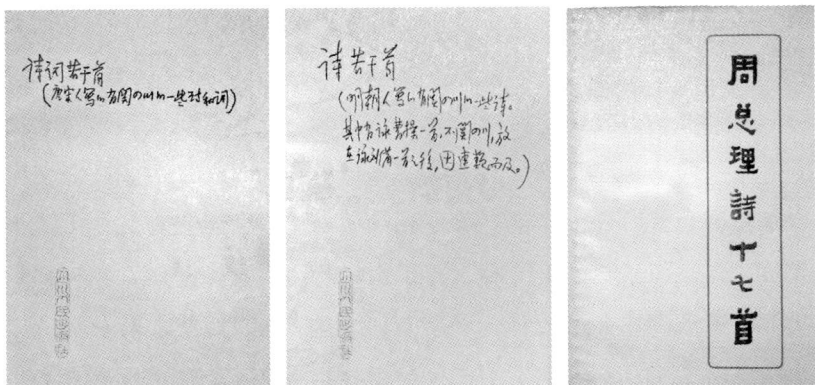

20世纪70年代末，四川人民出版社突破"三化"出版的几种出版物：《周总理诗十七首》《诗词若干首》《诗若干首》

注释拿去请教赵朴初同志。曹禺把《王昭君》交我们出版，有些同志担心出不好（巴金同志还来信叮嘱我们要认真），我们真是战战兢兢、如履薄冰，领导、编辑、设计、校对、出版和印刷厂都下力气，书出以后曹禺同志感到满意。但最近由于出书多，加上麻痹大意，差错增多，我们一定力求改进。

总起来说：我们出书不局限在"三化"以后，不是不可能出现上述这些问题，但并不是必然会出现这些问题。关键是我们自己的指导思想要明确，工作要认真。

发挥地方出版社的积极性，是出版战线解放思想的一个结果，也是出版战线大好形势的一个表现。通过这次座谈会，更帮助我们弄清一些问题，有助于改进今后的工作。我们的工作也一定会出现某些缺点或错误，但只要坚持实践是检验真理的唯一标准这个马克思主义原则，随时总结经验，改正缺点和错误，我们就能和兄弟出版社一道前进。

1979年12月

附　记

　　1979年12月，国家出版局在长沙举行的会议，在我国出版史上占有重要的地位。可以说明确了地方出版社的出版方向。时任国家出版局副局长的许力以说：长沙会议的确是中国现代出版史上很重要的会议。回顾"文革"后，国家出版局主要是批"四人帮"和解决书荒问题。在会议之前，以湖南、吉林、四川为代表的一批地方出版社，在实践中突破了"三化"方针的束缚。会议中对此有不同的看法。

　　这篇发言（大会最后的一个发言），以四川省的实践回答了这些不同的意见。曾任新闻出版署副署长的刘杲同志曾撰文回忆，这次会议"四川的李致、湖南的胡真最活跃"。许力以曾回顾："四川出版社的同志也慷慨陈词，认为过去局限于'三化'：出书强调字大、图多、本薄、价廉。有保留价值的很少。李致同志认为应突破'三化'方针的束缚，实行立足本省，面向全国。他说：四川这么大，一亿人口，全国哪个出版社都包不了。他说四川不但要出四川人郭老、巴金的书，还要出不是四川人的茅盾、曹禺、周立波、严文井等人的书，而且现在正在和天津百花文艺出版社联合出版老舍的长篇小说《四世同堂》。他论述了本省与全国的关系。他认为地方出版社要有地方特点，要有个性，才不一般化。"

我们的一些体会[①]

粉碎"四人帮"以来，在中央制定的方针政策的指引下，出版社的工作取得了一些成绩。下面的几条体会，是大家在实践中归结出来的。其中，不少问题还需要进一步探索和总结。

（一）采取"立足本省、面向全国"的方针。地方出版社采取这个方针，这是客观形势发展的需要。四川这样一个大省，几千万读者要买书，许多著名的学者和作家要求出版书，全国哪一家出版社都包不了，需要在全国统一计划下充分发挥地方出版社的积极性。地方出版社首先要组织和扶持本省作者，努力出版具有地方特色和有质量的图书，为本省两个文明建设服务，以满足本省广大读者（特别是农村读者和青少年）的需要；并以自己的特色面向全国，力争成为全国不可缺少的一方面。这对地方出版社提出了更高的要求，我们要努力使川版图书逐步赶上全国水平。绝对不仅仅是把图书发行到全国就了事。有人以为采取这个方针是"眼睛只看到省外和名作家"，这完全是误解。

（二）思想既要解放，路子又要端正。林彪、"四人帮"以及过去"左"的影响，在出版工作上设置了许许多多禁区。我们在党的三中全会指引下，冲破了这些禁区，出版了一些在全国受欢迎

---

① 本文原载《出版工作》1982年第5期。

的书，绝不能把思想解放误认为可以不坚持四项基本原则。在资产阶级自由化思潮的冲击下，更必须保持清醒的头脑。应该坚决贯彻出版工作的方针任务，对"读者需要"要具体分析。我们应该满足读者各种正当的要求，但绝不迎合某些低级趣味。要积极出版好的读物，以此来表明提倡什么、反对什么。这几年，我们的工作比较活跃，又没有捅大娄子，正是保证了党的领导的结果。目前，在坚持四项基本原则的前提下，我们仍强调要继续解放思想，研究新形势，解决新问题。

（三）要讲经济核算，但不以营利为主要目的。出版社是事业性质，企业管理，当然要讲经济核算，加强经营管理。但首先要执行出版工作的方针任务，不能一切"向钱看"，不讲社会效果。在对待经济问题上，我们的原则是"君子爱财，取之有道"：该赚就赚，该赔就赔。赚，是薄利多销，而不是越多越好；赔，能不赔就不赔，能少赔就不多赔。各出版社和各编室之间，实行统一核算，以盈补亏。不用赚钱多少作为考核干部和编辑的标准。正因为如此，我们没有为单纯追求利润出一本坏书，我们也没亏损，利润逐年增加。我们正在研究，准备降低一部分再版书价，把书籍的装帧设计搞得更好一些，同时花点钱用于培养本省作者，以繁荣我省的出版事业。

（四）在与作者的关系上，奉行"大团结"的方针。只要作者拥护党的十一届三中全会以来的路线、方针、政策，作品有质量，够出版水平，不论作者之间在学术上有什么不同意见，在"文化大革命"中有什么不同的观点，都可以出书；不介入各方面的内部矛盾，与广大作者保持良好的关系。要十分尊重老作家，多出有关积累文化科学的书，又要十分重视中、青年作家，把出他们的书看成是出版社的责任。为了扶持本省中、青年作家，我们编有《四川诗丛》等几套丛书。有些青年作者一时不能编集子，就在全省范围内编选合集。我们与作者的关系，在"两为"的前提下，是真心实意为作者服务的关系，不能是资本主义的出版商，也不能是出版官。

（五）社党委要以出书为中心，各级领导都要紧密围绕出书进行工作。党委抓出书，主要是贯彻党的方针政策，解决编辑出版工作的指导思想，指导制订选题计划，以及加强全社职工的政治思想工作。要充分发挥正副社长、正副总编的作用，日常工作放手让他们处理，不要党政不分。出版社的具体事情很多，稍不留意，党委就会陷入事务主义，不能把主要精力放在编辑出版的大事上。正副总编和编辑室主任，既要认真审稿，又不要把全部精力都用在看稿上。从调查研究，与作者接触，抓出书时机，书刊宣传，到帮助编辑人员提高业务水平等，都要统一安排，关键时刻要站在第一线。正副社长要从出版、计财、行政等各方面，与编辑部门密切配合，把书出版好。

（六）认真制订选题计划。既要有总的设想，又要按方面制定三至五年的长远规划。这样，年度选题计划就会减少盲目性。各种选题计划，都要搞出自己的特色，每年要有一些"新套套"。不要个人决定选题，或把编辑所联系的作者的书稿凑在一起就变成选题计划。选题计划要经编辑室集体讨论，党委或编委批准后，不能随意变动。选题要抓两头：一头是通俗政治理论读物、农村读物、科普读物、民族读物和青少年读物，一头是学术专著和文学名著。各类书都得有重点，不要平均使用力量。一个时期，要争取丢一两个"大石头"，引起轩然大波。在强调出书要有保留价值的同时，还要强调出书的时机。无论初版、再版，时机抓得好，书的影响会增大。

（七）正确地理解和参与出版事业的社会主义竞争。目前，全国出版社形成了一种竞争的局面，这对发展社会主义出版事业是很有利的。但如何竞争，有不同的理解和做法。我们有一个原则：应该主要从搞好出版规划，选题得当，把装帧设计搞好，缩短出书周期，为作家服务等方面来努力，而不应该用"挖墙脚"或侵犯兄弟出版社版权等不正当的办法。当然也有与兄弟出版社"撞车"的时候。发生矛盾，坚决按照互相支持、平等协商的态度来解决，绝不为争出一本书，丢了社会主义的原则和风格，损害与兄弟出版社的关系。全国许多出版社的工作搞得很好，有自己的特点，在这方面或那方面超过我们。我们要认真学习各家之长，把自己的工作搞得更好。

（八）切实加强出版社的建设。这几年出版工作发展很快，川版书从"文化大革命"以前每年出版一百多种，发展到去年出版六百多种。这样迅猛的发展，带来一系列的矛盾，即领导、编辑、设计、出版、校对等各方面的力量都不能适应，书籍中的技术差错增多。这里有一个调整问题。前年，我们提出要控制品种数量大幅度增长，以便把精力集中到提高书籍质量上。关键问题是要采取措施提高业务人员的思想水平和业务能力。我们已着手在一年或稍多一点时间内，把所有编辑人员轮训一次，并改进编辑人员每年进修一个月的制度，不使其放任自流。编辑、出版等各个环节，都要建立正常秩序；已定的制度，只要是正确可行的就要坚决执行。

（九）密切与新华书店、印刷厂配合。社、厂、店是出版事业不可分割的组成部分，需要拧成一股绳，劲往一处使，把川版书出好。有一段时间，互相指责埋怨多，坐不到一起，但只争吵并没有用，更重要的是合作与支持。我们与书店的关系有明显的进展：从争吵、缓和发展到全面合作，双方感到满意。从出版社来讲，主要解决了三个问题：一是明确新华书店是发行的主渠道，坚决依靠新华书店。二是认真听取新华书店的意见，改进出版社的工作；同时帮助书店开辟新的发行渠道和改进发行方法。三是出版社自办发行，目的是弥补不足，扩大宣传，不与书店争利。我们与各印刷厂的关系，基本上也是好的，有些问题将继续协调和改进。

（十）不仅要编书、出版书，还要宣传书、指导读书。几年来，我们没有出坏书。出的好书有的畅销，有的积压；有的虽不积压，但发行量很小。这里有图书质量问题，也有发行问题，还有读者的欣赏、鉴别能力的问题。解决后一个问题，必须加强图书宣传和指导读书，帮助读者提高欣赏和鉴别能力，不能只停留在不迎合某些读者的低级趣味上。要和有关方面配合经常推荐一批书，要和文联、科协、社科院等单位配合，加强图书评论，要与共青团配合，在青少年中开展读书活动。这项工作，过去我们重视不够，现在认识到这个问题，要力争在一定时间内做出成绩来。

积累文化　展望未来①

　　今天，四川省出版总社在首都举行"积累文化，展望未来"的座谈会，中央领导同志、中宣部、文化部和国家出版局的领导同志，有关方面的知名人士光临指导，我们表示衷心的欢迎和感谢！

　　我省出版工作，在党的十一届三中全会以后，取得了明显成绩。出版社由原来的一家发展为二十一家。出书品种和印数都有较大的增长。仅1985年就出书一千八百多种，五亿八千多万册。几年来，发行到海外的图书有一千五百多种，六十多万册。并出版了一批质量较高、在全国有影响的好书，其中有不少图书在全国获奖。

　　在"文革"前，我们执行"地方化、群众化、通俗化"的"三化"方针，一般只出配合政治、结合生产的小册子。但四川这么大，一亿人，读者要买书，学者、作家要出书，全国哪一个出版社都包不了。1979年，我们根据客观形势的发展，突破"三化"，实行了"立足本省，面向全国"的方针，取得了积极的效果，有力地推动了我省出版事业的发展。

　　近十年来，我们认真地贯彻党的出版方针，坚持为人民服务、为社会主义服务。我们一直强调思想既要解放，路子又要端正，坚持党的四项基本原则。我们坚持把社会效益放在首位，出版社是事

①　本文系1986年4月20日在北京举行的"积累文化，展望未来"座谈会上的汇报讲话。

业单位，实行企业管理，当然要讲经济核算，讲求经济效益，但绝不能以营利为主要目的。在1981年初，我们提出这样一个原则："君子爱财，取之有道"。该赚则赚，该赔就赔。赚，是薄利多销，而不是越多越好；赔，能不赔就不赔，能少赔就不多赔；统一调剂，以盈补亏。我们以"质量第一"为目标，努力提高图书质量，并集中精力抓好重点书、系列书的出版。这次书展，我们向广大读者推荐了二十二套丛书。我们还力求在一定时期，丢几个"大石头"，以激起较大的波澜。我们要学习邹韬奋，争取做社会主义出版家。

我们已开始对出版社机构进行了改革，把综合性的四川人民出版社分成九个专业出版社，使之向专业化方向发展，已取得初步的成效。今后，我们将继续理顺关系，在编辑、印刷、发行的改革配套方面狠下功夫。

目前，全国各兄弟省市出版社之间已形成一种社会主义竞赛的局面。这对促进我国出版事业的发展是很有利的。在竞赛中我们不强调比品种数量和盈利多少，而比谁出的书质量高、社会效益好。我们决不用不正当的办法，去损伤兄弟出版社的利益，影响相互间的关系。

全国图书展览已经开幕，我们表示热烈祝贺！我们一定认真学习全国各兄弟出版单位贯彻出版方针和出好书的经验，把我省出版工作向前推进一步。

今天参加我们座谈会的中央领导同志、全国知名作家和各界知名人士，对四川的出版工作给予过很大的支持和鼓励。我在这里代表四川出版界向领导和同志们再次表示感谢，恳请大家今后一如既往地给予我们支持、批评和帮助。

我的汇报完了，谢谢大家。

认真贯彻党的出版方针
把社会效益放在首位①

　　党的十一届三中全会以来，四川的出版工作取得了可喜的成绩。全省出版社由一家发展到二十一家。出书品种和印数都有较大增长。仅1985年，即出书一千八百多种，五亿八千多册。几年累计，发行到海外的图书有一千五百多种，六十多万册。更重要的是出版了一批质量较高、在全国有影响的好书，其中有不少在全国获奖。

　　我们深切地感到，正确处理好社会效益与经济效益的关系，是贯彻出版方针的一个关键问题。出版工作对"两个文明建设"有着极为重要的作用，理所当然地要把社会效益放在首位。早在

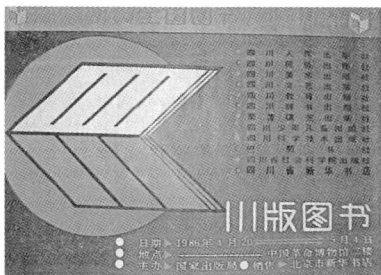

1986年全国书展川版图书的宣传广告

1986年全国书展销售大厅一角

---

① 本文原载《四川日报》。

1986年，陈翰伯（左）在全国书展与李致交谈

1980年，社会上公案、侦破、言情、打斗等几类小说开始泛滥，有一个省外古旧书店要我省出版社出版这类小说，虽然从中可以得一笔钱，但从社会效果考虑，我们一本也没有出。相反，我们却出版了有关老一辈无产阶级革命家的著作、老作家的近作，还出版了满足农村和青少年需要的图书。1980年出版诗集赔钱，我们却出了二十三种。著名诗人冯至曾热情赞扬我们"是出版家，不是出版商，也不是出版官"，说我们的工作"换来了金钱所买不到的东西——百花齐放、文艺繁荣"。这对我们鼓舞很大。

不当出版商，并不是不讲经济效益，而是不以营利为主要目的。1981年我们提出这样的原则——"君子爱财，取之有道"。该赚则赚，该赔就赔。赚，是薄利多销，而不是越多越好；赔，能不赔就不赔，能少赔就不多赔。实行统一核算，以盈补亏。不以赚钱多少作为考核干部和出版社工作成绩大小的主要标准。后来，我们又加了一句话叫"用之有方"，也就是说把盈利的一部分，用于降低再版书书价，把书籍装帧搞得更好些；花点钱培养本省作者，以繁荣我省的出版事业。

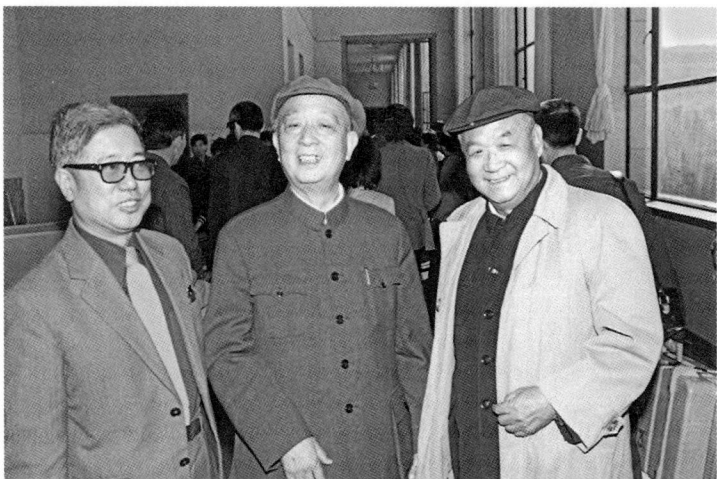

1986年，李致与作家唐弢（中）和萧乾（右）在全国书展

我们十分注意出版社会效益和经济效益都较好的书和画。如1982年在美人头像充斥年画市场的时候，我们创作出版了年画《敬爱的元帅》。这套年画获第六届全国美展金奖和第三届全国年画一等奖，发行量为建国以来所罕见。又如受少年儿童欢迎的"小图书馆"丛书，开始出版时，略有亏损，但坚持出版，现已出七十五种，已转亏为盈。当然，也有些书，例如"现代作家选集"丛书，受到中外出版界的好评，读者也欢迎，但它印数不大，多有亏损。对这类书我们就拨款支持它的出版。

我们工作中也有一些问题。例如，一段时期由于过多考虑经济效益，有的不该出的书也出了，而该出的书却没有出；有的书虽然允许出版，但印数失控；有的社超越专业分工出书；出版社与书店的关系曾一度紧张，等等。对于这些问题，我们及时加以解决和纠正，领导还作了自我批评。

全国书展正在北京举行，我们一定要认真学习全国各兄弟出版单位贯彻党的出版方针和出好书的经验，把我省出版工作再向前推进一步，对"两个文明建设"做出应有的贡献。

在参加全国书展总结会上的讲话①

这次川版书参加全国书展，取得成功。中央有关领导同志、许多作家和学者、首都新闻界，都给予了肯定的评价和鼓励。

这次书展，我们的宣传工作是做得好的，这对我们参加书展起了积极的作用。当然，更重要的是我们能拿出以二十二套丛书为主的一千五百多种书参加展出。所以新闻界说川版书具有"名牌多，成系列，有重点"的特色。《人民日报》（海外版）说"天府之国成为出版大家"。

这一千五百多种书，绝不仅是这一两年的成绩，而是粉碎"四人帮"后近十年来所出的书的大检阅。我们历来不赞成把成绩单算在出版社头上，这是出版系统（编、印、发、物）全体同志共同努力的结果。我们不能忘记老同志的功劳。刚才袁明阮同志特别提到已去世的崔之富、田伯萍、任善才同志，表达了大家共同的心情。我还要说，以明阮同志为首的老出版局党组的成员、老人民社党委的成员，以及出版、印刷、发行部门许多已离、退休和退居二线的同志，都为川版书的发展做出过贡献。我们对他们表示衷心的感谢。

这次新闻界重点介绍了一些出版社，其中包括四川。全国出

① 本文原载中共四川省委宣传部《宣传工作》增刊第55期。

版界是有竞争的，你追我赶，相当激烈。这是好事，有利于出版事业的发展。我们应该努力工作，要争取使川版书成为全国第一流的图书。但不要随意说哪一个出版社的书居第一或第二，也不要为人家一两句评论就高兴得不得了，或者情绪又"一落千丈"。因为全国的出版界并没有评比条件，也没有评选委员会，我们也不可能了解全国所有出版社的情况。我一直主张，对兄弟出版社的优点，要好好学习，对我们的长处，决不要自满。有关这方面的言谈，要鼓劲，不要泄气。

川版书能取得这样的成绩，主要是贯彻了党的出版方针。无数事实告诉我们，正确处理好社会效益与经济效益的关系，是贯彻出版方针的一个关键问题。小平同志去年提出，"思想文化教育卫生部门，都要以社会效益为一切活动的唯一准则，它们所属的企业也要以社会效益为最高准则。"这是我们工作的指导方针，也是有关两个效益的准确提法。早在1979年，著名诗人冯至曾称赞四川出版社"是出版家，不是出版商，也不是出版官"。我们也表示"要当出版家，不当出版商"。有时也说"要当社会主义出版家，不当资本主义出版商"。我认为，这两个说法的意思是一样的，因为我们的出版工作有"为人民服务，为社会主义服务"的"二为"方针。过去、现在对这个提法，有不同意见，我看可以讨论。我只是不赞成把它当作所谓极左的东西来批判。我们可以不放弃这个形象的说法，但准确的说法还是"把社会效益放在首位"。过去我们说"要讲经济核算，但不以营利为主要目的"，也是符合这个精神的。

在充分肯定成绩的同时，要看到我们的薄弱环节和缺点。刚才同志们说了，例如，有些好选题没有抓住。有些书质量不高，作者工作时紧时松，出书周期长，书籍装帧有所下降，纸张质量差，等等。我们参加书展的主要目的之一，就是要找差距，迎头赶上。各单位要认真组织参加书展的同志，联系工作实际进行讨论，还可以写成短文，刊在社内办的《交流》上。对外界的赞扬，也要冷静分析，也有不合实际的。有家报纸称赞四川、湖南，其中说到"他们的另一个突出的长处是出书快，二十万字一本书平均仅用一百天即可出版，居全国之首"。我看，说湖南可以，四川受之有愧。

全国第一次图书展览，对川版书画了一个句号。这是检阅近十年来出的图书。如何面对第二次全国书展呢？这要靠我们从现在做起，不断拿出高质量的图书来。不仅要保持"名牌多，成系列，有重点"的优势，而且还要发展。崔之富同志过去主张每年都要有"新套套"（这当然不是把已有成效的系列书丢掉），这是对的，不要把它当成错误主张来批判。迎接第二次全国图书检阅，使我们面临一个新的起点。这一个新形势，如果认识不到，靠过去的成绩吃饭，一定会落后。袁明阮同志提议从总结二十二套丛书入手，肯定成绩，找出问题，以便拟定新的规划。我完全赞成他的意见。

四川人民出版社安庆国刚才讲，过去我们有两个突破，第一个突破是"立足本省，面向全国"，第二个突破是实现专业化，分社。他问，第三个突破是什么？大家期待着有新的奋斗目标。我没有仔细考虑过这个问题，但的确要有新的奋斗目标。过去，明阮同志和老出版局党组提出，要把四川建设成全国的重要出版基地之一。这是一个要求很高的奋斗目标。我们可以讨论，要达到这个目标，要具备哪些条件，如何才能实现这些条件。这能否成为第三个"突破"，大家都可以议论，这不是今天要决定的问题。荣贵同志提出，今年要把编、印、发及分社后出现的矛盾理顺，改革要配套。分社固然是必要的，但分了以后，还要强调联合。只有联合起来，许多工作才能更好开展，川版书才会有较强的竞争能力。我们要按荣贵同志的意见办，同时考虑"七五"规划总的目标。

总社和各出版单位都要真正做到以多出好书（包括印制、发行）为工作重心，要把大家的主要精力集中到出好书上。年初，开了选题工作座谈会，根据中央和省委指示，再一次强调端正业务指导思想，提高图书质量。最近，总社几个社长研究，为加强抓好出书，决定每一季末召开一次会。各直属出版社把自己这一季度出的书展出来，让大家来看出了些什么书，质量如何，有没有重点，装帧设计，印制质量，出版周期，发行数量，图书宣传等等问题。出版、印刷、发行、物资几方面都参加，能解决的问题就当场解决，还可以起到互相观摩、促进的作用。此外，装帧设计、校对工作，也要专门开会，以加强这些方面的工作。

要发展我们的事业，必须要加强团结。过去，老出版局党组和老人民社党委的同志不仅有事业心，而且很团结。这是取得成绩的重要保证。现在，新老交替，人员变动大，分社和其他改革，必然有新的矛盾和某些失误，同志们关心这些事，有不同意见，是完全正常的。工作中有缺点，应该欢迎批评，关键是要从发展出版事业的大局出发。都要有团结的愿望，要造成一个宽松、和谐、互相谅解、支持的气氛。即使意见不一致也不要紧，实践是检验真理的标准，错了就改。千万不要意气用事，说些伤感情的话，影响团结。

振奋精神是十分重要的。要有事业心，要有干劲。要加强信息工作。信息不灵，当然做不好工作。有了信息，还要有一股劲。不要互相埋怨，不要灰心失望，不要总嫌"时间迟了"，加紧干嘛。从某种意义上说，只要干，没有晚的时候。这次书展的宣传工作，干得比较好，就是一个证明。领导班子的成员和各处室领导，要起表率作用。领导当然要抓大事，但有不少具体事都关系到全局，领导要过问。例如，图书的陈列，刊登广告，是大事还是小事？有的出版社，无论图书陈列或刊登广告，都看不出（或看不清）编辑意图，甚至得罪作者。人民社老党委有个好传统，关键时刻领导要在第一线，该管的要管，不要怕挨骂。

1986年5月22日

川版图书出川记①

◎ 牛 泊

出版工作改革奏鸣曲

在首都中国革命博物馆大厅内，全国图书展览刚刚举行了开幕式，在陈列川版书的书架或出售川版书的柜台前，人们围得水泄不通，或争购"走向未来"丛书、"小图书馆"丛书，或对《张大千临摹敦煌壁画》画册爱不释手。一位白发苍苍的长者抚摸着"中医医学"丛书，称赞四川科技出版社为振兴中医作出了可贵的努力！另一中年史学家望着浩瀚的《古今图书集成》惊呼：川版图书确实气派！在川版书的座谈会上，杨尚昆、邓力群、张爱萍等中央领导同志为之题词或发表谈话，称赞四川出版工作做得好，有特色。

川版图书能有今天的局面，靠的是立足本省、面向全国的出版方针。

1976年前，地方出版社的方针是：地方化、群众化、通俗化。突出政治，围绕中心，配合运动，宣传典型，是出书的指导思想。1949年以来的十七年中，川版图书出书面越来越窄，四川作者的一些文艺、科技著作源源外流。1977年，四川人民出版社得到了《周总理诗十七首》书稿，但地方出版社能不能出这本书，却引起大家的疑惑。当时，出版社领导当场拍板，决定出这本书。《周总理诗十七首》发行后，社会效果很好；接着他们又出版了《在彭总身边》……四川人民出版社在实际工作中开始突破

---

① 本文原载1986年4月《四川日报》，为全国书展的系列报道。

1986年4月，全国书展期间新闻界评川版书集报

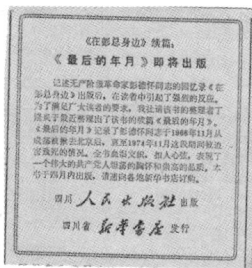

四川人民出版社图书广告

"地方化、群众化、通俗化"的方针，在"立足本省、面向全国"方面迈开了步伐。这在全国出版界掀起了波澜。湖南和东北一些地方出版社也同时把眼光投向全国范围，力争出版一些有思想、有学术价值和经济价值的书籍。

1979年底，全国出版工作座谈会在湖南长沙举行。形势的发展对出版工作提出了新的要求，于是出版系统要不要打破条块分割进行改革，要不要在竞争中提高出版质量，等等，一个又一个问题，提上了这次会议的议程。

在小组讨论会上，许多同志支持地方出版社"立足本省、面向全国"的出版方针，但争论很大，意见不统一。当会议进行到大会发言，最后一个发言代表是四川人民出版社负责人，当他念出发言题目《突破"三化"是形势发展需要》时，会场活跃起来。他说，形势的发展已经对出版工作提出挑战，我们要面对现实下力气解决粉碎"四人帮"后出现的"书荒"问题。他以四川人民出版社出版的中医和口腔医学书，以及出版"现代作家选集"等在社会上产生的影响为例，说明地方特点和面向全国二者的统一性，说明一切有价值的书籍都包含着地方性与全国性意义；不应该把发挥地方出版社的积极性带来的出版部门之间新的关系看作反常现象。他的发言赢得会场热烈的掌声。

推出一大批名作

"十年浩劫"使一批文学巨匠备受屈辱，他们的作品也毁于一旦。要不要让年轻人知道"五四"以来，曾使一代青年猛醒，砸碎封建牢笼迎接新时代的文学作品？要不要恢复茅盾、巴金、老舍、冰心、丁玲、沈从文等著名作家的形象？四川出版社回答是：恢复历史的本来面目，让"百人"选集丛书与读者见面。

1982年初，四川人民出版社的领导专程到上海，敲开了巴金的大门，与其商议出版《巴金选集》事宜。随之以很快速度——仅九个月时间，出齐了拥有三百多万字的《巴金选集》十卷本（包括平装、精装），收入了《家》《春》《秋》《雾、雨、电》《海的梦》《春天里的秋天》《憩园》《第四病室》《寒夜》和三十二个短篇小说及散文创作二百一十八篇。创造了全国出版史上少有的出版速度。巴老不仅修改和校订了选集，并在其《后记》中说："我严肃地进行了这次编辑工作，我把它当做我的后事之一，我要按照自己的意思做好它。"

1980年，我省出版社的同志到北京听说曹禺的《王昭君》一剧发表后还没出书，便主动登门拜访，并约定在三个月内出版《王昭君》单行本。由于曹禺对《王昭君》一书出版周期特别是装帧设计感到非常满意，决定与四川出版社讲"生死恋"，把自己的全部著作交四川出版社出版。这样，四川又先后出版了曹禺的《雷雨》《日出》《北京人》《原野》《蜕变》《家》《明朗的天》《胆剑篇》以及新成集子的《论戏剧》。

四川出版社对老作家的诚意和其对工作精益求精的精神，使一大批老作家都愿意让他们出自己的书。这样他们又先后出版了鲁迅、郭沫若、茅盾、老舍、冰心、丁玲、沈从文、萧乾、沙汀、艾芜等几十位老作家的选集。一大批老作家作品的重新出版，使广大读者有机会目睹"五四"以来中国民主革命的历史画卷，从中汲取精神力量。同时，他们还出版了"当代作家自选集"丛书、《报告文学》丛书、《收获》丛书和小说选，使一大批中青年作家的作品能有机会与广大读者见面。与此同时，一大批著名画家的画集也相继问世。四川美术出版社出版的《张大千临摹敦煌壁画》《于右任书法》《中国版画家选集》《中国漫画家选集》等，具有很高的艺术价值。

1981年，美籍华裔作家聂华苓到成都访问，四川文艺出版社的一位编辑与她建立了通信联系。1984年她从国外来到上海时带来了新作《千山外，水长流》，将这一书稿交给了四川文艺出版社出版。

钱穆是当今客居台湾的一位著名中国儒学学者。巴蜀书社曾屡经周折征得钱穆同意，出版他在港、台期间所撰写的一批学术著作《论语新解》。该书的出版，给海峡两岸文化交流带来了新机。

规模宏大的系列丛书

四川人民出版社出版的蜚声海内外的"走向未来"丛书，是"五四"

20世纪80年代初，李致陪同作家高缨（左一）、沙汀（左二）、艾芜（左三）在四川人民出版社参观

20世纪80年代四川人民出版社、四川文艺出版社出版的部分"当代作家自选集"丛书

科学精神的延续，是十年来思想解放运动的产物。丛书提供了当代自然科学和社会科学互相渗透这一发展趋势中的新理论、新思想、新知识，它提出的全方位思维方式将在社会性格与观念现代化上培养一代新人。

1982年，中国社会科学院青少年研究所、四川人民出版社的有关人员在京聚会，确定了及时介绍世界新思潮和新兴边缘交叉科学，及时反映国内涌现出的中青年理论工作者富有创见性的研究成果，并着手编辑出版一百本的"走向未来"丛书。这部丛书的作者、编委、编辑横跨十几个省市，其队伍和规模相当宏大。

"走向未来"丛书的出版，在全国引起强烈反响。1985年北京大学召开了"走向未来"丛书讨论会；在浙江、上海相继成立了"走向未来"丛书读书俱乐部。国外留学生、老山战士以及山区里的小学教员纷纷写信求购。武汉一农民自办小报专题宣传此书。一些年轻人把这套丛书当作新婚礼品奉送。在短短两年时间里，"走向未来"丛书出版二十六种，印数二百六十六万册。在读者中，出现了争购这套系列丛书的热潮。

当今中国之改革从农村开始，而四川科技出版社在传播科技知识方面进行了卓有成效的工作。早在1979年，他们预见到农村改革的势头，开始计划编辑出版一百种的《农村多种经营》丛书。这套丛书，仅《社员专

1985年，四川人民出版社在北京召开"走向未来"丛书编者作者读者座谈会，图为部分与会代表合影。前排：左五冯国元、右四杨忠学、右三张慎修、左三陶河清；后排：左二安庆国、左四唐正宇、左五傅强、右四傅瑜、右三曾莹、右一文宣

业户栽桑养蚕》发行七十九万册，《笼养鸡与鸡病防治》发行五十万册。该丛书还介绍了水果、蔬菜、银耳等种植业栽培防治技术，和长毛兔、鸡鸭、奶牛、奶山羊、肉用牛、鱼苗鱼种运输、鸡的人工孵化等养殖业技术。六年时间里这套丛书出版八十多种，发行逾六百万册。造就了省内外成千上万的专业户、重点户。在乐山、内江，致富后的农民把丰收的柑橘成筐成筐地挑进当地新华书店，感谢书店为他们发行有关多种经营的丛书。

正当"走向未来"丛书为走向现代化呐喊，《农村多种经营》丛书为农村致富开路时，四川少年儿童出版社也在为少年儿童制作一把金钥匙，打开知识的宝库，出版了"小图书馆"丛书。

以金钥匙和尖房子为统一封面图案装帧的"小图书馆"丛书从知识结构上把四川少儿读物出版工作推向新的阶段。

为了编好这套丛书，四川少年儿童出版社从1982年起就到农村、工厂、机关、学校调查，并约请作家、老教育家、儿童教育专家推荐书目。这套一百二十种的"小图书馆"丛书内容广博，有中国现代文学、中国古

"走向未来"丛书书影

典文学、外国文学、自然科学知识、思想品德修养、社会科学知识等六大类，编选精当，注意引导，装帧精美。现已出版八十余种。在全国书展上，中央军委副主席、中共中央政治局委员杨尚昆、国务委员国防部长张爱萍、全国政协副主席康克清、中顾委常委伍修权等，一致赞扬这套丛书。沙汀、秦兆阳也专门写文章推荐"小图书馆"丛书。

在积累文化上下功夫

20世纪80年代，中国正经历着由封闭社会向开放时代过渡的转变，走向未来需要大量吸收、引进外来科学文化知识。历史的连续性和继承性要求出版界要把中华民族科学文化发扬光大。四川辞书出版社和湖北辞书出版社共同编辑出版的巨型汉语语文工具书《汉语大字典》，是我国文化建设上的一项重点工程。

《汉语大字典》是周恩来同志和邓小平同志批准编写的。胡耀邦同志也专门作过批示。1975年起，四川、湖北两省数百名专家、教授和专业工作者为编撰这部巨型字典呕心沥血地工作。《汉语大字典》是汉语语言文字发展史上的里程碑，目前此书已全部编纂完成并陆续出版发行。

四川巴蜀书社是全国古籍出版社的一枝新秀，它成立仅三年时间，但出版了或正在出版《古今图书集成》《道藏辑要》等一大批极有价值的重点书籍，引起了国内及港台学术界的重视。最近该社与川大古籍所正在编纂的《全宋文》（三千万至五千万字），工程之浩大为地方出版社所鲜见。

浩如烟海的《古今图书集成》，为我国现存最大一部百科全书式综合性类书，由清代陈梦雷纂修，蒋廷锡等编校而成。全书一万部，共一亿六千多万字，记载了上起先秦，下迄明末清初的自然、社会科学和文化艺术生活。巴蜀书社不惜工本，毅然与中华书局合作重印《古今图书集成》，并新编简明索引，对全书进行统一编码，实为发扬中国文化，光大祖国学术之壮举。目前该书正陆续与读者见面，预计两年内可全部出

《汉语大字典》（八卷本），四川辞书出版社、湖北人民出版社1990年版

齐。四川科技出版社不怕亏本，组织出版的"中医医学"丛书，预计出版二十六种，现在已出十四种。其中《中医学基础》《中医五脏病学》印数达四十六万五千多册，《中医五脏病学》一书，是我国第一部有较高学术价值的五脏病学专著。此外，该社出版的《四川自贡大山铺中侏罗纪恐龙动物群》（一）（二），分别讨论、论证了盐都龙的地层地理分布，和华阳龙的分类系统及剑龙起源，具有较高的学术价值。《卧龙大熊猫》是世界第一部在自然条件下考察大熊猫的专著。由四川科技出版社与蜀蓉棋艺出版社出版的《中国围棋》，全书近一百万字，洋洋大观。

在伟大的中国文化史中，藏族的历史占有重要地位。由四川民族出版社推出的《青史》（藏文版），记述了1470年以前西藏历史，对藏族起源，吐蕃王朝兴衰，佛教在西藏传播及其各教派的创立和发展等，都有所涉猎。该书为藏文典籍中的一部重要著作，受到中外学术界高度重视。

20世纪80年代，巴蜀书社出版的一批古籍图书：《道藏辑要》（二百一十八册）、《古今图书集成》（八十二册，与中华书局合作出版）

《青史》（藏文版，上、下册），郭·循努白著，四川民族出版社1985年版

可以说，"名牌多，成系列，有重点"是近年来四川出版界贯彻"立足本省、面向全国"的出版方针的具体体现。1979年以来，四川共有一百八十七种图书在全国和省内获奖。有一千五百种约六十万册图书向海外发行。1985年，四川出版的新书品种比1980年增长百分之二百二十九，总册数增长百分之八十二点八。四川出版事业迎来了百花竞艳的春天。

难忘的经历①

　　把握机遇，深化改革，勇于实践，埋头实干，是四川出版事业取得巨大成绩的重要经验。现将李致同志1998年12月在新闻出版署与中国出版工作者协会召开的"中国出版改革发展二十年研讨会"上的书面发言，全文刊载，供我省出版工作者参考。

　　党的十一届三中全会已经召开二十年，从1978年到今天，历史翻开了崭新的一页。国家发生这样大的变化，得益于三中全会确定的解放思想、实事求是，实践是检验真理唯一标准的思想路线。我作为出版战线的一员老兵，曾经历了四川出版突破"三化"（地方化、群众化、通俗化）框框的束缚，实行"立足本省，面向全国"的方针，从而带来了四川出版繁荣局面那段难忘的历程。至今回想，仍倍感亲切。

长沙会议前，四川人民出版社
突破"三化"方针的实践

　　粉碎"四人帮"后，四川同全国一样，百废待兴。出版在"十

---

　　① 本文系纪念改革开放二十周年的书面发言。原载《四川版协通讯》总第67期。

年浩劫"中，备受摧残，一片荒芜。"实践是检验真理的唯一标准"大讨论和中央纠正"文革"中的极左行为，极大地焕发了人民群众投身"四化"建设的热情。1977年，我省广大群众同全国各地一样，迫切要求解决"文革"造成的严重书荒，急切地要求出版部门提供科学文化知识图书和优秀的中外名著；一大批富有学识的老教授、老作家、老专家从"牛棚"中解放出来，迫切地希望出版他们的著作。但是，按照从50年代延续下来的地方出版社只能执行"三化"的规定，出书强调八个字：字大、图多、本薄、价廉。内容一般是突出政治，围绕中心，配合运动，宣传典型。其结果，二十多年，本版书出得不多，有保留价值的更少。好的文艺书、科技书源源外流，连一本中长篇小说都没有出，根本谈不上团结本省作者。本版书在书店的比例很小，书店搞本版图书的同志感到很窝囊，不想干。读者意见更大，说我们"这也不敢出，那也不敢出"，远不能满足读者需求。而四川有十四个民族，一亿多人口（包括重庆人口数，当时重庆属四川。），读者多层次的阅读需求，全国哪一个出版社也包不了。当时，全国分给四川的书也有限，很多书拿不到门市部就卖完了，新华书店门口经常有群众通宵排队买书。有个读者为了买一本《一千零一夜》，在店外排了一天零一夜。作为出版工作者，我们心里感到难过和内疚。

认识的发展有一个过程。我们并不是一开始就明确要突破"三化"这个束缚的，而是形势要求我们这样做的。1977年我们得到《周总理诗十七首》的书稿，但中央领导同志的著作地方能不能出？我们反复研究，认为群众对总理非常热爱，总理青年时代的诗很珍贵，决定出版。为了慎重，特将书稿送请赵朴初同志校订，并征得邓颖超同志同意后才正式出版。《周总理诗十七首》向全国发行，受到读者欢迎。粉碎"四人帮"后，许多老作家需要恢复名誉；同时他们焕发革命青春，写出许多感人肺腑的文章。我们抓住这个机遇出版了郭沫若、茅盾、巴金、夏衍、丁玲、周立波、严文井等一批老作家的近作，形成了"近作丛书"。全国科技大会以后，不少专家把自己的著作拿出来，如著名老中医李斯炽的医案、陈达夫的《中医眼科六经法要》等，我们都积极为之出版。这些图书都受到广大读者和专家的欢迎，四川因此团结了一大批国内知名的作家和学者。曹禺非常满意四川出版他的新作《王昭君》，决心和四川出版讲"生死恋"，把他现在、过去和将来的作品全部交四川出版；诗人艾青把他粉碎"四人帮"后的第一部作品《归来的歌》也交给了四川。

在突破"三化"方针的实践中，《在彭总身边》的出版过程，反映了四川出版界在真理标准讨论的感召下所表现出的敏感和胆识。三中全会召开前夕，四川人民出版社约请丁隆炎同志编写了《在彭总身边》。书稿由彭总的警卫员景希珍的口述材料整理而成，记叙了彭总在庐山会议前后的一些感人事迹。特别是书中有一段写毛主席对彭德怀说："庐山会议已经过去，是历史了，现在看来，真理可能在你这边……"当时，"两个凡是"的阴影还没有完全驱散，这样一本书能不能出？这段话保不保留？出版社党委认真研究，决定出书，毛主席那段话也不删。三中全会后，中央为彭德怀平了反，四川人民出版社立即出版了《在彭总身边》，在全国引起强烈反响。全国许多报纸转载、电台广播了《在彭总身边》。此外，在作家陈翔鹤未正式平反前，我们就约请了中科院社科部文学所有关同志编选了《陈翔鹤选集》，也反映了出版社的敏感和勇气。

1979年12月8日，国家出版局在长沙召开了全国出版工作座谈会。会上对地方社出书是否应该突破"三化"，实行"立足本省，面向全国"的方针争论很大。10日晚，国家出版局局长陈翰伯同志约见四川出席会议的代表，我们向他汇报了四川的出版情况，他对四川解放思想，突破"三化"方针表示理解和支持。11日，陈翰伯同志在大会上明确指出，"要充分发挥中央和地方出版社的

20世纪80年代，李致与国家出版局局长边春光（左）

两个积极性，目前要特别注意发挥地方的积极性，同时要树立全国一盘棋的思想"，"立足本地，面向全国或兼顾全国，可以试行。地方出版社出书可不受'三化'限制"。会议结束前的最后一天，四川代表推我在会上作了《突破"三化"是形势发展需要》的发言，介绍了四川出版界"立足本省，面向全国"的思考和实践，用事实回答了"立足本省，面向全国"会不会忽视地方特点、会不会忽视农村读者和青少年读者、会不会忽视本省作家和培养新生力量、会不会造成出版社之间关系紧张、会不会不量力而行、粗制滥造等问题。我还说："出书不局限在'三化'以后，不是不可能出现这些问题，但并不是必然会出现这些问题，关键是指导思想要明确，工作要认真。"发言受到与会领导和许多代表的肯定和支持。1980年2月15日，陈翰伯同志在给四川人民出版社邓星盈同志的信上说："在长沙开会时我曾约四川代表详谈了一次。我对于你社出版书面向全国这点，极为赞赏。正是从四川得到启发，我们就把这个方针推及到全国的地方出版社去了。"陈翰伯同志的信和许力以、边春光等同志的支持，使我们受到极大的鼓舞。

"立足本省，面向全国"的方针初步确认，开始在全国试行。

这是我国出版界贯彻党的十一届三中全会思想路线的结果，是"实践是检验真理唯一标准"理论的胜利。"立足本省，面向全国"，为四川和全国出版业的发展开辟了新的前进道路。

用实践来不断丰富和完善
"立足本省，面向全国"的内涵

思想解放有一个渐进的过程，认识也是在实践中不断深化的。1983年6月，中共中央、国务院发布了《关于加强出版工作的决定》，肯定了这个方针，指出："出版工作要在统一领导下，发挥中央和地方部门的积极性。地方出版立足本地、面向全国，要把出版具有本地特点的图书，满足本地读者特别是农村读者的需要，作为经常性的重要任务。"尽管如此，一些同志仍持不同的看法。我们认识到，"立足本省，面向全国"，向地方出版社提出了更高的要求，唯有交出满意的答卷，才能消除人们的疑虑。我省在实践中，总结出地方出版社要贯彻好"立足本省，面向全国"的方针，必须处理好以下几方面的关系：

第一，"本省"与"全国"的关系。地方出版社要有地方特点。有特点，有个性，不一般化，才会受到读者欢迎。"面向全国"，首先要在"本省"立得住。具有四川特色的出版资源，理应"近水楼台先得月"，充分挖掘。无论选题、图书内容和装帧设计都要具有应有水平，绝不仅仅是把图书发行到全国就了事。同时只要具备编辑力量，我们就在全国范围内组稿。早在1975年我们与湖北承担了共同编写出版《汉语大字典》的任务。除前面已提到的两套大型文艺丛书外，我们还出版了介绍世界先进学科的"走向未来"丛书和由华君武主编的"中国漫画"丛书，以及"小图书馆"丛书等。有人以为我们"眼睛只看到省外和名作家"，这完全是误解。1980年6月，我在四川省作协第二次代表大会上发言，曾说：

"四川人民出版社认为自己有这个义务，凡是我省有成就的作家，只要对文学事业作贡献，有益于人民，我们是不会忘记的；包括在座的同志在内，到时候我们都会采取适当方式，把诸位在文学上的业绩保留下来，传之后代。"以后我们也是努力这么做的。

第二，解放思想与走正路的关系。林彪、"四人帮"以及过去"左"的影响，在出版工作上设置了许多禁区。我们在党的三中全会指引下，逐步冲破了这些禁区，出版了一些在全国受欢迎的书。绝不能把思想解放误为可以不坚持党的出版方针。对"读者需要"要作具体分析，应该满足读者各种正当的要求，但绝不迎合某些低级趣味。要积极出版好的读物，以此来表明提倡什么、反对什么。我们工作比较活跃，又没有捅大娄子，正是保证了党的领导的结果。在坚持党的出版方针的前提下，仍强调继续解放思想，研究新形式，解决新问题。80年代初，我们反复强调这点，每年都有"新套套"。那时，四川出版虽然品种数量增长快，但书的内容都没出现原则错误。读者说："川版书，我们信得过。"

第三，经济效益和社会效益的关系。要讲经济核算，但不以营利为主要目的。出版社是事业性质，企业管理，当然要讲经济核算，加强经营管理。但首先要执行出版工作的方针任务，不能"一切向钱看"，不讲社会效果。1981年，我们提出"君子爱财，取之有道"：该赚就赚，该赔就赔。赚，是薄利多销，而不是越多越好；赔，能不赔则不赔，能少赔就不多赔。出版社和编室之间，实行统一核算，以盈补亏。不用赚钱多少作为考核干部和编辑的标准。后来，我们又降低再版书书价，把书籍装帧搞得更好些，花点钱资助培养本省作者，以繁荣我省的出版事业。正因为如此，那几年四川没有为单纯追求利益出一本坏书。1980年，社会公案、侦探、言情、打斗小说泛滥，省外一家古旧书店拿来《慈禧太后演义》等5本书，要求四川出版，并允诺出版社可得到一笔可观的经济收入。党委审稿和考虑后，认为出这样的书社会效果不好，谢绝出版。而对好书，赔钱也出。1979年，出版诗集赔钱，四川两年中出了23种各个流派诗人的集子。1980年，著名诗人冯至参观四川人民出版社后，称赞四川人民出版社"是出版家，不是出版商，也不是出版官"。我们赓即把"要做出版家，不做出版商"作为奋斗目标，并公之于众。"要做出版家，不做出版商"，是一个形象比喻，它的实质是把社会效益放在首位，丝毫不是忽视经济效益。后来有同志不赞成这个提法，指责它不适合商品经济的发展。但我认为，书籍当然是以商品的形式进入市场，但它担负着精神文明建设的任务，决不能把它当成一般商品，更不能以营利为主要目的。

第四，与兄弟省出版社的关系。实行"立足本省，面向全国"后，全国出版社形成了一种竞争局面，这对发展社会主义出版事业

20世纪80年代初，四川人民出版社与四川省新华书店的部分同志游乐山乌尤寺。前排左起：吉正先、徐惠祥、吴正贤、王兰智；第二排：张正修（左一）、李致（中）、钱铃（右一）等；后排：周继尧（左二）、王敬业（右二）、金平（右一）等

20世纪80年代初，四川省部分出版、印刷方面领导和老同志合影（成都桂花巷21号四川省出版局内）。

前排左起：高良富、王国清、梅端、何允夫、吉喆、李玉山、袁明阮、张光英、邓光国、吴家齐、周臻；第二排左起：李正模、王开富、张书楷、黎昌福、王义仲、鄢绍清、严云修、董永康、王久远、徐启贵、崔之富、李致；第三排左起：任广哲、张东升、薛钟英、郝满世、邹德冰、黄光裕、苗得心、吴代伦

是很有利的。但如何竞争，有不同的理解和做法。我们有一个原则：主要从搞好出版规划，选题得当，把装帧设计搞好，缩短出书周期，为作家服务等方面来努力，而不应该用"挖墙脚"或侵犯兄弟出版社版权等不正当的办法。当然也有与兄弟出版社"撞车"的时候。发生矛盾，坚决按照互相支持、平等协商的态度来解决，绝不为争一本书，丢了社会的原则和风格，损害与兄弟出版社的关系。1979年，四川人民出版社准备出版某爱国将军的生平、日记两书。他的一个女儿把稿件交给了四川。四川人民出版社在《参考消息》上刊出征订广告，并陆续收到不少预订书款。与此同时，黑龙江人民出版社却收到这位爱国将军另一女儿交去的同样内容的书稿，决定出版。他们看到四川的征订广告，误认为四川在"挖墙脚"，直接写信批评我们，并向国家出版局反映。四川人民出版社为照顾兄弟出版社的利益，主动在《参考消息》上登出撤销出版该书的启事，并将读者预订书款全额转给黑龙江人民出版社。误会消

除了，四川还得到黑龙江人民出版社同志的称赞。

第五，编、印、发之间的关系。"立足本省，面向全国"，不仅是出版社的方针，而是整个地方出版工作的方针。有一段时间，互相指责埋怨多，坐不到一起。但只争吵并没有用，更重要的是合作。省出版局第一把手袁明阮同志号召编印发要形成"一条龙"。出版社资助四川新华彩印厂买了全川第一台电子分色机，并帮助其改进印刷条件。书店为配合"面向全国"的方针，把图书征订单从只发到省一级新华书店改为发到全国县一级书店，并有选择地发到机关、部队、学校、厂矿等单位。出版社虽自办发行，但目的是弥补不足，扩大宣传，不与书店争利。

实行"立足本省，面向全国"，极大地促进了四川出版事业的繁荣和发展。1979～1985年间，四川共出书7,333种，为十一届三中全会前二十九年出书总和的123.82%，总印数324,378万册，是三中全会前二十九年总印数的118.2%。为了保证图书质量，1981年，我们在制订选题计划时，明确地提出了"控制品种数量，提高图书质量"的要求。1986年，在首届全国图书书展上，杨尚昆、张爱萍、李一氓等中央领导同志均赞赏四川出版"立足本省，面向全

1986年，时任四川省省长蒋民宽（右二）参观川版书汇报书展。
左一李致、左二顾亚、右一冯国元

1986年，时任中共四川省委书记杨汝岱（左二）、省委宣传部长许川（右一）参观川版书汇报书展

国"的方针和"要当出版家，不当出版商"的志向。四川出版的图书以"名牌多、成系列、有重点"受到广泛赞许。首都新闻界称赞"天府之国成为出版大家"。

党的十一届三中全会给四川出版事业带来了繁荣和发展，四川出版人抓住了历史的机遇，敢于实践而使机遇变成了现实。我在1988年离开出版岗位。随着历史的发展，出版工作出现了巨大的变化，面临着新的形势。当年的出版工作处于计划经济时期，而今已处于社会主义市场经济时期；当年人工排字拼版，而今已改用电脑；当年是以新华书店为发行主渠道，而今多渠道发行已经形成，等等。但是出版工作为人民服务、为社会主义服务的方针没有变，处理社会效益和经济效益的关系（即把社会效益放在首位，同时又要取得经济效益）的原则不应该变，编辑、印刷、发行工作应当为广大读者、作者服务的优良传统更需要发扬。实际上，全国许多出版部门这些方面的工作比过去已有很大发展。

这次新闻出版署和中国版协联合召开中国出版改革发展二十年研讨会，是非常必要和适时的。我因故未能参加，失去学习的机会，实为憾事。我相信，全国出版界一定会高举邓小平理论旗帜，进一步贯彻党的十一届三中全会的方针，认真总结二十年来出版工作的经验教训，使我国出版事业取得更加辉煌的成绩。

1998年12月12日

附 记

为了回顾总结十一届三中全会以来我国出版改革的历程和基本经验，探讨深化改革的途径，促进出版事业进一步发展，新闻出版署和中国出版工作者协会，于1998年12月，在北京联合召开了"中国出版改革二十年研讨会"。我和湖南的胡真同志被邀请出席会议，但由于客观原因我们未能到会，我作了书面发言。这篇书面发言，除在会议上印发和念读外，《四川版协通讯》（总第67期）全文刊登，《中国出版》总第97期、《新闻出版报》第2046期、《出版参考》第263期和《四川日报》1999年1月2日均有摘登。

三十年前的一桩公案

——《最后的年月》被停售前后

我有一个保存资料的习惯，但日积月累，资料一多，有些资料很难找到。年过八旬，丢三落四，更是如此。这一次，在子女的帮助下，终于找到两份有关《最后的年月》一书的信件和文件。

就从此说起：

三十年前（即1980年），我在四川人民出版社任总编辑，因出版部队作家丁隆炎的《最后的年月》，发生一桩公案，直至惊动了中宣部和时任党中央秘书长的胡耀邦同志。

1975年，丁隆炎在资阳县人武（人民武装）部认识了彭德怀元帅的警卫员景希珍。彭德怀是战功卓著的开国元勋，在战争时期，毛泽东曾写诗赞扬他"谁敢横刀立马，唯我彭大将军"。1959年，彭德怀为"大跃进"造成的灾害，在庐山会议上写信给毛泽东，被打成"反党集团"的首要成员。丁隆炎在得到景希珍的信任后，听景希珍讲述了许多有关彭德怀的故事。彭德怀的品质和遭遇，深深地打动了丁隆炎。丁隆炎冒着政治风险记下了景希珍的讲述。粉碎"四人帮"后，丁隆炎在他战友杨宇心（时任文艺编辑室副主任）等人的支持下，四川人民出版社（当时全省只有这一家出版社）出版了记叙彭德怀在庐山会议前后一些感人事迹的《在彭总身边》。

《在彭总身边》一书出版后，受到了很多读者的好评，有不少报刊转载和电台播放。我寄了一本书给胡耀邦同志。在其后一次中宣部的例会上，耀邦同志说："昨晚我躺在床上，一口气读完《在彭总身边》，写得很好，很感人。"听到这个话，作者和出版社都深受鼓舞。

丁隆炎也因此调到中央军委的彭德怀传记写作组。在这段时间，他接触到更多有关彭德怀的材料，包括彭总侄女梅魁的很多叙述。他为彭德怀生前最后几年的遭遇感到心痛，也为彭德怀崇高的品质所感动，他满怀激情写出了《最后的年月》一书，他认为记录这些事实是他不可推卸的历史责任。这本书很好，我和社长崔之富，先后在审稿时流了不少泪水。当时，中央正在全面否定"文革"，我们认为尽快出版这本书对全面否定"文革"会有很好的作用，决定打破先征订后印刷的惯例，首印四十万册。出版部也大开绿灯，其他图书统统让路。

由于人们敬重彭德怀，也因为有《在彭总身边》一书的影响，《最后的年月》发行前一天，成都市新华书店人民南路分店贴出通告，第二天一早书店开门前，买书的读者就排起了长队。出版社也寄出不少样书给北京、上海的有关单位和朋友。

天有不测风雨。出人意料，第三天省委宣传部传达中宣部指示：《最后的年月》一书停止发行。请示原因，说是彭总夫人有意见，与事实有出入；丁隆炎违反写作组纪律，泄密，等等。其内容详见彭总传记写作组5月15日的信件：

王任重同志并耿秘书长，韦、杨副秘书长：

你转给浦安修同志的四川人民出版社的报告，我们看过之后，觉得报告中提到的一些问题和我们所了解的情况大不一样。当然这也难怪四川人民出版社的同志，因为在《最后的年月》这本书的出版过程中，一直没有人找我们核对过材料。他们仅仅根据丁隆炎同志一个人的说法，也只能得出他们那样的判断。对于这一点，我们是能够理解的。但有些问题，也还需要说明。

一、这本书直接违背当前中央宣传的精神。报告中提到"不少读过这本书的老同志极受感动"这种情况是存在的。这只是问题的一个方面。但是，总观全书，就会发现它与1980年2月29日的中央各部发电第二号文件，《关于五中全会后的宣传问题》中规定的"不要发单纯控诉性的文章"直接相违背。例如，写彭总在一次被批斗的情形时，"人们见他满面青红交错的伤痕，衣裤几处都被撕破了，脚上的鞋一棉一单，另两只鞋显然是在某处批斗时被拖掉了，他大病在身，重伤未愈，每走一步都使他十分吃力。正当他抱着一根柱头喘息不止时，一个穿绿衣的'首长'从远处冲刺而来，大喝道：'彭德怀，你也有今天呀！'他甩开大臂，向彭总那伤痕累累的脸打去，对方立刻摔倒在地。……然后用一只脚踏住彭总的胸口：'你，还认识我吗？'"有的人曾来信说，他们看了这本书很激动，大家议论："彭总这样悲惨的结果，难道都归罪于林彪、'四人帮'吗？林彪、'四人帮'没有人支持敢这样做吗……"又如，书中44页，引彭总的话说："我敢立下一个军令状，只要三年，搞不好我自己再把右倾帽子戴起来。"接着，他更大声说："这话，我到哪里都敢说！你说你那一套好，我觉得我的想法也不错，有什么呢？大家都试试嘛！给我一个公社，让我作三年主，先给我这点权力，先把我的右倾帽子放在一边。三年一到，我不行，把我的这点权力收了，把我的帽子戴上，那该叫人多么心服呵！"这种写法，我们认为是很不妥当的，有损于坚持毛泽东思想的原则。

二、这本书中的许多事实有重要出入。例如，报告说，彭总在进三〇一医院的报告是经周总理和叶剑英同志签署同意的，还说什么"有根有据"。可是，最近经我们再三查对彭总住进三〇一医院的档案，没有周、叶的签名，也没有"此报告经周总理和叶剑英同志签署同意"这样一句话，更没有张才千同志送呈周总理和叶帅的彭总住三〇一医院的报告书。丁在北京时，也没有人批准他去查阅过"彭总专案组"的档案。

报告中，把彭总的档案硬要说成是"遗嘱"，把篡改硬要说成是删节，这就不实事求是。彭总这样的人物，这样重要的谈话，丁隆炎同志有什么权利擅自抢先公布，又有什么权利篡改已存入档案里彭总的重要谈话记录？

书中写的浦安修同志在太行那些事情，报告中说："这个材料来源于太原市退休老干部刘志兰同志。"据刘志兰同志最近来信说，她并没有谈过那些话。书中写的既然是浦安修同志的事，为什么不找浦本人核对？

除了上述一些问题外，还有不少失实或作者自编的，这里就不一一列举了。中央宣传部决定停售《最后的年月》这本书，是正确的。

三、报告中说："浦安修同志对《在彭总身边》一书，也曾如对《最后的年月》一样，要求停售和销毁"。这完全是对事实的歪曲。1979年2月，在成都有丁隆炎、吴定贤①、杨字心三同志，送给浦安修同志一份回忆彭总的材料，浦看后，热情地和他们谈过三次，提出了许多很好的意见。3月份，在北京又和老丁谈过数次，对材料提出三、四十条修改意见，还专门派丁回成都修改小样。一直关心这本书的出版。根本没有说过"停售和销毁"。丁隆炎同志，如果对于宣传彭总事迹具有严肃态度的话，是决不会把这些好心的帮助反而当作是"阻挠"的。

为了更好地宣传彭总的革命事迹，贯彻党的五中全会的宣

---

① 吴定贤：应为吴正贤。

传政策，坚持毛泽东思想的历史地位，团结一致向前看，我们于5月3日曾向王任重部长当面表示过，愿意向四川人民出版社提供情况。现在我们再次诚恳表示，希望能同四川人民出版社党委的同志约到一起面谈。

以上报告，如有不妥，请批评指正。

此致

敬礼

彭德怀传记编写组
1980年5月23日

当时，我们并没看见这封信，但既然间接地知道这些观点，于是核对有关情况，梳理了我们的意见，在出版社党委的支持下，我和吴正贤（文艺编辑室主任）、杨宇心到四川省军区找军区首长反映，除了说明情况，还表示《最后的年月》一书是出版社约丁隆炎写的，稿件经过出版社的三审，即使有问题，责任在出版社领导（在我这个总编辑）。幸好军区首长对丁隆炎也持保护态度。

在5月份之前，国家出版局在北京召开一次出版工作座谈会议。我去了北京。我到中宣部出版局反映《最后的年月》一书的情况，表明不同意停售《最后的年月》。时任出版局局长边春光、副局长牛玉华都不赞成停售《最后的年月》。边春光为证实他的观点，拿出他的记事本给我看，表明他一贯反对停售。当时，有些中央部门，特别是中央党校不少学员看过《最后的年月》，对停售该书很不满。正在党校学习的、主管出版社的四川省文化局副局长陈杰（1937年入党），一贯是非分明、心直口快，坚决支持出版社向中宣部申诉，力争解除禁令。

在开会期间，我向中宣部部长王任重写了信，请戴云转呈。戴云原为胡耀邦同志的秘书、共青团中央宣传部副部长，时任中宣部办公厅副主任。我们在团中央共过事，又一起被关过"牛棚"。第二天，戴云高兴地告诉我，说任重同志表示该书可以解禁，令我十分高兴。我写了一封感谢任重同志的信，请戴云转呈。可是，第二天戴云告诉我，说任重同志的态度完全变了，一百八十度大转弯，说该书不能解禁。戴云还说看见一份文件，上有主管意识形态最高官员的批示，说应该开除丁隆炎的党籍！这个批示使我十分惊讶：开除党员党籍，必须经该党员所在支部大会讨论，本人在场并可申诉，作出决定后报上级党委审批。这位大首长居然忘记了党章的规定。

怎么办？

会议开完之后，我到耀邦同志家向他申诉。我据理力争地说，您鼓励我们出好书。现在我们出了好书却不许发售。不许发售又没有正当理由。耀邦同志听了以后，沉思了一会儿，然后两手左右摆动。他见我不懂其意，说了一句：你们自己发嘛！

耀邦同志就是这样一位主持正义的党的领导人！

我用长途电话把在北京的过程向出版社党委报告。当我乘飞机回到成都双流机场时，社长崔之富、党委副书记聂运华到机场迎接我，以示出版社党委的团结和决心。

尽管耀邦表了态，因有中宣部的禁令，出版社仍不敢擅自发行。经出版社党委讨论，针对我们所知道对方的观点写信上诉。

以下是上诉信全文：

川社党［1980］第9号

耀邦、任重同志并中央书记处：

我社于4月26日上午，接到四川省委宣传部转中宣部4月25夜"立即停售"《最后的年月》一书的电话通知后，立即坚决执行了这个通知，并向省委宣传部作了执行情况的书面报告。当天，新华书店就停止了该书的发行。但是对停售这本书，我们是不同意的。现将有关意见陈述于后：

一、《最后的年月》一书，系我社继出版《在彭总身边》一书之后，应广大读者的强烈要求，约请该书整理者丁隆炎同志写的。它记录了彭德怀同志在世的最后八年（1966年12月至1974年11日）的一些生活片断，感人至深地表现了这位伟大的共产主义战士纯朴的胸怀和崇高的品质。在短暂的发行期中，我们便得到了许多读者的反映。说明该书的社会效果是很好的。有的单位的党组织把此书作为学习《关于党内政治生活若干准则》的补充读物。不少读过这本书的老同志极受感动，有的认为读一遍"就好像上了一堂党课"。中央党校有一位老同志接到此书后，许多人闻讯赶来，排队借阅，一天就传阅了六位同志。有的青年同志反映，由于"四人帮"的破坏，"从小立下的入党志愿产生动摇，现在从彭老总身上看到了一个真正共产党员的品质，深深感到我们革命的老一辈好得很，我们的党好得很，做一个共产党员光荣得很，决心争取早日成为共产党员。"一些团员和青年反映：过去思想上分不清林彪、"四人帮"和我们党的界限，分不清他们那套极左货色和毛泽东思想的界限，分不清党内不正之风和光荣传统的界限，读了《最后的年月》，这些糊涂思想都被彭总的一言一行澄清了，迄今为止，我们接触到的读者，都认为《最后的年月》，是继《在彭总身边》的又一本很好的书。

二、直到现在，我们还不完全明白停售《最后的年月》一书的原因，仅了解到主要是彭总夫人浦安修和彭总大事记写作组的某几位同志，对该书提出了一些意见。一是说，内容中有损害浦安修同志的地方。事实上，作者对浦安修同志一直是抱着尊重的态度的。例如，本书第31页写浦安修同志说过"我不理解他（指彭总），我们合不来。但我从来没有发现过他有一点反党的言行"。这就反映了浦安修同志在大是大非面前界限是清楚的。很多看过此书的同志，也认为这是对浦安修同志的赞扬。

二是说，本书有些地方不符合事实，或是"造谣"。我们同作者在一起查对了他的材料来源，就目前所提出的问题来看，事实并无重大出入。如说：彭总逝世前并无遗嘱，而书中却错误地列出一个叫作《遗嘱》的篇目。据了解，彭总生前的确没有正式立过遗嘱，文内也只说发现过一份《彭德怀临终前的谈话记录稿》（第48页）。一般来说，将死者逝世前说过的一些重要的话称作"遗嘱"是完全可以的。斯大林在苏共十九次代表大会上的发言，毛泽东同志就曾经说过这个发言是斯大林同志给全世界共产党和工人党留下的遗嘱。至于说"篡改"了彭总临终前的谈话，我们不知道具体指什么，据作者查对，他仅删去彭总谈话稿的几个地方，主要是彭总当时肯定文化大革命和否定刘少奇同志的一两句话。我们认为这种删节是符合当前中央的精神的。又如，还指责说批准彭总进三〇一医院是张才千同志，而书上说成是周总理和叶帅，这样歪曲事实，必将引起严重后果！其实，书中第38页提到的"一位部队领导送呈一份报告书"的"部队领导"就是指张才千同志。作者从"彭德怀专案组"的记录上曾查到："此报告经周总理和叶剑英同志签署同意。"不但有根有据，而且歌颂了周总理和叶帅，有什么不好？作者如果不这样写，那倒真的成了对事实的歪曲。再如，还指责说作者把彭总给他侄儿、侄女的谈话，都写了给梅魁（彭总最大的侄女）一个人的谈话。这只要翻一翻该书第46～47页就清楚了，上面明明写着："在这以前和以后，梅魁的弟妹们也多次来过医院探亲，伯伯对他们说过许多话。"紧接着便引了六段彭总对他的侄儿、侄女们的谈话。再如，书中写浦安修同志在太行山时，有一次要求彭总派人送她的事（第30页），说是无中生有。这个材料来源于太原市退休老干部刘志兰同志，她是左权同志的夫人。据称，当年左权同志夫妇与彭总夫妇住地相邻，亲如一家，很多生活片断她至今记忆犹新。再如说，浦安修同志在北师大斗批彭总的大会上并未说过话，而认为作者写她在大会上讲过"我从来没有发现过他（指彭总）有过一点反党的言行"等话是蓄意捏造。据了解，浦安修同志在这次大会上，确实没有讲过话，但这样意思的话，她也确实向一些人（包括作者在内）讲过多次。在文学性的回忆录里，只要不违背本质的真实，在时间甚至情节上作些调整，是完全许可的。可以看出，以上指责，都欠妥当。退一步说，即使本书在某些细节上真有失实之处，我们欢迎提出，而且再版时应该修改。但绝不能因此否定这本书的主要内容，更不能成为停售的原因。

三、关于指责作者思想品质不好，沽名钓誉，违反组织纪律的问题，事关人的政治生命，我们特到作者所在单位（四川省军区政治部）作了了解。去年丁隆炎同志被军委办公厅借调去彭总大事记写作组帮助工作，半年期满返回原部时，写作组曾书面规定丁隆炎同志不准用他在写作组接触的材料写作除《彭总青少年时代》以外的文章。可是，军委办公厅未予以认可。而《最后的年月》的写作，则是作者在我社编辑部多次动员后才接受了写作任务的，同时也向四川省军区政治部领导作了报告，省军区有关领导表示完全支持。我们认为，这不存在违背组织纪律的问题；即便在这方面有何缺点、错误，主要责任也在出版社，我们愿意承担责任并作自我批评。至于指责作者沽名钓誉，我们觉得很不公道。丁隆炎同志早在党中央为彭总平反的一年之前，便冒着风险记录了彭总的警卫参谋景希珍同志关于彭总的回忆，并开始同我社编辑部接触，初步提出了整理这部回忆录的设想，这足见他的政治觉悟和政治敏感都是很高的。在这种情况下，他沽什么名？钓什么誉？《在彭总身边》出版后，四川省军区非常重视，政治部给丁隆炎同志记了二等功，提前晋级。省军区这种是非分明、赏罚分明的态度，我们感到是完全正确的。

四、实践是检验真理的唯一标准。《最后的年月》一书出版后，初步反映的社会效果是好的。如果没有重大的政治错误，轻易地将其停售，就会产生相反的社会效果，引起一些不必要的疑问和顾虑。就我们所知，浦安修同志对《在彭总身边》一书，也曾如对《最后的年月》一样，要求停售和销毁；在耀邦同志肯定以后，浦安修同志才改变了态度。现在事实已经证明，《在彭总身边》一书，社会反映很好，而浦安修同志的阻挠是不正确的。这一次，浦安修同志仍如以往，一会儿提出《最后的年月》一书损害了她的形象；一会儿又强调事实有所不符；一会儿又指责作者思想品质不好。诸如此类，既要停书，又要批人。对于出版记述彭老总的这两本书，浦安修同志一次再次地进行阻挠，毫无支持同情的表示，这到底是为什么？难道这是一个共产党人应该采取的态度吗？这种做法，难道与党的十一届三中全会所制定的正确路线相吻合吗？这难道与小平同志、耀邦同志关于文学艺术工作的历次讲话的精神相符合吗？因此，我们建议恢复《最后的年月》一书和它的作者丁隆炎同志的名誉；尽快批准该书继续发行，同时在普遍征求意见的基础上，修订再版，使这本书更好地发挥它鼓舞群众，教育青年的重要作用。

以上意见，我们曾委托我社总编辑李致同志趁最近去北京参加出版工作座谈会的机会，向中宣部和耀邦、任重同志反映。他所写的书面报告，我们党委看后也是完全同意的。

急切地等候你们的关注并指正。

此致

敬礼

中共四川人民出版社党委

1980年5月15日

此信发出后，没得任何回音。一年后，省委宣传部传达中宣部通知，《最后的年月》一书可以内部发行。当时，内部发行的书不能公开摆在书店出售，能买内部发行的书还得有规定的级别，能卖出多少？这样一本好书大部分化浆，并造成相当大的经济损失。实在可惜，令人心痛！当时出版社与上海《收获》杂志相约，《最后的年月》一旦出书，《收获》即全文发表。该书被停售后，《收获》也不能刊登了。巴金老人时任《收获》主编，一直关心该书的命运。

到明年就事隔三十年，我找到这两封信，现把它公开出来。它说明什么，读者自可判明。

作为尾声：

作家丁隆炎没受到任何处分，以后还晋了级。

事过不久，耀邦同志有批示，要有关领导同志的夫人不干预传记写作组的工作。

2009年立冬

附　记

此文先后在《四川文艺》《当代史资料》和《读者报》上发表。《四川文学》2013年第四期，以"特别推荐"栏目刊出，该刊名誉主编马识途眉批："读完此稿，感慨不已。往事历历在目，至今犹觉悚然。'前事不忘，后事之师也'。"

"撞车"

几封旧信，使我想起一件往事。

这件事发生在1980年。当时，四川全省（包括重庆市）只有一家出版社，即四川人民出版社。由于我们采取"立足本省，面向全国"的方针，事业发展很快。在组稿时难免与别的出版社"撞车"。冯玉祥将军有两本遗作，我们向冯玉祥的亲属组了稿，黑龙江人民出版社也向冯玉祥的亲属组了稿。我是总编辑，不清楚组稿的过程，但稍后我知道两家出版社"撞车"了。

当年9月，四川人民出版社为出版冯玉祥这两本遗作，在《参考消息》上登了广告。很快，我得到黑龙江人民出版社一位叫牛耕同志的来信。信里除了讲了他们组稿的过程外，对我们"抢先"刊登广告表示不满：

> 知道了事情的始末，自然就知道了你们抢先登广告的全部动机。对此，我心里很不安宁。在我们的心目中，四川出版社一直是我们的榜样。开完全国出版工作会议回来，我们的领导多次给我们讲四川的情况，让我们向四川人民出版社学习。我们无论如何也想不出会遇到眼前的这件事。
>
> 我们心里明白，四川是大出版社，印刷设备好，出版周期短，各方面都比我们强，但是……

我把这封信送社长崔之富和编辑、出版有关同志传阅，又一起商量如何处理。责任编辑张健讲了她组稿的过程，主要是我们与黑龙江的同志，各找了冯玉祥不同的亲属，以致造成这次"撞车"。最后，大家同意社长崔之富和我的建议，为维护两家出版社的团结，四川不出版这两本书，先发电报给牛耕同志，同时公开刊登广告说明。

《参考消息》再次刊登了我们的广告，表示四川不出版这两本书，凡向我社征订这两本书的单位和寄款买书的读者，我们一律转寄黑龙江人民出版社。

我很快接到牛耕同志在10月22号写来的回信：

> 我刚从北京回来，接到电报后又收到您寄来的书和信，讲心里话，我确实感到惶恐而不安。因为您不知道，我只是一个三十来岁的年轻人，从事编辑工作的时间更是短得可怜，在很多方面都十分缺乏经验。给您去信，是我自作主张干的。事后，不少同志担心我会出言不逊，损害两家出版社的关系。对此，我也是不平静的。在这件事情的处理过程中，对于您，我确是有了更深刻的印象。由此，我可以想象得出四川出版社获得飞跃发展的原因。我非常希望有机会见到您，当面聆听您的教诲。

在80年代初期，国家出版局召开会议，西南和东北的出版单位常在一个大组，我担任过召集人，与同组的同志比较熟悉和友好。黑龙江人民出版社的负责同志叫孟现明，我和他曾一起合影，保持通信。他在9月30号给我的信中说："关于冯玉祥两本书的事，你们的做法，我个人很受感动。别的我就不说了，我相信：我们的友谊是经受得住任何考验的。"年末，黑龙江人民出版社还给我们送来1981年的年历。

李致与孟现明

全国有很多家出版社，必然会有竞争。竞争是好事，但应该有原则，有游戏规则。1982年，我写了《我们的一些体会》一文，载《出版工作》同年第5期。其中谈到竞争，有这样一段话："我们有一个原则：应该主要从搞好出版规划，选题得当，把装帧设计搞好，缩短出书周期，为作家服务等方面来努力，而不应该用'挖墙脚'或侵犯兄弟出版社版权等不正当的方法。"我们正是本着这个原则，来处理好与黑龙江人民出版社这次"撞车"事件的。

2015年7月6日

改革开放初期的出版"川军"①

编者按　20世纪七八十年代，刚刚从"文化大革命"桎梏中走出的中国出版人顺应时势，锐意改革，开创了中国出版业的新辉煌。那是一个在中国出版史上值得铭记的时代。当时，四川出版人以极大的勇气和魄力，率先突破"三化"方针的束缚，出版了一大批好书，为出版改革做出了贡献。本期，汪家明编委约请四川省出版工作者协会副主席张京，采访四川出版业的两位老出版人——李致和李正模，请他们回忆四川出版业当时的情况。此书仅收录对李致的采访。

整理者记录和整理口述人亲历、亲见或亲闻历史事件发生的过程，可以为研究者提供更加鲜活的研究素材。但是，口述具有较强的主观色彩，口述人的观点、记忆准确性等，都可能对内容的真实性产生一定影响。这是在使用口述资料时需特别引起注意的。我们期待今后能有更多的人参与进来，进行口述出版史的整理和研究工作，为我们提供更多有思想、有内容的口述史文章。

一、突破"三化"方针的束缚

四川出版在全国产生影响做的最大的事，就是和湖南、吉林等

①　本文原载《中国出版》2016年第3期。

省的出版社一起，突破传统的束缚地方出版的"三化"方针，"三化"就是"地方化、群众化、通俗化"。

在改革开放二十周年时，省新闻出版局收到中国版协邀请我出席纪念座谈会的信。座谈会强调，地方出版社突破"三化"方针，是改革开放初期中国出版界最大的举措之一。

宋木文（曾任国家出版局办公室主任，后任国家新闻出版署署长）在给湖南胡真（曾任湖南省出版局局长）所作《我的出版观》一书的序上，说湖南率先提出突破"三化"方针。我在你（指张京，时任四川少年儿童出版社社长）支持之下编的《我与出版》那本小册子（1988年编印）里，说是四川率先提出突破"三化"方针的。

宋木文后来在成都主持《毛泽东评点〈二十四史〉》（线装本）的首发式，邀我参加，我与他说到此事。他通过魏善和（四川省新闻出版局图书处干部，后任副局长）找到邓星盈（四川人民出版社编辑，后任社长），看到陈翰伯（原国家出版局代局长）1980年2月15日给邓星盈的信。信上明白写着："在长沙开会时我曾约

湖南省出版局局长胡真（左）与李致在1986年全国书展

四川代表详谈一次。我对你社出书面向全国这点，极为赞赏。正是从四川得到启发，我们把这个方针推及到全国地方出版社去了。"宋木文曾写信给我，表示要改正他原来的说法；不过后来又说，说川、湘率先都无不妥。许力以（时任国家出版局副局长，后任中宣部出版局局长）非常支持我们"立足本省，面向全国"，他当时在抓《汉语大字典》。

1979年"长沙会议"召开前，我和崔之富（时任四川省出版局副局长兼四川人民出版社社长）商量，这次会上要低调，因为当时出版界对地方出版社突破"三化"方针有很大分歧。

"长沙会议"上，代表们就要不要突破"三化"方针争论较大。会议最后一天，我跟袁明阮（时任四川省出版局主持工作的副局长）商量，还是要发个言，用我们这两年多的实践来说明问题。当天上午，我报名最后一个发言，随即在会场上写发言提纲。我发言后，很多地方同行来跟我握手。许力以对我说："我支持你们出《李劼人选集》。"

"长沙会议"之前，胡真同志带队到四川访问，看了四川人民出版社的样书展后，当着我的面，对他的同行者讲，四川出本省老作家选集，我们为什么不能出？说这说那，类似情况不少。

出版界有些人，老把四川出版与湖南出版相比，好像我们两家有矛盾，总在争什么。其实，我们两家相互学习，互为对方取得的成绩感到高兴。胡真是1935年入党的老同志，我和他关系很好，我至今保存他给我的多封信件。他有两个"台柱"，都曾想调到四川来。一位是通过刘令蒙（时任四川人民出版社副总编辑）提出来的，后来北京一家出版社借调他去帮助工作，此事就没再提了；另一位托萧乾跟我说，想到四川来。当时我有顾虑，这两位同志都是学者和骨干编辑，我当然欢迎，但是怕人说是挖湖南的墙脚。1986年全国首次书展，我在北京见到胡真说起此事，胡真说这是他支持的。其中一位骨干要来四川，是感到湖南的编辑力量虽比四川强些，但湖南省的个别领导思想解放不够，不如四川。"士为知己者死"，所以想来四川。我们为他安排了职务和住房，后因我调离出版总社，他才打消了来四川的念头。

二、四川出版的"书事"

为什么当年四川出版会异军突起？首先是书荒，这是"文化大革命"造成的。"文化大革命"中除马列著作和毛著、语录及"样板戏"外，其他都被批为"封、资、修"（封建主义、资本主义、修正主义的简称），不允许出。虽然中间也曾出过《红楼梦》等作品和鲁迅的书，但数量也不多。

1976年粉碎"四人帮"后，新华书店曾出现"站一天一夜，买一本《一千零一夜》"的现象。北京印出书后分到四川很少，巴金在上海都曾托我给他买"四大名著"。四川当时近亿人口，靠北京几家出版社改变不了这种状况。这是大的形势。

再就是四川出版的小形势。这就要提到江明（原《中国青年》杂志总编辑，时任四川省文化局副局长兼四川人民出版社革委会主任、党支部书记，20世纪70年代末调京任《工人日报》副总编辑），他掌握政策很好，把清查"四人帮"帮派体系的面缩到最小。当时，四川人民出版社二编室有两位编辑，跟着时任四川人民出版社革委会副主任田禾搞诗集《进攻的炮声》，而自贡也搞了个什么"炮声"，四川就查这两个"炮声"。社里召开批判其中一位编辑的会，他很害怕，手都在发抖，但当他把问题说清楚后就解脱了。我马上派他到北京去组《周总理诗十七首》的书稿，他从此放下思想包袱，全力工作。当时，北京、上海一些出版社正忙于清理，顾不上出书，存在一个空间，我们先走了一步。

四川最早抓的重点书是《周总理诗十七首》和毛主席圈阅过的《诗词若干首——唐宋明朝诗人咏四川》。《周总理诗十七首》

李致与作家严文井（右）

出版后，印发上百万册，很受欢迎。出书后，我到北京参加全国第四次"文代会"，胡耀邦（时任中宣部部长）在茶话会上讲了话。我向他敬酒时，他对我说："我收到你寄来的书。你们注意，不要搞宫廷文学。"我不了解他指什么，会后到耀邦家去问他，耀邦说："有关四川的古诗词，你们自己出版好了，何必一定要出毛主席圈阅的？"我说："出这本书时，古典诗词还属于'封、资、修'，不许出版，我们是打着毛主席旗号冲破这个禁区的。出书前，我曾请示过杜心源同志（时任分管宣传工作的四川省委书记，当时省委第一书记是赵紫阳），心源同志没有表态支持，但并没有反对。"

"拨乱反正"后，四川出版的"第一炮"是《周总理诗十七首》。出版后，每天来买书的人很多，出版社成了"门市部"。《诗词若干首》也受欢迎，沙汀在北京，多次给我写信要买这本书。

这之后四川出版还做了几件"大事"。粉碎"四人帮"后，因广大人民群众怀念老一辈革命家，我们及时出版了李大钊、吴玉章、罗瑞卿等老一辈革命家的诗集，《罗瑞卿诗选》印了五十万册。后来又出了陈毅元帅夫人张茜的诗集，以后又出了张爱萍的诗集。四川人民出版社还出了《陈独秀早期文选》，虽然当时影响不大，但说明我们出版社思想解放。

除《周总理诗十七首》外，影响很大的是《在彭总身边》。

李致与作家王蒙（右）

当时胡耀邦在中宣部，我寄了一本给他。他在中宣部的一次例会上讲："昨晚我睡在床上，一口气看完《在彭总身边》，拿着就放不下来了，这本书写得很好，很生动，很感人。"这是在北京的朋友打电话告诉我的。

柯岩的诗集《周总理，你在哪里？》影响也大。当时的省委宣传部代部长安法孝让我们出四川作家的书，我们出了《四川十人短篇小说选》，实际上给这十位老作家平了反。

之后，曹礼尧（原四川人民出版社二编室小说组编辑）提出多搞一些近作，应该从全国范围考虑出老作家的书，包括北京的唐弢、丁玲、叶君健，湖南的康濯，上海的吴强、王西彦等二十位作家的近作。这一炮打得很响。茅盾、冯至开始认为自己的作品需要经过时间检验，不愿出近作；唐弢认为近作不分体裁不好。我说出版近作，能使读者知道这些老作家在"十年浩劫"后，不但健在，而且还有新作。在我的再三劝说下，他们就都同意把近作交给我们

20世纪80年代初作家沙汀、艾芜、高缨与四川人民出版社文艺编室同志合影，前排左起：陈红、段传琛（高缨夫人）、艾芜、沙汀、高缨、李致、曹礼尧；后排左起：秦川、陈川、陈天笑、文甫、李定周、蒋牧丛、曾志明、杨莆（木斧）、金平

出版了。老作家们的近作在全国产生了很大的影响。随着时间推移，多数作家只出了一本近作，以后自己出专集。只有夏衍出了两本近作，巴金出了五本近作，其中"近作五"《讲真话的书》，收入巴金在"十年浩劫"后的全部著作，包括《随想录》和《再思录》。

我找巴老商量，要求他把解放前文化生活出版社出过的好书交四川出版。当时，广东花城出版社出了这批书中个别作家的单行本。

巴金跟我说，与其你把文化生活社的书拿来一本一本出，不如你们自己出"现代作家选集"丛书。这之前，我们出版了邵子南、周文、林如稷、何其芳、陈敬容、陈翔鹤（陈翔鹤在"文化大革命"中被迫害致死，当时还未平反）等六位川籍老作家选集。巴老一点明，我们就在全国组稿了。出了鲁迅、郭沫若、茅盾、巴金、老舍、冰心、丁玲、沈从文、沙汀、艾芜等四十多位老作家选集。这套丛书影响大，多次被选入国际书展。曾任国家出版局副局长的刘杲说，在恢复作家的名誉上，其作用超过组织部的红头文件。

1980年秋，全国外国文学年会在成都举行，会后四川人民出版社总编辑李致、副总编辑刘令蒙、文艺编室主任吴正贤与到社参观的全国著名翻译家合影

前排：左一戈宝权　左二朱雯　左三艾芜　左四冯至　左五罗大冈
　　　　右一吴正贤　右二黄源　右三石璞
后排：左一李致　左二刘令蒙　左三赵瑞蕻　左四王佐良　左六叶水夫
　　　　右二方敬　右三倪受禧　右四草婴　右五陈冰夷

这一期间，四川人民出版社各个编室都有好书推出。

如政治理论编室（一编室）。现在看来，盐道街三号（四川人民出版社所在地）影响最大的是"走向未来"丛书。这是张黎群（时任中国社会科学院青少年研究所所长，上世纪50年代为《中国青年报》总编辑，"文化大革命"后曾任浙江大学党委书记）给我写信说到编这套书的。他在信中讲，改革开放后，国外思潮是什么？先进观念和科学是什么？国人应该了解。我立即同意接受，把这封信拿给一编室，编室安排安庆国（时任编辑，后任"走向未来"丛书编辑室主任）、倪进云（时任编辑），带着我给张黎群的信去北京找主编组稿。书陆续出版后，有领导同志就这套书给我打招呼，说内容有的正确，有的不正确，要注意把关。我回来后没有传达。以后是杨忠学（时任四川人民出版社分管一编室的副总编辑）、安庆国他们坚持搞下来的，共出了七十六种，发行了八百多万册。回过头来看，这套书在全国都站得住，得到大家的肯定。

再看文艺编室（二编室）。四川是诗歌大省，而出诗集是赔钱的。但我们出版社既出"四川诗丛"，又出艾青的《归来的歌》，李瑛的《李瑛诗选》，公刘的《仙人掌》和臧克家的诗，这些诗人在全国都很有名气。四川古代诗人陈子昂、杨慎的诗集，是戴安常（时为二编室诗歌组编辑）抓的，共出了四五本。戏剧类图书，出版了曹禺单本的《王昭君》和多卷本的《曹禺戏剧集》，还有陈白尘的《大风歌》。曲艺类图书，出了很多川剧单行本。还有四川方言剧《抓壮丁》，"文化大革命"中被江青点名批判，我们也出了。对振兴川剧，四川出版是做了贡献的。我们还出了《马季相声选》，为此马季还到四川人民出版社来说过相声。

还有少儿编室（原是二编室少儿组）：出了柯岩的诗集《周总理，你在哪里？》，还有那三个小东西，即《七十二变》《猪八戒外传》和"小小连环画"（就是小开本的连环画）。还有"科学家的故事"丛书和陈伯吹、包蕾、鲁兵的书，再就是"小图书馆"丛书和"未来军官学校"丛书了。

美术编室是三编室，主任是王伟，思想也很解放。出了《张大千画页》（张长期在台湾）、《陈子庄画页》（陈子庄在"文化大革命"中被指为有"历史问题"）。从《华君武画传》突破，出了"中国漫画家"丛书。年画《敬爱的元帅》质量高，发行量大。还出了《王朝闻文集》，可惜只出了一半。

其他如民族编室（四编室），出了《格萨尔王传》；科技编室（五编室），出了《李斯炽医案》和陈达夫《中医眼科六经法要》；辞典编室（六编室），主要就是和湖北协作编纂出版《汉语大字典》。

三、四川出版在困难中前进

那个时期，是先出书，不断遇到挑战和问题，又不断解决、突破。不是说我们四川出版开始就有什么大思考，而是从抓出好书开始突破的。1978年庐山全国少儿出版工作座谈会后，我带着四川出的几本书到北京找曹禺约《王昭君》稿，曹禺一看我们出的书就心动了。这本书一出来，就引起"轩然大波"。

陈翰伯找我说：听说你们开高价买稿子？我问崔之富（时任四川省出版局副局长兼四川人民出版社社长），老崔说我们是在稿酬规定标准内付酬的。当时国家出版局另一位领导来成都时说："四川怎么能够出曹禺的书呢？"巴金知晓后，叮嘱我们一定要把曹禺的书出好。所以我在"长沙会议"上说，我们决心以出好书回答别人的疑问和不理解。只有把书出好才站得住脚。

崔之富是老出版人，对"三化"方针的束缚是深有感触的。他曾说：过去好的小说、好的学术著作都流失出去了，书店卖的，只有本省出版的为配合中心工作租型的书和字大、图多、本薄、价廉的小册子。

从我个人来讲，有三个因素和"面向全国"相关。一是我读中学时，常去巴金担任主编的文化生活出版社玩耍，文化生活出版社出的书就是面向全国的。这应该说对我的影响是潜移默化的。二是我在《红领巾》杂志时，虽没有面向全国组稿，但《红领巾》杂志专刊《刘文学》在全国产生了较大影响，《中国青年》杂志、《中国青年报》《中国少年报》全文刊登其内容，在全国掀起了"学习刘文学，做毛主席的好孩子"的热潮（当然，以现在的观点来看，《刘文学》一书显然受到了"以阶级斗争为纲"思想的影响）。我认识到，只要是好东西，就可能在全国产生影响。三是我调到北京办《辅导员》杂志，它就是面向全国的。可以说，我脑子里没有什么"三化"方针的束缚。

我在《李致与出版》"后记"中说道：我们在定规划、选题时，眼界就比较宽。周总理诗出好了，巴（金）、茅（盾）、曹（禺）、臧（克家）、艾（青）的书拿出来，其他都好组稿了，有的作家没有在四川出书还感到遗憾。以后才知道，这就是"名牌效应"。在抓质量上，除了订好选题计划，我每年还两次到北京、上海组稿。当时，我还分管总编室，重点是抓装帧设计和校对。对陈世伍设计的《王昭君》封面，曹禺极为满意，并广为宣传。戴卫（时任四川人民出版社美术编辑）为《探索与回忆》（《巴金近作》之三）设计的封面非常漂亮，巴金非常满意，萧乾说该得奖。

　　抓好这两条后，我去组稿时，绝大多数时候是带书组稿，用书说话。把书一摆，不用多费口舌，作家就心动了。我提倡编辑们用这个办法去组稿，后来形成全国作家"孔雀西南飞"的局面。"孔雀西南飞"，是作家形容的。

　　在装帧设计上，也有不少"斗争"呵。如出版科长李郁生开始怕成本高，不同意在书的封面、封底加"勒口"，但老崔（崔之富）支持加"勒口"。后来，李郁生说，四川的书出好了，普遍受到称赞，他们出去开会底气都壮些。由于书出好了，把他们的积极性也调动起来了。对重点书，我坚持掌握进度和材料工艺。我多次到印刷厂了解印制进度和质量，发现问题，及时解决。为了出好书，在老崔指挥下，社里曾派三路人马到全国各地找塑膜原料印制《巴金选集》封面，保证了十卷本的《巴金选集》在一年内按时出版（当时出版周期较长），得到了《人民日报》署名文章的表扬。"面向全国"，不只是把书发到全国，主要是提高书的质量，让读者愿意买你出的书。

　　我特别感谢当年的省新华书店副经理袁学林。那时只有新华书店这一个发行渠道，而原来省店的图书征订单只发给省、市、自治区一级新华书店和各大图书馆，最多发一两百份。我们面向全国以后，他们尝到甜头了，为适应面向全国，在我们的催促下，袁学林

20世纪80年代末，时任中宣部副部长徐惟诚在四川省出版总社与总社和四川人民出版社部分同志合影

前排左起：谢临光、朱启瑜、李致、徐惟诚、冯国元、钱铃、关源博、李正模

后排左二起：邓星盈、李陈、解伟、张再德

带领本版科的同志把省店的征订单发到了全国除新疆、西藏之外的两千多个县店，经常是搞个通宵。省店本版科也由过去的冷冷清清变得很有生气了。

我觉得是这样一种进程：用出书来突破"三化"，到了书在全国有了影响，别人有不同意见的时候，进而才提出突破"三化"方针，"立足本省，面向全国"。这个方针提出后，又引起很大的争论，直到"长沙会议"时，才得到国家出版局的确认。以后就不是我们几家地方出版社面向全国了。所以在出版界纪念改革开放20年时，突破"三化"方针被认为是我国出版界改革开放的重大举措之一。

有意思的是，杨字心（时任文艺编室副主任）到北京出差，北京一家文学出版社的同志问他："你们这样搞，我们还怎么吃饭呀？"老舍的女儿舒济告诉我，"长沙会议"后，人民文学出版社总编辑韦君宜回社传达破除"三化"的会议精神，以激励该社的队伍。为了密切与同行的关系，我们出了人文社社长严文井的"近作"，出了韦君宜的小说《女人集》和《编辑手记》，还出了韦君宜丈夫的《杨述诗选》。韦君宜重病时，我两次去看望她。当年，天津百花文艺出版社也很注意我们，这个社的总编辑林纳愿把他的散文集交给我们出，结果没交稿他就去世了。

四川出版当时能取得一点成绩，得益于一个重要背景：党的十一届三中全会以后的民主空气。胡耀邦同志在任共青团中央第一书记时，曾召集团中央所属各出版社和报刊社总编辑开会，强调出版社和报刊都要抓重点。平时要丢"小石头"，一定的时候要丢"大石头"，要有重头文章，才会有大影响，引起"轩然大波"。只要是对的，就要坚持下去，就要奋斗。我们当时那样做，也受他的影响。

后来出的书中，整得最热闹的是出版记述彭德怀在"文化大革命"中被迫害历史的《最后的年月》。这本书极为感人，编辑流着泪审稿，工人流着泪拣字和拼版，九天印了四十万册；但书刚出版即被暂停发行，作者和出版社都受到责难。向上申诉无结果，我去找耀邦同志反映。他开始没有表态，我就跟他争，说你让我们出好书，结果出了好书又不准发，不准发的理由又站不住脚。他考虑后说，我给你出个主意，说完，他左一挥手，右一挥手。见我还不明白，他又说，你可以——自己发嘛！这本书最终被准予内部发行。

中国翻译家协会到成都开会，冯至、黄源等多人到会，我请他们来出版社看样书。代表们对川版书的选题、作者、装帧等称赞不已。中午，社里破天荒地请他们在芙蓉餐厅吃便饭。席间摆谈，冯至对我说，你是出版家，不是出版官，也不是出版商。我认为，这绝不是说我个人，出版是个整体，他这句话是对全体四川出版的同志说的。

进入市场经济后，有人对我们提出的"要做出版家，不做出版商"表示否定。有人主张"先做出版商，后做出版家"；也有人主张"既做出版家，又做出版商"。有一次，我和徐惟诚同志谈到这件事（他当时是北京市委副书记），他说他是支持我们的。我多次表明，不要玩文字游戏，我们从不否认经济效益，曾以盈补亏出了不少好书，不仅分三批盖了职工宿舍，还盖了出版大楼。我们总结的经营理念是：君子爱财，取之有道；该赚就赚，该赔就赔。赚是薄利多销，不是越多越好；赔是能不赔的就不赔，能少赔的就不多赔。统一核算，以盈补亏。我们说要做出版家，就是邓小平说的"以社会效益为最高准则"。现在看来，还是要当出版家。

还有就是要让所有的出版人都热爱出版工作，甘为他人做嫁衣，不要当"出版官"，对作者不可冷淡。巴老也说，一定不要当出版官。四川出版社提出，编者和作者的关系，应该是为作者服务。除了出好书，还要关心作者，与作者建立友谊。曹禺是我的长辈，先称我为"李致同志"，后改称"李致兄"。他与我们建立了深情厚谊，表示要和四川出版社"生死恋"。诗人公刘生病，我们派张扬（时为二编室诗歌组编辑）去广西探望他，他很感动，来信给我表示感谢。这类事例很多。

我离休以后开始写书。作为作者，对"出版官"的体会太深了：有些编辑接到稿子不跟你说一声，用不用也不跟你说一声。

对出版人来说，丢掉官气很重要。

2015年7月23日采访于成都金杏园李致寓所

采访手记

去年 7 月，家明兄（汪家明）还在人民美术出版社社长任上，他到成都参加全国"美联体"订货会，会后约我一起去看望李致同志。他俩是头回见面，说起范用、萧祖石等共识的熟人，说起书来，一见如故，有说不尽的话。临别，李致送给家明两样书，一是他刚在天地出版社出的三卷本《往事随笔》，另一本是记述他在二十世纪七八十年代从事出版工作时所作所为、所见所闻的《李致与出版》（四川教育出版社2013年11月出版）。

出门后，家明感叹：没想到老人家记忆力那么好！又说到即将创刊的《中国出版史研究》委托他组稿，他希望我能写写李致，帮助人们了解那一代出版人是怎样把那个年代的出版做到那样一个高度的；他们那代人有着家国情怀，后来者很难逾越，应该把他们的作为真实地记载下来，毕竟那代人健在的已经不多了。他一再叮嘱我：这个活儿必须你来做。

家明兄嘱托，我没法推辞。于是就有了7月23日对李致同志的访谈。

这些年，写李致出版生涯的文章不可谓少。我这次访谈当从何说起？

李致，原名李国辉，1929年生于成都市，1946年加入中国共产党，先后任青年团重庆大学校委书记、共青团重庆市委大学部部长、共青团四川省委《红领巾》杂志总编辑、共青团中央《辅导员》杂志总编辑。"文化大革命"后期回到四川，先后任四川人民出版社革委会副主任、总编辑，四川省出版局副局长兼四川人民出版社总编辑，中共四川省委宣传部副部长兼四川省出版总社社长，四川省政协秘书长，四川省文联主席。

李致告诉我：他一生中有三件令自己满意之事：一是解放前参加爱国学生运动；二是从事出版工作，出了一批好书；三是在省委宣传部副部长任上，为"振兴川剧"鼓与呼。

我是1976年9月15日从部队退役后分配到四川人民出版社二编室（文艺编辑室）少儿组做编辑的，那时李致分管我们，是我顶头上司的上司。那年，我二十二岁，他四十七岁。李致中等个头，敦敦笃笃，推个平头，戴副墨镜（他患眼疾），没架子，待人随和。他爱书。那时书少，一次到他办公室谈事，我见桌上摆一摞从市书店"内部服务部"购来的未公开销售的书，忍不住动手去翻，被他一手拦住："洗手去！"洗罢手又想翻，他还不放心："小心点，别折页！"他对书的珍爱，可见一斑。

他懂书。常见他外出开会、组稿，每次回来，收获颇丰。他人缘通融，作家、名人以至年轻作者都买账，组回来的书多能打响。对编辑们，他一是带，二是帮，三是促。遇到好稿，眼睛发亮，绝不放过。

他好读书，亦好藏书，酷爱编书。

那年月当编辑，李致等领导带着我们做书像在打仗，总有说不完的选题，做不完的工作，还不觉得累。从那时起，我体会到了编书的无穷乐趣。那是一个充满朝气、使人鼓劲的时代，我所在的是一个齐心协力出好书的群体。随着一本一本好书的积累，四川出版开始崛起……

一晃，近四十年过去了。这段历史是值得留下的。于是，从这个话题说起，我开始了这次采访。采访时间近三个小时。

说起往事，李致如数家珍，口述一气呵成。当年我是个年轻编辑，知晓的为四川出版的枝节，李致是改革开放后出版"川军"的领军者之一，他的回忆展现了出版"川军"的整体情况。

记录稿拟出后，老人要看。为了定稿，后来我又如约登门，准时按响了李致家的门铃。他是个十分守时的人。随着一声响亮的"来啰"，李致同志开了门。先表扬我准时，接着就说这稿子害得他昨晚半夜睡不着觉，今晨5点就起来在电脑前审改："好辛苦哟！"

他对文章一字一句地审，一个标点符号都不放过。最终，他敲定了这篇采访记录的标题：《改革开放初期的出版"川军"》。这篇口述史，由亲历者亲述，有点、有线、有面，原汁原味，有血有肉，不需采访者画蛇添足了。

临离开李致家时，我请老人家多保重。他说他昨天还曾去参加了一个学会的会，身体不错。对于自己的状况，他说："今年已步入八十七岁，也算廉颇老矣！人们常问：'廉颇老矣，尚能饭否？'本人尚能吃饭，胃口也好；虽四肢无力，但中气十足。"说罢，他笑起来，眸子里闪出孩童般的得意。

这就是八十七岁的李致。衷心祝愿老人家活力永葆。

铭记在心

李致文存·我与出版

LIZHIWENCUN

胡耀邦对四川出版的关怀①

　　我这一生在共青团系统工作时间最长，共二十三年，从大学、区、市、省团委到团中央，可算是科班出身。我与耀邦同志当然有所接触，并从他那儿获得很多教益。

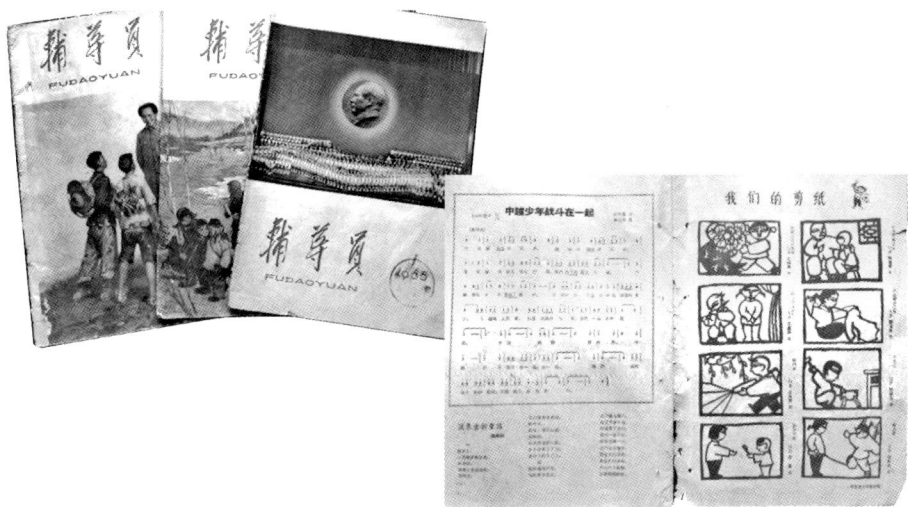

20世纪60年代共青团中央主办的《辅导员》杂志

　　①　本文摘自李致《我所知道的胡耀邦》一文，详见《李致文存》之《我的人生》卷。

抓住重点，办好报刊和出版社

1964年春我调到共青团中央工作，在《辅导员》杂志社任总编辑。有一次耀邦同志邀团中央所属报刊和出版社的总编辑座谈，他在会上即席讲了很多话，至今我还记得一些。

在谈到少年儿童工作时，耀邦同志鼓励从事少年儿童工作的同志，在实践中研究理论问题。他说，马、恩主要是剖析资本主义社会，顾不上研究少年儿童工作；列宁夺取政权以后，不久即逝世；毛主席一生搞革命，推翻三座大山，建立了新中国，也不可能有时间去研究少年儿童工作的理论。耀邦同志指着大家说，你们不要妄自菲薄，你们整天搞少年儿童工作，实践出真知，关键是你们不要只顾实际工作，要通过实际工作把它上升为理论。

耀邦同志十分强调报纸、刊物和出版工作要抓重点。他说，每期报纸和刊物都要有一两篇重头文章。这些文章应该是青少年最关心的问题，写得又好，群众才有兴趣。不要脱离实际，不要不抓重点，不要怕花大力气。一个季度，总要丢几个"石头"引起波澜。半年或一年，一定要丢几个"大石头"，引起轩然大波，才会有影响。四平八稳，平均使用力量，隔靴搔痒，谁会注意你这张报纸、这个刊物、这家出版社？

无论报刊和书籍，都不要离开青少年的实际，这也是耀邦同志强调的。他笑眯眯地对一家报纸的总编辑说："你们有一篇短文章，叫少年儿童不要喝生水。心是好的，注意卫生嘛！但办得到吗？绝大多数儿童在农村，有多少家庭烧开水给他们喝？农村的小孩，劳动累了，回家就用瓢从水缸盛满水，'咕、咕、咕'几下就喝了。"耀邦同志望着在座的同志说，对青少年提要求，一定要符合实际才办得到。

耀邦同志这一次讲话（特别是讲工作方法部分），对我的影响很大。粉碎"四人帮"以后，无论我在哪儿工作都注意到这一点。

对川版书的关怀

粉碎"四人帮"以后，耀邦同志先后在中共中央党校、中组部和中宣部工作。他组织和支持"实践是检验真理的唯一标准"的讨论，大力平反冤假错案，是人所皆知的事。

我当时在四川人民出版社工作。出版社的同志解放思想，采取"立足本省、面向全国"的方针，陆续出版了一些好书。我知道耀邦同志喜欢读书，不时选寄几本给他。不久得到他的秘书梁金泉同志给我写的回信：

> 你两次给耀邦同志寄的书都收到了。耀邦同志让我给你写一封信，向你表示感谢。如来京办事，欢迎来家说话。

既然欢迎"来家说话"，以后我到北京总想去看望耀邦同志。

全国第四次"文代会"时，耀邦同志已到中宣部工作。闭幕式结束那天晚上，耀邦同志在中宣部、文化部联合举行的茶话会上，发表了热情洋溢的讲话。代表们纷纷去向他敬酒，我也是其中之一。当他发现我的时候，对我讲了一句话："你们不要搞'宫廷文学'。"

我完全不知道耀邦同志所说的意思，但当时人多，不便交谈。茶话会结束后，立即赶到耀邦同志家里。他正坐在客厅里看电视，我说没有理解他刚才说的话。

"有关四川的古诗词，你们自己出版好了，"耀邦同志说，"何必一定要出毛主席圈阅的？"

原来是我们出版了《诗词若干首》，内容系1958年成都会议时毛主席所选出的咏四川的诗词，印发给参加会议同志阅读的。我向耀邦同志说明："出版这本书的时候，还不许出版古诗词。我们是打着毛主席的旗号冲破这个禁区的。"

"总理的诗是他年轻时写的，用得着出那么多吗？"耀邦同志又问。

我回答说："群众太尊敬和热爱总理了。有关总理的书都畅销，这是人心所向。"

耀邦同志没有坚持他的意见。经过交谈，互相理解。我免去了思想负担，但也得到提醒，更感激他对我们出版社的关怀。

四川出版了《在彭总身边》。这是彭总的警卫员景希珍口述，作家丁隆炎执笔的。这本书记叙了彭德怀在庐山会议前后的一些感人事迹，在国内引起很大反响。1979年9月，北京的几位朋友写信告诉我，耀邦同志最近在中宣部的一次会上说："昨晚我躺在床上，一口气读完《在彭总身边》，写得很好，很感人。"可能与耀邦同志的讲话有关，许多报纸转载、许多电台广播了《在彭总身边》。

丁隆炎接着写了《最后的年月》。这本书忠实地记叙了林彪、江青反革命集团对彭德怀的残酷迫害以及彭总的高贵品质，是否定"文化大革命"的铁证。编辑流着眼泪审稿，工人流着眼泪排字，九天印出了四十万册。刚一发行，即在北京、上海、成都等地引起轰动。可是却有人以"莫须有"的罪名指责作者，以致暂停发行。出版社一再向上申诉均无效果，没有办法，我只得去找耀邦同志。

耀邦同志听了我的陈述，显得有些犹豫。这是因为有不同意见，他感到有难处。但我知道耀邦同志的为人，便据理力争。我说："您叫我们出好书。现在好书出来了，又不许发行，而不准发行的理由又站不住脚。"

我望着耀邦同志，他终于表态了："你们可以——"同时两只手各向左右摆动，但我没有明白他的意思。"自己发嘛！"他说。

一股暖流传遍我的全身。我说不出任何感谢的话，尽管眼睛已经湿润。带着耀邦同志的意见回到成都，经过一年多的奋斗，主管部门最终准予内部发行。

不久，耀邦同志担任党中央总书记，从此我再没有去打扰他。

1997年8月6日

杨尚昆支持我们做出版家①

　　我是通过张爱萍同志认识尚昆同志的。

　　尚昆同志和张爱萍同志都是老一辈革命家、党和国家领导人。但由于他们平易近人以及我们这一代人的习惯，我长期称他们为同志。

　　上世纪70年代末和80年代初，川版书曾有过一段"辉煌"时期，在全国颇有影响。1986年，在参加全国书展期间，我们在北京举办了川版书展。尚昆同志和张爱萍同志参观了书展并参加了座谈会。

　　在座谈会上，我代表四川出版总社作了汇报。其中谈到我们的指导思想：做出版家，不做出版商，也不做出版官。这是著名诗人冯至对四川人民出版社称赞的话，我们接过这个话，把它作为出版社的座右铭。当时，颇有一些非议，认为我们思想保守，不敢言"商"，落后于时代。其实，我们并不忽视经济效益，而且还总结了几句话：君子爱财，取之有道，用之有方。该赚就赚，该赔就赔。赚，是薄利多销，不是越多越好；赔，是能不赔就不赔，能少赔就不多赔；统一核算，以盈补亏。按这个原则，我们不仅出了许多好书，修建了职工宿舍，还盖了十二层高的办公大楼，这在当时的出版界是少有的。

---

　　①　本文摘自李致《杨尚昆同志二三事》一文，详见《李致文存》之《我的人生》卷。

1986年，杨尚昆同志在北京全国书展川版书展区签名。右一为张爱萍。后排左起：戴卫、王伟、李致

尚昆同志在座谈会上讲了话，他充分肯定了我们要"做出版家，不做出版商，也不做出版官"的奋斗目标。他说，书籍不同于一般商品，它既有商品的属性在市场流通，又有意识形态的属性能影响人的思想，不能因单纯追求利润而出坏书。

听了尚昆同志的讲话，出版社的同志坚定了信心。当时，在全国出版界，有的主张"既当出版商又当出版家"，有的主张"先当出版商后当出版家"。为避免无谓的争论，不搞文字游戏，我们强调坚持把社会效益放在首位，力求做到社会效益和经济效益的统一。事实证明，这样做是正确的。

1987年，重庆举行"三三一"惨案六十周年纪念会，我知道尚昆同志将出席这次会议。我也去重庆出席这次会议。途经大足县，我们参观了著名的大足石刻。郭县长为我们作了解说，并托我把新出版的画册《大足石刻》送给尚昆同志。

在重庆，我陪尚昆同志看了川剧。我对尚昆同志说："大足县的郭县长托我送一本《大足石刻》给您。"

尚昆同志说："我已经有了《大足石刻》，你留着吧！"

"不行，"我赶快说，"受人之托，忠人之事。我不交给您，人家会说我'吃雷'了。"

一听家乡土话"吃雷"，尚昆同志哈哈大笑："我很久没有听见'吃雷'这个话了。"尚昆同志说，并问他身边从北京来的同志："你们知道什么叫'吃雷'吗？"

身边的同志没有人知道。尚昆同志说："这是我们家乡的话，它是说这个人胆子大，大得连'雷'都敢吃！"他又爽朗地笑了。

我虽是四川人，过去只知道"吃雷"是把别人的东西占为己有，即四川话"打来吃起"。尚昆同志的解释，让我知道它更深、更风趣的含义。

2007年4月2日

杨尚昆同志签名的书

　　粉碎"四人帮"以后，为解决"书荒"问题，四川出了不少老一辈革命家的书。其中，包括李伯钊同志的八场话剧《北上》。该剧主要描写红军翻越雪山，面临"北上"还是"南下"的斗争。伯钊同志参加了长征，经历了这场斗争，剧本写得引人入胜。

　　杨尚昆同志关心四川出版工作，曾和张爱萍同志一道，参观川版书在北京的展览。伯钊同志是尚昆同志的夫人，我拿了伯钊同志的《北上》，请尚昆同志签名。尚昆同志见是伯钊同志的著作，在书上签了"杨尚昆 1986.4.22"几个字。我自是十分高兴。当天来参观书展的客人很多，我忙于接送，送走客人以后，展出的书已收回，我放在桌上的尚昆同志签了名的《北上》也不知去向。因为尚

《北上》（剧本），李伯钊编剧，四川人民出版社1982年版

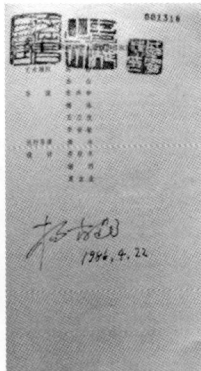

《北上》前页，有杨尚昆的签名和盛寄萍的藏书章

昆同志只签了他的名字，没写我的名字，别人也无法交还给我。

我一直为丢失有尚昆同志签了名的《北上》而后悔和内疚。

事隔十七年，2003年，四川人民出版社的离休老同志盛寄萍来我家玩。我俩谈起各自收藏的书，他谈到有一本尚昆同志签了名的李伯钊著的《北上》，我喜出望外，赶快说了以上经过。原来，盛寄萍同志在书展结束收书时，发现桌上的《北上》，不知是谁的，只得把它收下。现在，既弄清来历，便决定归还我。当他把书送还给我时，我选送了《沙汀日记》等三本书给他表示感谢。他在书前的空页上写了以上经过：

《北上》，这本有杨尚昆同志签名的十分珍贵的书，本非我所有，但我也已想不起它是怎么来到我的藏书中的，更不知其真正的主人是谁。今年2月19日，我到李致同志家去，主要是为了向他征集四川人民出版社五十周年纪念画册需用的老照片，在闲谈中我提及此书，方知它的主人原来是李致同

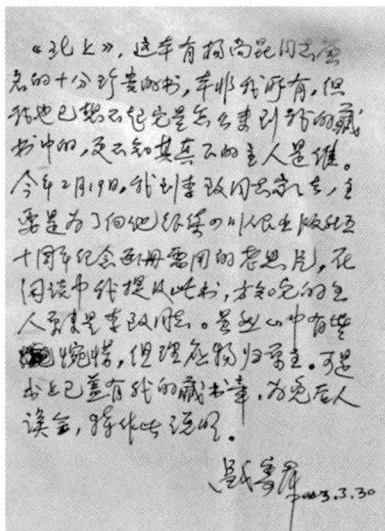

盛寄萍在《北上》前页写的文字

志。虽然心中有些惋惜，但理应物归原主。可是书上已盖有我的藏书章，为免后人误会，特作此说明。

值尚昆同志诞生一百周年之际，写此文以示缅怀。

张爱萍的诗集在四川首出^①

张爱萍是老一辈革命家，无论在战争年代、建设时期和"十年动乱"中，张老都有许多传奇的故事。这几年先后出版的《张爱萍在1975年》和《张爱萍传》记录了张老光辉的一生。我与张老接触

1987年，张爱萍将军（右三）与夫人李又兰（左三）参观四川人民出版社图书陈列室，李致（左二）、杨字心（右二）、李定周（左一）陪同，右一为张爱萍随员

---

① 本文摘自李致《我所知道的张爱萍》一文，详见《李致文存》之《我的人生》卷。

有二十年，对他的为人有所感受，这些感受积在心里，需要把它倾吐出来。

粉碎"四人帮"以后，我常在报纸上读到张老的诗词。当时我是四川人民出版社的总编辑，正计划出老一辈革命家的诗集。在出版《罗瑞卿诗选》时，我们也准备出版张老的诗选。

第一次与张老接触，是在张老家。因为没有电话号码，无法事先约定时间。我只好凭出身共青团干部的那股劲儿，闯到张老的家去了。这是一个普通独院，朴实清洁，毫不耀眼，反映了主人是人民公仆的本色。张老正要出门开会，汽车停在他身边。我立即自报家门，说明来意。

"你们要出我的诗集？"张老穿一身灰色的中山服，笑着用纯正的四川话说："我那个算什么诗？豆豉、萝卜丝……"

我缠住张老不放，张老只得把我介绍给他的夫人李又兰大姐。又兰大姐既文雅又坚定，一口咬定说张老的诗大多即兴而作，还得修改，现在不能出集子。我当然毫不松口，最后只达成"一年后再说"的协议。有这个协议也不错了：放长线钓"大鱼"嘛！

1983年夏张老到成都，我去金牛宾馆看望他，一起在室外散步。张老拄一手杖——原来在"文革"中长达五年多的铁窗生活，张老备受迫害摧残，摔在水泥地上，以致股骨颈折断。当谈到诗集时，张老告诉我他的好些诗词是在牢狱里即兴吟哦而成。或用撕下的报纸，或用抚平的香烟盒，很快地记下来，藏在床垫下，趁换季时塞进衣服，悄悄带

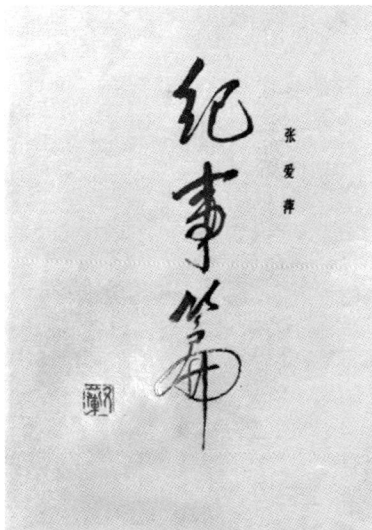

张爱萍诗集《纪事篇》，四川人民出版社1986年版

1987年，张爱萍将军在成都为四川出版题词——"精神饱满"

给又兰大姐的。如此来之不易，使我更为珍惜，下决心一定要出版张老的诗集。

缠了几年，1986年四川终于出版了张老的诗集《纪事篇》。张老和大姐一再说，这些谈不上是诗词，不过纪事而已。集子共收诗词一百六十多首，均为1928年夏至1986年8月期间所作。出版前，张老要我写序，我不敢承担这个重任，只写了《出版前言》说明出书过程。又兰大姐在《后记》里说："经原四川人民出版社李致同志再三鼓励、催促才得以问世。"直到张老的诗、书法、摄影选集《神剑之歌》出版，还重刊了《纪事篇》的《后记》，使我深感不安。

2001年1月9日～15日

张爱萍诗集《纪事篇》出版前言

爱萍同志的诗词集，正当中国人民解放军建军六十周年大庆，终于在故乡——"天府之国"的四川出版了。

这是一件大家都高兴的事。

《纪事篇》选收诗词一百六十余首，选自1928年夏天至1986年8月。如书名所示，这部《纪事篇》，是一部中国革命与社会主义建设时期的纪事诗。纵观全书，可以领略得到，张老从投身第一次大革命，戎马倥偬，六十度春秋，在天翻地覆、风驰云变这一长过程的历史踪迹。既展示了人民军队战史的一个侧面，又概括了张老漫长的革命生涯。尤为珍贵的，诗词集选入了那个"史无前例"的"十年动乱"年代之作。张老当时身陷图圄，五载寒暑，思绪万千，奋笔书于报纸边角，随手塞进破旧衣物，而得以劫后幸存。十一届三中全会以来的诗作，更倾注了张老对我国"四个现代化"的心血。无论写在哪个时期，张老的诗词总是催人奋发，去开拓壮丽的未来。

张老所著诗篇词章，艺术上亦颇具特色。质朴情真，气度开阔，是其一；不喜剪裁，以就音律，是其二；不拘一格，而有创新，是其三。卷首所印张老的墨迹，更为之增色。

爱萍同志是我们敬仰的革命老一辈。他不仅不喜欢别人给他过高的评价，而且谦逊到不愿意把他的诗词汇集出版。这部集子得以问世，历时五载，可以说是把张老"缠"得没有办法，被"迫"交出来的。我是约稿者之一，有责任把这个情况向读者说明。

感谢李又兰大姐，她所写的《后记》，对理解张老的这些诗词，是大有助益的。

1987年4月22日

关心人的组织部长

——怀念安法孝

安法孝同志逝世后，我很悲痛。与作家高缨、诗人木斧相约，各写一篇怀念文章，但多次提笔都没有写下去。转眼快一年了，心里仍不平静。

我大概是在1971年初认识安法孝同志的。当时，我在共青团中央工作，被"一锅端"到河南省潢川县的"五七"干校劳动。春节回成都探亲，随我的四姐去看望他。他留给我的印象是平易近人，热情、关心干部，爱读书、有知识。告辞的时候，他还要我们带些广柑给我母亲。

1973年夏，我调到四川人民出版社工作。到1976年10月之前这段时间，实际上是在混日子。粉碎"四人帮"以后，出版社的同志欣欣鼓舞，开始积极工作，但拨乱反正仍有一个过程。1977年我们出版了缅怀周总理的诗集《人民的怀念》，这本受到广大群众欢迎

安法孝20世纪80年代

的好书，却遭到主管部门的查问。理由是有些作者的问题还没有调查清楚，实际上他们并无问题；以后知道，"问题"出在主管部门内部的矛盾，暂不细说。

让文艺工作者和出版界真正感到主管部门的支持，是在安法孝同志任中共四川省委宣传部代部长的时候。宣传部出面邀请文艺界知名人士在金牛坝宾馆聚会，为他们恢复了名誉。安法孝同志作了鼓舞人心的讲话。大家纷纷控诉了林彪、江青一伙对文艺界的迫害，要求恢复党的优良传统，繁荣社会主义文艺事业。晚上则观看长期被禁演的川剧折子戏和"文革"前的优秀影片。文艺界的朋友一吐闷气，爆发出巨大的热情。

在安法孝同志的关怀下，四川出版取得了显著的成绩。尽管一年后，安法孝同志调任省委组织部长，但他一如既往地关心和支持出版工作。1979年初，我从几个渠道得知，中央一个部门要调我去北京工作，内心很矛盾：既喜欢首都的工作条件，又不愿离开哺育我的故土。我去组织部找安法孝同志，汇报了我的想法。没隔几天，便得到他的亲笔信：

李致同志：

关于××部拟调你去工作的事，我和心源同志谈了，并谈了我的意见。他坚决不同意把你调走，今后要你在我省出版事业方面多起作用。特告

敬礼！

安
1月5日晚

安法孝同志的信，代表了组织的关怀，我终于放弃了去北京的念头。对四川出版工作的成绩，安法孝同志由衷地感到高兴，并尽可能地为我们的工作创造条件。当时，全省（包括重庆）只有一

家出版社，仅一百多名工作人员，人手显得紧张。有一次我去请示安法孝同志：可否增加一些编制？他说："出版社是事业编制，如果工作需要，你们又有经费，可以适当增加工作人员。"川版书的质量和数量有进步，但书籍装帧设计的能力跟不上。我偶然发现了画家戴卫，他为一部长篇小说设计的封面和插图，很有水平，我们很想把他调到出版社。但他在西昌文化馆工作，据人事处讲，甘阿凉三州的干部暂时"冻结"，很难调出。我深知安法孝同志爱惜人才，便拿着戴卫设计的封面和插画，去请他鉴赏。

"怎么样？"我问。

安法孝同志立即说："很好嘛！"

我向安法孝同志汇报了我们的愿望和遇到的困难。他极为爽快地说："你们写一个报告，我来批，个别出众的人才可以破例，不受限制。"

戴卫很快调到了出版社。他为茅盾、巴金、老舍、曹禺、艾青等全国著名作家诗人的书籍设计的封面，受到广泛的好评。全国出版工作者协会主办的内刊《装帧》，为介绍戴卫出了专辑。目前戴卫是省诗书画院副院长。他一碰见我，爱开玩笑说我是他的"恩人"。每遇这个情况，我必须说明："真正爱惜人才、起决定性作用的，是老组织部长安法孝同志。"

有一次，安法孝同志找我去，说打算把杨莆（即诗人木斧）调到出版社，征求我的意见。木斧和我，40年代同时开始发表创作。1955年因所谓"胡风问题"，他在成都挨批，我在重庆受审。1959年"反右倾机会主义"时，我们同在《红领巾》杂志社工作。他多次挨斗，我也因"包庇"他而被指责为"右倾"。对这样一个吃过苦头的好同志，我当然欢迎。他调到出版社以后，如鱼得水，除了做好本职工作，还重新提笔写了许多好诗。木斧能取得这样的成就，与安法孝同志对他的关心和安排，是分不开的。

1983年初，我到宣传部工作，安法孝同志则到了省委顾问委员会任常委、兼任省党校校长。尽管我们没有直接的工作联系，但我仍经常到他办公室，请教、谈心，或请他看演出，会面总是很愉快的。1987年他离休以后，除了去他家看望他，还经常在街上遇见他散步。安法孝同志对自己要求很严，生活艰苦朴素。我曾听省五医院林医生讲，安法孝同志爱逛书店，有一次去人民南路新华书店门市部，买了一大捆书，他没有要车，自己提着书上了公共汽车，不巧坐过了站，他又急又累，回家后发了心脏病。他患有糖尿病，引起心脏、肾、肺功能等一系列问题。尽管如此，他仍旧很关心人。这些年，我写了一些散文和杂文，凡在省内报刊上发表的，他几乎都读过。每次碰见他，他总爱说看见我写的某篇文章，并说一些鼓励的话。我因为长期没有提笔，有时对自己写作能力不免产生怀疑。他的鼓励使我增强信心。有一次他说：

"我看了你写的不少散文，最好出一个集子。"

正好出版社的杨字心同志，对我提出了这个建议。开始我很犹豫，听了安法孝同志的意见，终于"豁"了出去，出版了散文集《往事》。当我把书送到他手里时，他显得很高兴。

安法孝同志的身体一天不如一天。我经常从林医生那儿得知他的病情。如果遇到他住院，我总要挤时间去看望他。以后，林医生悄悄告诉我，安部长的病多，吃的药往往互相制约，随时可能出现险情。我听了很难受。明知任何人都有不可避免的自然规律，但我总不愿好人、好党员、好领导早逝。去年4月，他在省五医院住了一段时间院，我常去看他。有一天，他精神很好，高谈阔论，声音洪亮，护士长以为发生什么问题，跑来看望，原来是安部长在和我聊天。我颇为高兴地离开病房，谁知这却是诀别……

向安法孝同志遗体告别的那天，殡仪馆拥挤不堪，估计有上千人。有解放时南下的战友，有过去做地下工作的同志，有新中国成立后的干部，大家都来悼念这位受人尊敬的老组织部长。我深信前来送别的每一个人，都有自己不同的感受，相同的是脸上的泪水。这些泪水，表达了对安法孝同志真挚的情感。

1997年3月20日

汪道涵关心四川出版①

汪道涵同志逝世，我心里很不平静。

他学识渊博，高瞻远瞩，为人谦和，他的人格魅力吸引了我。

早在胡耀邦同志任中宣部部长时，为了让宣传系统的负责人了解全局，曾分别邀请有关的政府部门领导来介绍情况。道涵同志时任对外经济联络部副部长，应邀到中宣部介绍。耀邦同志对他的评价很高，说他头脑清晰，不但掌握全面情况，而且分析准确，很有水平。这是参加会议的人告诉我的，也是我对道涵同志的第一印象。

上世纪80年代初，道涵同志任上海市市长，对巴金老人十分关心。作为巴老的亲属，我出于礼貌去看望他，表示感谢。谈话时间不长，涉及面较宽，彼此都投入，大有一见如故的感觉。道涵同志问了我的年龄，说他比我大十五岁，以后，每次见面他都爱说："我比你大十五岁。"

1987年秋，四川少年儿童出版社出版了一套"未来军官学校"丛书，在上海举行首发式。川少社邀我出席，没想到上海方面出席的竟是道涵同志。道涵同志赞扬了川版书，也肯定了"未来军官学校"丛书的选题。他邀我去他家聊天。这一次主要是谈书。道涵同志很喜欢读书，阅读范围很广，可谓博览群书。他了解川版书，对

① 本文摘自李致《怀念汪道涵》一文，详见《李致文存》之《我的人生》卷。

李致与汪道涵交谈（2002年9月在上海汪道涵寓所）

"现代作家选集"丛书和"走向未来"丛书等都给予肯定。我这才明白上海发行部门为什么会邀请他出席首发式。当然，这也与道涵同志刚退居二线，有时间参加有关。若干年后，道涵同志来川旅游，我曾陪他参观了四川人民出版社、巴蜀书社等几家出版社。

进入21世纪，我连续四年去上海。每去上海，必去看望道涵同志，他也乐意与我会面。我的腿不好，得有人作陪，或是我的女儿女婿，或是文化交流中心的同事。每次见面，我总会提出几个问题请教，主要是台湾问题、美国问题以及国内经济转型期间所出现的问题。有意思的是，道涵同志总要反过来先听我的意见，或先听陪我去的年轻人的意见。无论是谁说话，道涵同志总是凝视对方，头微向右偏，双手交握胸前，专心地聆听，使人十分乐意向他倾诉。从这个细节，我深感他对人的尊重。正是如此，他能听到各种不同的意见，充实和丰富自己。这使我想起，过去我与某些领导交谈时，有的心不在焉，有的同时在做别的事，似乎示意你"赶快结束"。真是两种迥然不同的文化素养。因为不能多占用道涵同志的时间，我常常言犹未尽就告辞。这时，道涵同志往往要给我介绍书，如苏联为什么解体？东欧为什么变色？他都给我介绍过书目，甚至还给我寄过有关的书籍来。

2002年秋，我去上海看巴老兼治腿疾，在上海多待了几天。我两次去看望道涵同志，彼此总觉得话没谈完，有所歉然。告辞时，道涵同志约我第二天与他一起散步。我答腿不行，他说找个轮椅给我坐，他推我走，边走边谈。怎么能让这位德高望重、大我十五岁的长者推我散步呢？当然不行，我断然拒绝。但这一提议使我非常感动。

道涵同志看过我写的书，关心我的创作。我说我在写自己一生的感受。总题目叫"往事随笔"，已出版三册，即《往事》《回顾》《昔日》，下一本将是《足迹》。我早知道道涵同志的书法好，又翻阅过我的书，趁机请他为我题写书名《足迹》。道涵同志欣然同意，并在我离开上海前夕，派人送来两幅题字，请我酌选。信上还说如不满意，他可再写。我对两张题字都很满意，立即打电话向他表示感谢。

2005年10月15日，因巴老病危，我赶去上海。这时，才得知道涵同志的情况也不好。巴老逝世后，22日早上，我去医院看道涵同志。他躺在病床上不能起来，显然已知道巴老逝世。他只对我说了一句话："要好好学习巴老的《随想录》。"因为医院限制时间，我只得匆匆离去。没想到这次见面竟成为诀别……

12月24日，我从网络上看见道涵同志在清晨七时十二分逝世的消息。失去这位良师益友，我感到悲伤。许多往事浮现在我眼前。特别是想到他在与人交谈时，总是凝视对方，头微向右偏，双手交握胸前，专心地倾听意见的形象，使人难以忘怀。道涵同志，我真愿腿疾消失，让我用轮椅推着您散步，继续畅谈我俩似乎永远谈不完的话题。我更不会忘记您对我说的最后一句话：要好好学习巴老的《随想录》。

2006年7月3日写完

缅怀江明

"你来了，我就有一个可以说话的人了，否则我闷得难受！"

这是1973年7月，我到四川人民出版社，与江明同在一个办公室工作，江明对我说的第一句话。

从此，我和江明在一起度过"文革"的最后三年，直至粉碎"四人帮"。

一

江明原在共青团中央《中国青年》杂志社工作，我很早就知道他。他在1945年，就读昆明西南联大时加入中国共产党，积极投入反对国民党发动内战的"一二·一"运动。1964年，我调共青团中央《辅导员》杂志社工作。团中央书记处召集报刊负责人开会，我和江明都参加，这才相识。两个杂志社曾同在机关大楼办公，但我与江明并无个人接触。"文革"初期，我们因为都是报刊总编辑（即"当权派"），被揪出来批斗，并分别被关进"牛棚"。在河南团中央"五七"干校时，我俩都在二八连劳动。有一次，劳动完了到跃进渠洗澡，江明、向洛新和我在渠中相遇。我们苦中作乐，游泳比赛，向洛新获"冠军"，江明获"亚军"，我获"季军"，皆大欢喜。在一次批判我向"革命"群众"反扑"的小会上，他态度极为低调，几乎没有发言。

"五七"干校是"文革"中迫害干部的产物。林彪事件发生后，在周恩来总理的关心下，安排了一些干部的工作。大约1972年，江明被"发配"到四川省革委会宣传组工作，后调四川省文化局任副局长兼四川人民出版社革委会主任。江明是四川峨眉县人，但从未上过峨眉山。以后我常向人介绍：江明是从未上过峨眉山的峨眉县人。

我是四川成都人，热爱生我养我的这片土地。1964年，上级调我去北京工作，我曾表示不愿去，但终归服从了组织的决定。在团中央工作两年，就闹"文革"，接着又去"五七"干校。当团中央调一批干部去四川时，我萌生了回四川工作的愿望。江明的夫人王韦知道我调回四川，力促我去四川人民出版社和江明在一起工作，江明也通过四川省文化局向省委组织部要我去出版社。我本来就是搞编辑工作的，"天时、地利、人和"中"人和"最重要，我信任江明，就到出版社工作了。

2003年李致在北京江明家

二

名义上说"抓革命，促生产"，实际上出版社在"文革"中，除了印"毛选"和"语录"，几乎谈不上有别的业务工作。

"庙小妖风大，池浅王八多。"这是"文革"中的一句流行语言。一个近百人的出版社，各派均有，情况复杂。江明在向我介绍情况时，首先强调了我和他不能介入派系斗争。出版社党支部的组成，各派力量都有。江明提醒我在支委会上的发言一定要慎重，每一句话都要能公之于众。他说："否则，往往会还没有开完，你说的话全社都知道了！"

1973年，小平同志复出，带来希望，但大局未变，仍难工作。1976年1月8日，周总理逝世，"四人帮"下令不许哀悼，引起了广大人民群众的悲愤，出版社绝大多数群众自发组织追悼会，群众在默哀时的哭声，至今仍在我耳边回响。在观看周总理追悼大会的电视时，发现江青戴着帽子，有人大胆地高声骂道："为什么不脱帽？！"可见人心所向。江明积极支持和参加各种追悼活动，我看见他多次流泪，也私下听见他讲了不少为国家前途担忧的话。

我离开团中央前曾向胡耀邦同志告别。耀邦总结林彪事件，语重心长地说："凡事要独立思考，没分清是非前，不要随便吹喇叭抬轿子。"我把耀邦的话转告江明，他十分赞同。无论是悼念周总理以前的"批林批孔""批周公"（批周总理），还是这以后的"批邓（小平）反击右倾翻案风"，造反派都很积极，江明和我以及多数群众无非走过场而已。江明和我，可以交心，不怕谁"反戈一击"。

一个在造反派"刘、张"掌权时期担任过"宣传大臣"的造反派头头，在"落实政策"的名义下，出任出版社革委会副主任。此人常披一件大衣或外衣，走来走去，做大首长状。他虽着眼于全省和宣传文化系统的"在无产阶级专政下继续革命"，却也抓着出版社的"运动"不放手。他和文化系统另外三名造反派头头组成四人小组，分别窜进省文化局所属单位（包括出版社）煽风点火，妄图改变运动"落后"状态。是否接受四人小组派人来出版社"指导"运动，社内群众意见分歧，多数人主张出版社的运动由出版社群众自己决策。支部委员会的意见也不一致，辩论激烈。经过江明和有关同志耐心交换意见，最后表决时，除了那位做首长状的副主任支持接受由他自己领导的四人小组派人，所有支委均表示拒绝。这是出版社群众的一大胜利！

1976年9月9日，毛泽东逝世，江明和众多人一样，更加担心国家的命运和前途。

三

终于盼到这一天："四人帮"被粉碎。

消息没正式公布之前，北京的亲戚托可靠的朋友给我带来这个惊天动地的喜讯！我万分高兴，但又担心这仅是群众的心愿。得到朋友举出的各种例证以后，我相信了。朋友走后，我立即把江明从办公室叫回寝室，关好三道房门，把这喜讯告诉他。江明和我一样，万分高兴，又担心这不是事实。当他终于相信后，非常兴奋地说："真好！抓了四个螃蟹，三个公的，一个母的！"

接着批判"四人帮"的罪行，各单位开始清理帮派分子。江明和出版社其他的负责人，都意识到"十年浩劫"的主要责任在发出号召者，因而严格把握政策，把打击面缩小在一两个有政治野心、唯恐天下不乱的造反派头头身上。一般群众因为响应号召犯了错误，主要通过学习来提高认识。少数与造反派头头有过牵连的人，在作了检查以后，很快得到解放。那个有个人野心、唯恐天下不乱的头头经过批判后，被开除党籍，未作刑事处理。此人的女儿不久还考上北京知名大学，没受株连。

江明的夫人和女儿一直在北京。不久，为落实政策，江明被调回北京，在《工人日报》任副总编辑。出版社的清理工作由于阵线分明，政策执行得好，较快结束，群众的积极性集中到工作上，获得川版书崛起的条件。出版社没有陷于内斗，与江明头脑清醒、执行政策好是分不开的。不能因为江明离开了出版社而忽视他的功绩。

四

"文革"中我与江明同在出版社工作三年，成为最亲密的朋友。

我俩同在一个办公室，那时无法工作，有足够的时间长谈。主要谈国家大事，有时也闲聊。有一次，谈到"文革"中许多人的态度。江明和我都有一个共同的看法：在"以阶级斗争为纲"的时期，政治运动一个接一个，强迫人人表态。应付式地说几句众所周知的话，或就事实上点纲和线，都可以理解。但是如果把朋友间的交心之言揭发出来，则大可不必。要是捏造或歪曲事实，那就是政治品质的问题了。

"文革"时期，群众生活困难。谁愿意天天"吃社会主义的草"？江明不会安排生活，他每回北京探亲，王韦必给他买不少罐头之类的食品，但他又不记得吃，常因过期而坏掉。当时每人每月半斤猪肉，我爱人把江明的半斤猪肉炒成这样那样的菜，让他能多吃几顿。联想起在干校时的一个笑话：王韦去干校探亲，见江明住地乱七八糟，替江明收拾得干干净净，殊不知第二天早上紧急集合，江明竟找不到红宝书"语录"，急得满头大汗。"罪莫大焉！"

江明调回北京工作，我们的友谊依旧。每次出差北京，我必去看望江明。他则为川版书所取得的每一个成绩感到由衷地高兴。他关心出版社很多同志（包括小孩子），总要十分详尽地询问他们的情况。后来我少去北京，但仍长期通电话和通信。我把自己写的往事随笔一篇篇地寄给他，他对每篇都给予点评。我保存着他给我的一大沓信，信中充满友情和幽默。我曾对他说："将来你出全集，一定不能忘了收入你给我的信！"

江明的身体不够好，长期患哮喘。唯一的女儿在上大学期间因心脏病猝死，对他夫妇俩是一个沉重的打击。他家的墙壁四周挂满女儿的照片，表示对女儿无尽的思念。我真不知用什么语言安慰他。2003年，我到北京和女儿一起去看江明，他行路困难，得靠助步器了。我们像过去一样愉快地交谈，说不完的知心话。女儿为我们拍了照。不久，江明的夫人王韦离世，江明孤独无援，由王韦的妹妹照顾他的生活。我十分为他担心。2007年12月6日，得知江明在当天早晨逝世。谁知那张照片是我们最后一次合影，那次相会竟成了诀别！

五

最近，读到一篇文章，名叫《阶级斗争中的清醒者》。

作者叫盛禹九，1948年加入"新青社"（相当于新民主主义青年团），1953年加入中国共产党。1950年调《中国青年》杂志社工作，先后任记者、编辑、编辑部主任，是江明的老"部下"。他以亲身的经历，颂扬江明是阶级斗争中的清醒者。

1954年，机关开展"肃反"运动，查出了四五个"反革命嫌疑分子"。盛禹九奉命参与"外调"。在"外调"中，盛禹九发现实际情况与原来的怀疑并不一致，如实写了材料，却被批为"右倾"，被调出"肃反"工作组。当江明发现盛禹九为此感到苦闷时，对盛禹九说："肃反工作很复杂。既要大胆假设，又要小心求证，最重要的还是小心求证。你们在调查中小心求证的态度没有错。"1957年"反右"时，江明实事求是的态度被认为右倾，甚至被免去党支部书记的职务。这类事例不少，无法一一转述。若干年后，江明对盛禹九说："当年免去我的支部书记职务是好事。我再干下去，也会成为'右派分子'，或者成为'打手'！"据我看，不排除江明被打成"右派分子"的可能，但江明根本不可能成为"打手"。正如盛禹九所说，江明胸怀坦荡，公正无私，淡泊名利，宠辱不惊；他充满着理性、良知和爱心，从不随波逐流，趋炎附势，落井下石。他的这些高尚品德、过人胆识和人道主义情怀，使他具有一种特殊的人格魅力，闪闪发光。

把江明在《中国青年》杂志社的表现，与他在四川人民出版社的表现整合在一起，我们可以较全面地了解江明的为人了。我想用一句时尚的话对他说：

"江明，我们都尊敬你，也都爱你！"

2010年11月4日完稿

缅怀袁明阮

袁明阮同志逝世已两年，我几乎天天想到他。

天天想到他，也许有人会说夸大其词。不！这是事实。我每天看书看报，除了要戴老花眼镜，还得用上放大镜。而我常用的放大镜，是明阮同志送我的。

1985年，我们四川省出版代表团出访日本，明阮同志是我们的顾问。他本是四川省出版局的老局长，1983年机构改革时退下来做顾问，鉴于他多年来对出版事业做出的贡献，四川出版总社一致推举他做访日团的顾问。

在访日期间，因为明阮同志年龄最大，我们代表团成员都很照顾他。我常提醒他不要丢东西。有一天，他把手提包遗忘在车上，被我捡到了。当我把提包交还给他时，他正在着急，我开玩笑要他发个奖品。没想到在离开日本前，他真给我发奖了。奖品是一个带有小灯泡的放大镜，夜晚也能看清很小的字。大概是明阮同志注意到了我在商店曾对这个放大镜发生兴趣，却又没有买（当时尚没达到"小康"水平，能换到的日元也不多）。明阮同志花了三千日元，为我买了这个放大镜。

我怀着感激之情收下这个"奖品"。当时我才五十多岁，戴老花镜就行了。随着年龄增长，看书看报都得加上放大镜。拿起这个放大镜，我就会想起我们的老局长袁明阮同志。

1986年，袁明阮（左三）、李致、张东升（左二）和钱铃（右一）在湖北黄冈赤壁

曾经很长一段时期，四川只有一家出版社，即四川人民出版社，隶属于四川省文化局。明阮同志是老革命，1938年入党。1978年，他由重庆市委宣传部调四川省文化局任副局长（后任四川省出版局主持工作的副局长），分管四川人民出版社，从此我们相识。

明阮同志分管出版社，大力支持我们"立足本省，面向全国"的方针。地方出版社原来实行"三化"（即地方化、群众化、通俗化）方针，主要出版"字大，图多，本薄，价廉"的农村读物，远不能满足作者和读者的需要。为冲破这个束缚，四川首先提出了"立足本省，面向全国"的方针，出版了全国许多作家和学者的著作。尽管当时对此争论很大，但由于调动了地方出版社的积极性，得到了国家出版局和中宣部出版局的陈翰伯、边春光、许力以等许多同志的支持，"立足本省，面向全国"的方针，终于得到认可和推广。事实证明，这是全国出版事业在新时期的一项重大改革。

明阮同志分管出版社，大力倡导"学习邹韬奋"的活动。邹韬奋是我国著名的政论家和出版家，1932年创办生活书店。他真诚地为人民服务，出版了许多抗日救国书籍和其他进步书籍。书店虽为私人企业，但始终把社会效益放在首位，不以营利为主要目的。他以出好书和多方面为读者、作者服务，取得了良好的经济效益。"学习邹韬奋"的活动，使四川出版人立志做出版家，促进了四川出版事业的发展。

明阮同志分管出版工作，正确处理了出版、印刷、发行的关系。他认为这三家是一条龙，哪一家都不能忽视。他打了一个形象的比喻，成都有家名小吃叫"古月胡"（一种甜品，即把三种糊合成一种），他说出版、印刷、发行三家就该成为"古月胡"。他强调这一条龙，出版社应是龙头。出版社内有编辑、印刷和发行三部门，这也是一条龙，哪一个部门也不能忽视，但编辑是龙头。只考虑编辑忽视发行是不对的：因为书发行不出去，就没有经济效益，

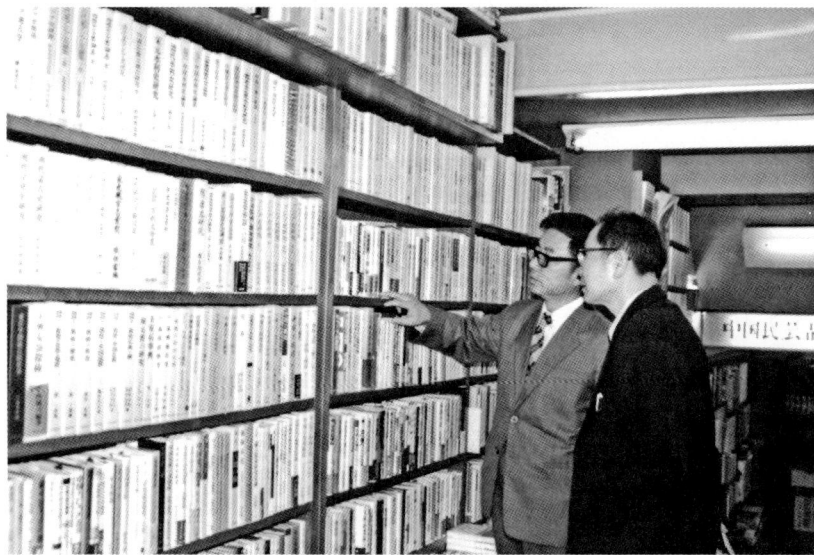

1985年，袁明阮（前）与李致在日本的书店

也谈不上社会效益，作为企业的出版社将无法生存；但只追求经济效益，由发行来决定出版什么图书，不把社会效益放在首位，势必出现庸俗化的倾向。何况出版事业还有更重大的任务，那就是：发展文化，净化心灵，传承文明。

明阮同志十分热爱出版事业，多次开玩笑讲："生是四川出版人，死是四川出版鬼。"当川版书在全国崛起时，也听到一些意见，有同志对某些意见有反感，明阮同志强调说："我们越有成绩，越要冷静听取各种意见，不能自满。"他离休以后，一直关心四川出版工作。他和张东升同志，曾联合提出按专业分社的建议。他对出版事业，既能从宏观上思考和指导，又常深入基层，解决很具体的问题。他平等待人，对同志十分关切。为了工作，他有时也急躁，但绝没有个人意气。他对谁有意见，能坦率地当面提出，或向上级反映，光明磊落。这些都给我留下极深刻的印象。我离休以后，他很关心我的写作。有一次，他约钱铃同志（曾任省出版局副局长）一道来看我，因身体不适没有成行。他在给钱铃的信上说："我原来准备约你一起去看望李致同志，但稍感不适，只好改日再去。现特托你先给他送上洞庭君山茶一盒（这次到重庆时一位同志送我的），希望他在写文章疲倦的时候，品上一杯被称为贡品的清茶，文思更为敏捷，创作出更多的精品。"看见这封信，我感到十分亲切和温暖。我虽创作不出"精品"，但明阮同志的关怀，却是铭记在心的。明阮同志九十华诞时，我送了我的一本《我的四爸巴金》给他，上面写了"仁者寿"三个字，这是我对他真诚的祝贺！

收到一堆报刊，我即拿着放大镜去看《炎黄春秋》《随笔》和新到的报纸。这个放大镜就是明阮同志发给我的奖品，我能不想到他么？

2010年11月9日

缅怀崔之富

凡谈及四川出版，不能不想起崔之富同志。

我在1974年秋，从共青团中央调到四川人民出版社。老崔从解放初期就在四川从事出版工作，是资深出版人。"文革"时，他是四川人民出版社的副社长，也就是所谓的"当权派"，备受冲击。以后被结合为革委会副主任。反右倾翻案风时，造反派又把矛头指向老崔。由于革委会主任江明同志思想明确，装模作样地走了一个

崔之富于20世纪80年代

"过场"，老崔没受到伤害。

粉碎"四人帮"以前，出版社除了印"毛选"、《毛主席语录》外，没有更多的业务。1975年，受周总理的委托，国家出版局给湖北和四川两省一个任务，编纂《汉语大字典》。老崔接受了这个任务，历时十一年，他去世时接近完稿。为缅怀老崔的功绩，1986年10月14日，《汉语大字典》首发式在武汉举行，因老崔已离开人世，特邀请了老崔的夫人翁季常参加。

出版社清理帮派、否定"文革"的工作进行得很顺利，较快地腾出手来抓业务。革委会主任江明，原为共青团中央主办的《中国青年》杂志的总编辑，因落实政策调回北京。出版社改为党委领导下的社长、总编辑负责制。崔之富任党委书记、社长，我任党委副书记、总编辑，还有若干名副社长、副总编辑。这种体制比以后的单纯社长负责制好。单纯的社长负责制，在几个副社长中只有一位副社长抓编辑工作，削弱了编辑的力量，而编辑工作应摆在首位。

老崔和我一直合作得很好。

社长负责的工作很多，主管人事、财务、出版、发行、修建等多方面工作，同时还得兼管编辑工作。老崔在以上各方面都显示了他的才能，做出了突出的成绩。

老崔解放前曾在成都福川银行工作，很有经济头脑和计算才能。他主张"君子爱财，取之有道，用之有方"。出版社内统一核算，以盈补亏。这就保证了有社会效益、发行量不大的书籍得以出版，不像现在某些出版单位，对编辑室和个人只讲承包，凡不赚钱的书就拒之门外，或是要作者自费出书。老崔聪明，无论出什么书，多少万字，多大开本，多少印张，好多成本，他脑子一转，几分钟就计算出来。这一点我实在自愧不如，我从小偏爱文学，算术常不及格，出版经营工作只有依靠老崔了。

地方出版社过去实行"三化"方针，即地方化、群众化、通俗化，一般只出版配合中心、面向农村、"字大、图多、本薄、价廉"的小册子，对出版社是一个很大的束缚。"文革"以后面临严重书荒，像四川这样的大省，只靠中央一级出版社，远不能满足读者和作者的需要。这一点大家都有感受，作为老出版人的崔之富的感受更深。几位从北京办过全国性刊物的同志，眼光习惯面向全国，这是个有利因素。形势逼迫我们大胆向全国组稿，并把川版书向全国发行。这样形成的"立足本省，面向全国"的方针，得到国家出版局的肯定并在全国地方出版社推广。经过长期实践，这个方针被认为是改革开放以来出版界的一项重大改革举措。

由于实行"立足本省，面向全国"的方针，全国许多知名作家和学者到四川出书，被人戏称"孔雀西南飞"。川版书被誉为"名牌多、有重点、成系列"。崔之富一直关心和支持编辑工作。在制订年度选题计划时，他提出每年都要有"新套套"，启发编辑打开思路，开辟新途径。他用抓好出版工作来支持编辑工作。当时，出版周期很长，一本书发稿后，一年或更长时间也不一定能出版。我向曹禺索要新作《王昭君》的书稿时，曹禺希望快些出书。我从北京打电话给老崔，他说可以齐稿后三个月出书，我以此得到了曹禺的同意。后来按时出书，曹禺很高兴，说我"说话算数"，而我的"后台"是崔之富。1982年，我们要出齐《巴金选集》（十卷本），突然发现压膜的塑料稀缺，老崔决定，由出版部主任李郁生率领三个组到外地去采买，才按时完成了任务。一年内出齐十卷本《巴金选集》，得到《人民日报》署名文章的表扬。当记叙彭德怀《最后的年月》一书被停售时，老崔态度坚决鲜明，党委成员一致通过，用出版社党委的名义，向党中央书记处提出申诉。我们几次组稿时与兄弟出版社撞车，老崔都主张谦让；有一次还在《参考消息》上登启事，把已得到的订户转给一家兄弟出版社。我分管书籍装帧设计，主张封面和封底要勒口，出版部为减少成本而犹豫，老崔却大力支持我的主张，美化了川版书籍。

出版社出了很多好书，年年盈利。在崔之富的主持下，出版社

1986年，许力以（前排左三）在武汉黄鹤楼与四川参与编辑《汉语大字典》的同志合影。前排右四为崔之富的夫人翁季常

盖了十二层大楼，在当时全国出版社中也不多见。又先后盖了三幢宿舍楼，而他一次也没搬进新楼。老崔很会生活，电扇、电视、电冰箱，在出版社他最先拥有，从小到大。他又很廉洁，我没发现他铺张浪费。为了争取时间组稿，必要时他支持编辑来回乘飞机，当时一般编辑是不允许乘飞机的。

出版机构是个整体，成绩是大家努力获得的，不能算在哪一个人身上。国家出版局组团去日本访问，要四川去一人参加。省出版局要老崔和我去一人，老崔推举我，我推举老崔。争执不下，我抢先给出版局打了电话。老崔去日本访问回来，开阔了眼界，思想更加解放。有一次，为调动员工积极性，老崔主张力争员工免费在出版社吃工作午餐。

四川（包括重庆）当时只有一家出版社，即四川人民出版社，属四川省文化局主管。1979年，成立了四川省出版局。崔之富和我被任命为副局长，但在出版社的职务不变。1982年底，崔之富被任命为文化厅副厅长兼出版局长，出版局又改属文化厅领导。我被任命为省委宣传部副部长，分管文艺、新闻和出版工作。尽管工作岗位不同，但我们同为出版人，仍在一条战线工作。老局长袁明阮和张东升去山东考察，主张向山东学习，按专业分建出版社。老崔和我都支持这个主张。

　　1983年底，老崔因肝病住院。我每天或间天去医院看他，一般也要谈论到出版工作。有一天，医生告诉我，确诊老崔患的是肝癌，已扩散。我眼里一下充满泪水。医生又说没有告诉老崔。我没有马上进病房，在外面站了很久，调整了情绪，才装出若无其事地去看老崔。这实在是一种痛苦。1984年春节，我和老伴给他送去汤圆，看见他高兴地吃了几个。

　　老崔是个聪明人，他很可能知道自己患了癌症，但没有捅破这层纸。好在他不太疼痛，最后昏迷几天，于3月25日离开人世，告别了他的亲人和他终生热爱的出版事业。我赶到医院，翁季常把头靠在我的肩上，哭了很久，我的心也如刀绞。老崔去世时仅五十七岁，英年早逝，太令人遗憾了。

　　崔之富去世快三十年了，我永远不会忘记他。

2012年3月6日

缅怀范用

1973~1982年，我在四川人民出版社工作，结识了全国许多出版家，其中印象最深的是生活·读书·新知三联书店的总编辑范用同志。

一

说起三联书店，我与它的情结，可以追溯到我青年时期。我在上中学时就喜欢读几家出版社的书，尤喜欢读生活书店出版的邹韬奋的国外游记，特别是苏联游记，其中有些细节我至今记得。

1947年我在成都因参加学生运动被学校暗中开除，暂住在重庆的四川省立教育学院。当年国民党在6月1日实行大逮捕时，我被抓去关了四天半。其原因之一是我丢了两本书在窗外，其中一本是新知书店出版的《抗战八年》。这本书揭露了在武汉沦陷后，国民党对抗日战争所采取的消极态度。

用时尚的语言讲：我早就是三联书店的粉丝。

1983年，范用（右）与李致在成都

二

巴金是人民作家，他讲真话的《随想录》受到广大读者的欢迎。1987年，三联书店出版的《随想录》（合订本），范用送我一本，封面大方别致，原来是范用设计的。翻开书，看到范用亲笔写的一段话：

李致兄：

退休以后自认为做得比较满意的一件工作，是为巴老出版这部书，可能是他的封笔之作。我也是余热将尽矣。

范用（叶雨）

八七、十一

说起《随想录》，不能不使我想起与《随想录》有关的往事。

1978年，巴金应香港《大公报》之约，开始为该副刊《大公园》辟专栏写《随想录》，每写完三十篇，就由香港三联书店成集出版。四川人民出版社从1977年陆续出版《巴金近作》。从《巴金近作》（二）开始，即按写作时间顺序出版《随想录》的文章，截至《讲真话的书》，收齐了《随想录》的全部文章。当时主管意识形态的最高官员，对巴金把文章拿到香港发表感到不满，后又视书中某些内容为"自由化"的倾向。1990年，文艺界开展反资产阶级自由化的倾向，因《随想录》中的《"文革"博物馆》一文，巴金不赞成一度开展的清除"精神污染"，我们打算推迟出版近作五（即《讲真话的书》）。巴老认为，因两三篇文章让读者看不见大多数文章不合适，同意采取"存目"的办法，殊不知"存目"的办法引起许多读者不满，表示遗憾。我完全理解读者的心情，因为我自己就感到很遗憾。问题是个别人把"存目"视为"开天窗"，而且说这是新中国成立后的第一个"天窗"，是过去对国民党的办法。这实际上是在向上"举报"我，但毕竟时代不同了，领导没上当，我也没受到惩罚。因为不愿给巴老添麻烦，我一直没有对此加以解释。

2003年，我在《文汇读书周报》读到范用的文章。尽管范用不知道"存目"的由来，除表示遗憾外，说了这样一段话：

《随想录》，巴金著，范用编辑并装帧设计，生活·读书·新知三联书店1987年版

曾有温姗先生在香港《大公报》副刊发表文章议论此事：

把巴老这篇文章免登的做法极不可取。但是，编者仍然"存目"还有可取之处，至少他们有勇气告诉读者这里本来应有如此一篇文章，让读者去思索个"为什么"，而且引火烧身地招来对他们的批评。如果他们干脆连目录都删去，作者，读者更是连话也说不出一句，岂不省事？

这种理解是很可贵的。2004年，我写了一篇《从"存目"谈起——兼致范用兄》，以表示我对他的感激。

巴老百岁华诞之际，三联书店为我出版了《我的四爸巴金》，在自己喜爱的出版社出书，我感到高兴。第二年，我应邀在上海"走近巴金"系列演讲中讲了《我心中的巴金》。范用看了我的演讲稿，加以肯定，建议待《我的四爸巴金》再版时一定收入这篇演讲。我已按照他的意见这样做了。

三

当年，范用很看重川版书，特别是"现代作家选集"丛书和"走向未来"丛书。我们常交换各自出版社的新书。每去北京，我必去三联书店看望范用，还与我老伴一起去过他家两次。他家里有不少藏书，地板上也堆了包好的书刊，书柜里陈列有各式各样的酒瓶。

范用很爱装帧设计，也很会设计。几乎每当新年来临，我就会收到他寄来的别出心裁的贺卡。有一次，收到的贺卡是他外孙女写的《我的外公》，十分有趣。最后一次收到的是范用分别和他的作家朋友的合影。这些珍品，我收藏至今。

他来信中说到和朋友喝酒："希望有一天能和你喝一杯。"

今年9月，范用驾鹤西去，我失去这位好友，也收不到他的赠书和贺卡。他和我一起"喝一杯"的愿望也成为泡影……

2010年大雪

李致兄

笑著閒二气莱
趣築不其雅筆夫。
凑博一黄又小学
照其一乾又三家
片其三世一年
热聊皇与宗又面
走我岁其次歲茫
照新乳家父人生四顾茫
下照乳歲面对人生
時主賀多十未脫。不知路在何方！

戊寅夕坊

范用拜贺

一年来承师友惠寄书报杂志，受
益匪浅，衷心感谢！

范用的贺卡

附　记

　　今天从日记中找到，范用的《"开水白菜"不赖》中一段："1983年，我随阳翰笙先生去四川访问，在成都吃到过一席正宗川菜。掌勺的是一位老人家，主人曾请出来与客人见面，眉清目秀，书生模样，我已记不起他的大名，李致兄那时担任四川省委宣传部长，也在座，想必还记得。那次同去的有陈白尘、戈宝权、孔罗荪、凤子、陈舜瑶。如今，前四位都已经下世，思之怆然。"

2018年8月15日

向文学大师组稿

——怀念茅盾

作家茅盾

桌上摆着两本书：一本是《茅盾近作》，一本是《霜叶红似二月花》。这是我们出版社——四川人民出版社出版的。

我从二十多岁起喜欢读茅盾的书。先后读过《子夜》《蚀》《清明前后》和《林家铺子》等。我不能说完全读懂了这些著作，但它的确对我产生了影响。我很喜欢《白杨礼赞》，我至今还能背诵其中一些句子；每当遇到困难的时候，我常用它来鼓励自己。

"十年浩劫"中，我保存的茅盾著作散失了。我感到非常惋惜，决心想办法重新收集。我先后在北京、成都的书店买到《茅盾选集》和《清明前后》。1973年，我从共青团中央调到四川人民出版社工作。我四爸从上海给我寄来《子夜》《腐蚀》和《霜叶红似二月花》。作为一个出版工作者，看见这些巨著不能出版，也无可奈何。

粉碎"四人帮"后，广大读者渴望重新读到被禁锢多年的老作家名著，更希望读到他们重新提笔写出的新作。我们感到有责任满足读者的要求，便积极从事组稿工作，得到很多老作家的指导和支持。

我第一次见到沈老——茅盾同志①，是在1978年底。我到了沈老家，先和他的儿媳陈小曼商谈，提出出版《茅盾近作》的要求。小曼把我引进沈老的书房。沈老年近八旬，身体有病，小曼从内室把沈老搀扶出来。我站起来向沈老致意，并向他汇报我们准备出版老作家的"近作丛书"。沈老高兴地赞许我们的计划，但说粉碎"四人帮"以后，他的作品不多；有些作品是即兴而作，需要一定时间的检验，才能收进集子。我表示只要沈老同意我们出版他的"近作"，什么时候交稿都行。沈老说："明年再给你们吧！"这次见面的时间不长，但沈老对自己近作所持的郑重态度，给我留下深刻的印象。

1979年初夏，我再次到北京组稿，希望出版《茅盾中篇小说选》。小曼在电话上告诉我："沈老认为他的中篇写得好的不多，不必出版。"经我再三申请，小曼转告沈老的回答："如果一定要出书，就出版《霜叶红似二月花》吧！"我一听非常高兴，当即约定去拿书稿的时间。第二天我到沈老家，小曼把过去出版的《霜叶红似二月花》交给我（这一次没有惊动沈老）。我翻开书一看，好些地方又做了改动。我再一次为沈老对自己作品所持的郑重态度所感动。

我第二次和沈老见面是去年10月22日。当时，《茅盾近作》已经出版，《霜叶红似二月花》也出了样书。我请小曼把样书送给沈老看，请沈老为我题字留念。不一会儿，小曼把书拿出来，两本书上都有沈老刚劲的字迹。接着小曼带我进书房。这一次沈老没有让人搀扶，自己健步从内室走出来，气色也显得比上次见面时好。我请沈老对这两本书的出版工作给以指教，沈老对书的装帧设计和

---

① 沈老——茅盾同志：茅盾原名沈德鸿。

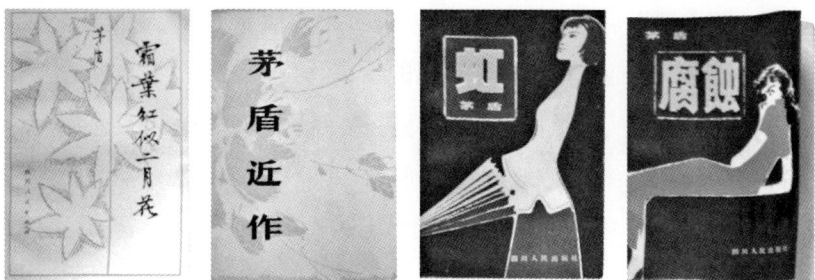

20世纪70年代末至20世纪80年代初，四川人民出版社出版的茅盾的四种作品：《茅盾近作》《霜叶红似二月花》《腐蚀》《虹》

印刷质量表示满意。当时，出版界已开始竞争。我们在这两本书上下了功夫。《茅盾近作》由陈世五设计封面，《霜叶红似二月花》由戴卫设计封面和插图，这是我们出版社最拔尖的两位设计师。我们是靠选题吸引人、装帧设计好、印刷质量高、出书周期短来参与竞争的。沈老兴致勃勃地讲了一些与《霜叶红似二月花》有关的情况，可惜他的江浙口音，我基本上听不懂，又不好意思每一句都问清楚。我提出再出版《腐蚀》和《中篇小说选》。大概已经获得沈老的信任，沈老考虑之后表示同意；但只选了《路》等六个中篇（以后又去掉一个）。沈老是举世闻名的文学大师，对出版自己的作品的态度是多么郑重呵！

回到成都，我们当即着手这部书的出版工作。鉴于沈老对自己作品的郑重态度，我们把由戴卫设计的《腐蚀》封面和插图寄呈沈老审阅。后接小曼的电话，说沈老表示满意。我满以为今年10月可以把这两部书送到沈老手中，没想到竟在广播中听到沈老逝世的消息。

我翻开桌上的两本书：《茅盾近作》有沈老的近照，《霜叶红似二月花》有沈老40年代的照片。我好像又坐在沈老的书房，看见沈老从内室走出来，听到沈老的江浙口音……

1981年6月17日

巴金的心

　　人活着，要有益于社会。多付出，少索取。这是巴老的信念和主张，他一贯是这样身体力行的。

　　巴老多次说明自己不是为当作家而写作的。他说："我写作一不是为了谋生，二不是为了出名，虽然我也要吃饭，但是我到四十岁才结婚，一个人花不了多少钱。我写作是为了同敌人战斗。"巴老所说的敌人是什么呢？他说："一切旧的传统观念，一切阻止社会进步和人性发展的不合理的制度，一切摧残爱的势力，它们都是我最大的敌人。"巴老的很多作品都是写来控诉、揭露、攻击这些敌人的。

巴金代表作《家》被翻译成多种语言

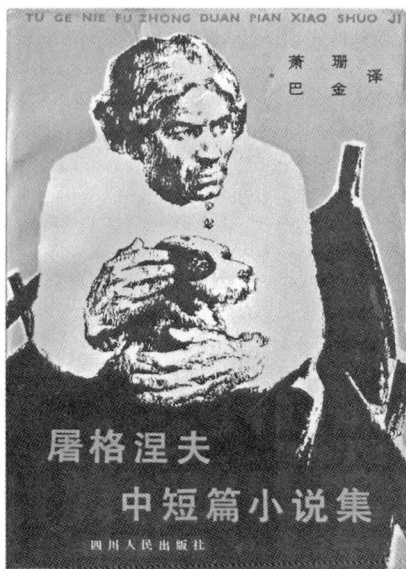

《屠格涅夫中短篇小说集》，巴金、萧珊译，四川人民出版社1981年版

由于巴老把"文学作武器跟旧社会作斗争"，他最初竟"不好意思拿稿费"。他把第一次小说的版税送给一个朋友。他当时的想法是："我说自己的话，不要别人付钱。"以后书写多了，巴老的想法才发生变化，因为作品毕竟是"自己用劳动换来的"，领取稿费也就"不在乎"了。巴老把读者称为"衣食父母"，这不仅因为读者买他的书，养活他，还因为读者给他提供精神养料和力量。

长期以来，巴老领取稿费，并不只是用于他个人和他的小家庭。巴老的生活简朴，自奉甚薄。他经常用稿费来帮助读者和有困难的人。六十年前，也就是20世纪30年代初期，巴老为营救他的一个读者，带着刚收到的一笔稿费，和他的朋友鲁彦、靳以一起从上海到杭州。巴老冒充这个姑娘的"舅父"，把情况了解清楚以后，为她付清了八十多元房租和饭钱，并送了她一张从杭州到上海的火车票。1981年巴老在《我和读者》一文中曾谈到这件事情。

新中国成立以后，巴老是唯一没有领取工资、仅靠稿费生活的专业作家。巴老是闻名中外的文学大师，在实行低稿费的情况下，在限额内付给他较高的稿费，这是无可非议的。但巴老对自己的要求很严。60年代初期，巴老为《四川文学》写了一篇文章，《四川文学》付给巴老四十元稿费。巴老收了二十元稿费，退还了二十元给《四川文学》，并附信说他那篇文章"值不到四十元"。这件事，是1973年在四川省革委会礼堂听报告，作家李友欣告诉我的。

当时还在"四人帮"的黑暗统治下，友欣主动给我讲这件事，对巴老表示尊敬。我也佩服友欣讲真话的勇气。

粉碎"四人帮"以后，我担任四川人民出版社的总编辑。由于出版社采取了"立足本省，面向全国"的方针，讲信用和注重书籍质量，赢得了一大批老作家和著名的中青年作家的支持。在五六年内，我们先后出版了巴老的《巴金近作》《巴金近作》（第二集）、《回忆与探索》《心里话》《英雄的故事》（有关抗美援朝的全部小说和散文）、《巴金中篇小说选》（上下）、《巴金选集》（十卷本）、《憩园》《长生塔》（包括全部儿童文学）、《童年的回忆》、翻译作品《快乐王子集》《屠格涅夫中短篇小说集》（与萧珊合译）。90年代，四川文艺出版社还出版了《讲真话的书》（近作合集，包括巴老从1977年到1993年的全部著作）。

一开始出巴老的书，巴老就表示不要稿酬。出版社尊重巴老的意见，把稿酬放在一边，打算用来扶持青年作者或奖励有成就的编辑。但有一次，财务科不清楚我们的意图，把一本书的稿酬寄给巴老。1980年12月9日，巴老给我的信说："今天收到中篇选的

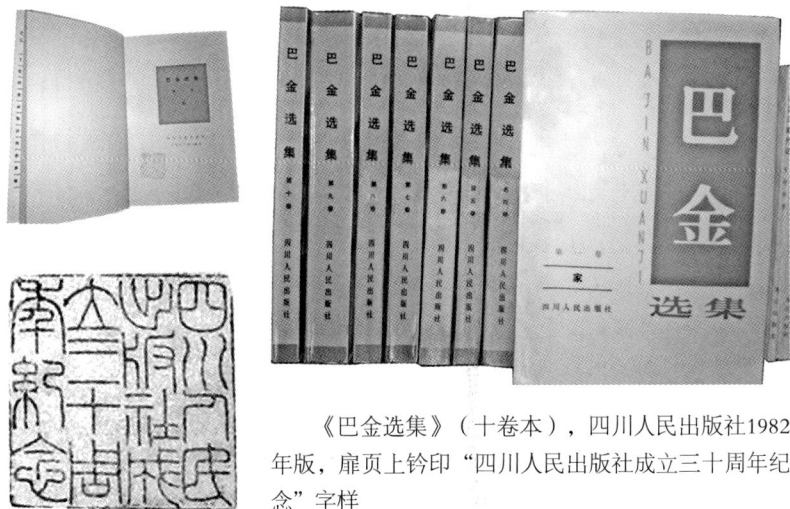

《巴金选集》（十卷本），四川人民出版社1982年版，扉页上钤印"四川人民出版社成立三十周年纪念"字样

125

稿酬。我说过不要稿酬，本想退回，觉得这样也不好，以后坚决不要。屠氏小说（指《屠格涅夫中短篇小说集》）出版，不要送稿酬了。还是照从前的办法，送我一点书就行了。我在香港三联书店出版《随想录》，首先声明不要稿费。他们说第二集要付稿费，我坚决不要。倘使方便，替我买五部中篇选，我当汇还书款。"12月19日来信，又强调："以后出书，不用寄稿费给我，我不要。"我去信和巴老讨论如何处理他的稿费，并转达出版社一些同志设立巴金奖金的建议。我知他不会同意，所以提议用来帮助一些有困难的作者。1981年2月23日，巴老来信说："稿费问题就照你所说用来帮助作者吧。设立奖金我不赞成，我反对用我的名字。"这样，出版社总编辑室便存放着巴老拒收的一笔稿费。

在这期间，《四川文学》刊登过巴老一篇散文《大镜子》，《龙门阵》发表了巴老的散文《怀念丰先生》，巴老都来信表示"请他们不要付稿费"。

对萧珊的稿费，巴老也持同样的态度。四川出版了萧珊翻译的《黑桃皇后及其他》，巴老1981年10月21日给我的信说："全书稿费和中短篇集（指《屠格涅夫中短篇小说集》）一样由你们处理，但要求送我样书若干册。"

出版社财务科一位同志，按照对一般作者的惯例，把《屠格涅夫中短篇小说集》的稿费寄给巴老了。害得巴老在1982年3月15日又来信重申："以后不要再给我寄稿费了。今后所有我的著译的稿酬，新出版的书如《回忆与探索》和十卷本《选集》的全部稿费一律赠现代文学馆。已出各书如有再版机会，稿酬也送给文学馆（萧珊的译著也包括在内）。以后请一定照办。"我只得把巴老的意见再一次"禀报"财务科。

信上提到的"十卷本《选集》"，即《巴金选集》（十卷本），这是四川出版巴老的重头书，既有社会效益又有经济效益。装帧设计好、印刷质量好，受到广大读者欢迎。出书速度之快（不

1987年秋，巴金在成都金牛宾馆会见四川人民出版社文艺编辑室同志。
前排左起：陈世五、杨莆、巴金、曹礼尧、徐靖
后排左起：冬妹子（杨字心之女）、李定周、朱成蓉、杨字心、蒋牧丛

到一年）受到《人民日报》上署名文章的赞扬。巴老也满意，曾把它的精装本作为礼物赠送给法国总统密特朗。这部"选集"，巴老亲自编选、修改校正，编完一本寄一本给出版社，花费了他大量的精力。我现在想起心里还感到不安。在1981年编辑的过程中，巴老在10月21日的信上就明确表示："《选集》稿费全部捐文学馆。"1982年底我因工作调动，离开了四川人民出版社，但巴老一直关注这笔稿费是否寄给文学馆。1983年9月9日和11月22日，巴老两次来信询问："十卷本《选集》的稿费给现代文学馆汇去没有。"我多次催问，有一次回答是地址不准确，寄去又退回来了。1983年12月23日、1984年4月1日，巴老再来信询问。1984年5月1日来信说："《选集》稿费我叫国煣去信作协请他们查，同时也请你们出版社查，总得把这笔钱查出来。文学馆至今没有收到，钱还没有着落，如不追查，可能就此消失。"5月31日，巴老来信说：

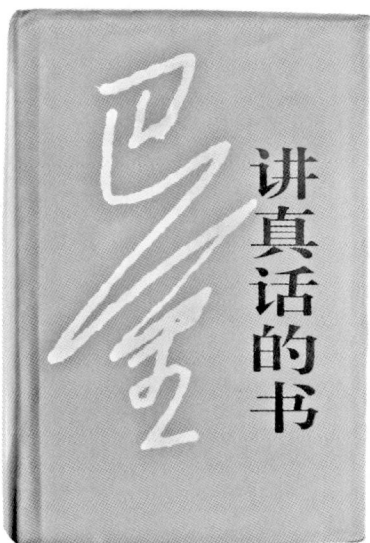

《讲真话的书》，巴金
著，四川文艺出版社1990年版

"《选集》稿费，文学馆来信已经查到了，请转告出版社。"为了
这笔捐赠给文学馆的《巴金选集》（十卷本）的稿费，巴老一共给
我写了八封信。

1988年，四川文艺出版社出版了《巴金书简》。我没有参与这
个工作，不知道全过程。1980年6月26日巴老给我的信说："《书
信集》稿费仍捐赠文学馆。但×××说的计酬办法我看不妥。收信
人没有理由接受稿酬，倘使他为原信加一些注解，他可以拿注解的
稿酬，要是做了些编辑工作，他可以拿编辑费，你想想看，倘使我
把朋友们给我的信编成书册出版，自己拿一半稿费，我一定睡不着
觉，因为我感到受之有愧。"

按照巴老的意见，他的大部分稿费，出版社直接寄给了文学
馆。由出版社保留的巴老的稿费，在1986年8月捐赠给四川省出
版工作者协会。协会在8月2日给巴老的信上说："当我们正在筹
集四川出版奖励基金的时候，先后收到四川人民出版社和四川文
艺出版社转来您在两社的稿费共计壹万零肆百肆拾壹元叁角伍分

正，捐赠我会，作为四川出版奖励基金。您的无私赠送，是对我省出版工作者的支持和鼓舞。我们代表全省出版工作者向您表示感谢。"90年代初期出版的《讲真话的书》的稿费四千元，巴老又捐赠作为振兴川剧奖励基金。当这个消息在川报披露时，川剧界许多人士为之鼓舞。

巴老为四川出版做了这么多贡献，但他没有向出版社索取什么。1982年上半年，我有一次去上海，为他整理照片。当时向他要照片的人很多，许多照片又在"十年浩劫"中散失了。我提出带一部分照片回四川请出版社翻拍，以后有需要就加印。巴老同意我的建议，但他坚持要付款。我知道巴老的为人，恭敬不如从命，在寄照片和底片时，告诉他所需费用。1982年7月5日，巴老亲自填写了汇款单，寄回"肆拾壹元壹角正"。在汇款简短附言上还写明："汇还翻印照片垫款"。这张"汇款通知"我把它复印了两份留做纪念，到现在已经十三年多了。

上面涉及的主要是与四川出版有关的情况。据我所知，在1982年巴老捐赠人民币十五万元给文学馆，以后又陆续捐赠五万多元人民币给文学馆，这都是巴老的稿费。1992年巴老获日本福冈亚洲文化奖特别奖，奖金五百万日元。巴老把这笔奖金一分为二，三百万日元捐赠给文学馆，二百万日元捐赠给上海市文学基金会。还有些捐款数目我不清楚。

目前我们国家仍实行低稿酬制，作家的生活水平尚待提高。我绝不是希望作家放弃稿费，或都去搞捐赠，我只是想从这个侧面反映巴老的高尚人品。记得我还是青年的时候，读过王尔德的一篇叫《快乐王子》的童话。快乐王子的像，高耸在城市上空。他身上贴满纯金叶子，一对眼睛是蓝宝石做成的，剑柄上嵌着一颗大红宝石。他站得很高，看得见"小孩生病躺在床上"；看得见一年轻人"饿得头昏眼花"，冷得"不能再写一个字"；看得见卖火柴的小女孩"没有鞋，没有袜，小小的头上没有帽子"，她"现在正哭着"……快乐王子请求睡在他像下的小燕子代他去帮助那些受苦受难的人们，先摘掉红宝石，再取下他的眼睛，然后拿走身上的贴金。小燕子本来要去埃及过冬，但它被快乐王子善良的心感动了，它不愿离开快乐王子。最后，它吻了快乐王子的嘴唇，跌在王子脚下，冻死了。这个童话深深地震撼过我的心，也使我流过不少眼泪。随着对巴老的了解，我豁然开朗，感到巴老不正是当今的快乐王子么？他从不过多地索取什么，却无私地向社会、向人民奉献自己的一切。

童话里的快乐王子的像，被拆下来在炉里熔化，但是他的"破裂"的铅心却熔化不了。天使把铅心和死去的小燕子带给上帝，上帝把它们看成是这座城市最珍贵的东西。

巴老九十寿辰时，马识途老人和朱炳宣、杨牧去祝贺。临别时，问巴老有没有什么要带给家乡人民。巴老深情地说："把我的心带回去。"许多人为之感动。我们的"上帝"——人民，不是同样把巴老的心当成最珍贵的东西么？

1994年2月20日

从“存目”谈起

——兼致范用兄[1]

在摧毁文化的“文化大革命”中，几乎所有的作家都成了被“革命”的对象，被迫停笔。粉碎“四人帮”之后，广大读者迫切希望了解作家，特别是老作家的信息，渴望读到他们的文章。四川人民出版社察觉到读者的感情和需要，出版了老作家的《近作》，首先出版的是《巴金近作》。《巴金近作》之后出了四本，分别为《巴金近作》(第二集)、《心里话》《探索与回忆》及近作合集《讲真话的书》。《讲真话的书》书名是时任四川文艺出版社总编辑杨宇心同志建议的。

改革开放的前十年，极左思潮时隐时现。对巴金的《随想录》，有人指责他不该赞同赵丹“管得太具体，文艺没希望”的遗言；指责他几次谈“小骗子”，揭露了“阴暗面”；指责他主张讲真话，因为“真话不等于真理”；等等。曾经有人企图把巴金作为资产阶级自由化的代表人物，更有甚者，叫嚷要“枪毙巴……”出版巴金的书难免没有一点风险。幸好任白戈[2]非常关心四川的出版工

---

① 范用：资深出版人，曾任生活·读书·新知三联书店总经理。
② 任白戈：曾任中共重庆市委书记、西南局书记处书记，“文革”中在全国被点名批判，80年代初任四川省政协主席。

作。当我们谈到这些为难之处时，他说："巴金是国内外有影响的作家，他的某些见解，有人一时不理解。但巴金送来的书稿，出版社一定要出版。如有人反对，我会出来为你们说话。"他的支持，增强了我们出书的勇气。书的发行量大，影响更大。

在出版《讲真话的书》之前，正碰上一次不是运动的运动，极左思潮再度抬头。我时任中共四川省委宣传部副部长，分管文艺和出版工作。和省委常委、宣传部长许川一起，从实际出发并为稳定人心，公开表示四川文艺界的主流是好的，尚未发现资产阶级自由化的代表人物，即有人指责我们包庇有问题的人，助长"资产阶级自由化"的倾向。当时，文艺出版社曾被停业整顿，刚恢复出书不久。……在这种形势下，我几次去上海与巴老商量：一、推迟出书时间；二、用"存目"的方法出书，即抽掉三篇文章，在目录上保留题目，注明"存目"二字。1987年4月14日，巴老来信说："在这段时间里，我最好保持沉默，沉默对我养病有好处。因此《近作》暂时不出也好。对所谓《巴金传》我也是这样的看法。我现在考虑的是国家民族的前途，不是个人的名义。"以后，巴老认为，不要因为两三篇文章，影响到其他大量文章不能与读者见面，原则上决定采用"存目"的办法。1989年8月26日，巴老在给我的信中，一开始就说："我同意用'存目'的办法，反正你是责任编辑①。我不会让你为难。"在编书的过程中，我认为原拟抽掉的三篇文章中的两篇文章，可能不会让别人抓住辫子，只决定把《"文革"博物馆》一篇"存目"。因为在这篇文章里，巴老不赞成前几年的"清除精神污染"。为此，我委托去北京参加会议的张仲炎②，代我请示时任中宣部分管文艺的副部长贺敬之。仲炎回成都后告诉我："敬之同志说完全相信李致会处理好这个问题。"这样，巴老从粉碎

---

① 李致是特约编辑，责任编辑是戴安常。

② 张仲炎：时任中共四川省委宣传部副部长。

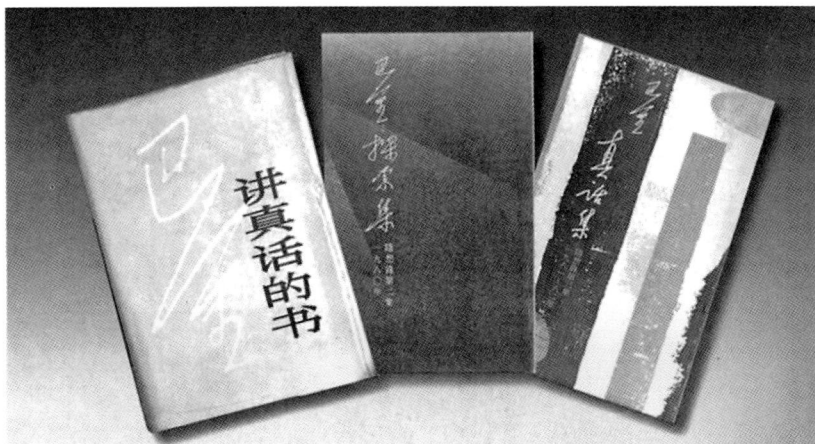

《讲真话的书》及《随想录》单行本

"四人帮"到1990年的全部著作（包括《随想录》在内），以《讲真话的书》为名，终于出版了。

1990年12月25日，巴老在给我的信中说："书三十二册收到，你们辛苦了，印刷装帧都还过得去，我相当满意。感到遗憾的是漏掉了几篇文章（如译文选集小序等），和用'存目'的办法删去了一篇'随想'。特别是后者，这一办法本身就是一篇'随想'。读者会明白这个意思。这次寄来的是精装本。三十二册已经够了。一定还有平装本，也寄点来吧。在四川恐怕这是我的最后一本书了。"

"存目"的办法，我是从巴老那里学来的。1980年，主管意识形态的最高官员提出不写"文革"的主张，巴老在香港《大公报》发表的《随想录七十二·怀念鲁迅先生》一文，其中不仅涉及"文革"的话被删去，"甚至鲁迅先生讲过的他是'一条牛，吃的是草，挤出来的是奶、血'的话也一笔勾销了，因为'牛'和'牛棚'有关"。巴老很不高兴，决定终止为《大公报》写专栏。巴老给主管意识形态的最高官员写信，表示"我就是你这个主张的受害者"。这是当年巴老告诉我的。以后，《大公报》有关人员向巴老

举笔重千斤

表示歉意，巴老才继续为专栏写稿。巴老为此写了《"鹰之歌"》说明此事。在香港出版《真话集》时，巴老在目录《"鹰之歌"》下，用了"存目"的办法。

1992年，小平同志在南方作了重要谈话，政治环境较为宽松。《讲真话的书》再版时补收了《"文革"博物馆》，去掉了"存目"。一些人开始议论《讲真话的书》初版所采用"存目"的办法。其中多数人不了解事情的由来，认为巴老的文章非常重要，怎么能抽去一篇呢？我完全理解他们关注和尊重巴老的心情。只是有的人，不知出于什么目的，对"存目"这种做法，专门发表文章，将矛头直指时任宣传部副部长的我，说我是背着巴老干的（或强迫巴老同意的）；又指责说，"存目"者，"开天窗"也，只有在解放前对国民党采用这种办法。解放后的书，没有出现过"开天窗"，这本书创新中国以来"开天窗"之首例。我真不知道是批评我右了还是"左"了，是保守还是冒进，是怯弱还是逞能？……事后一想：这实际上是在向官方"举报"我，但毕竟时代不同了，领导没上当，我也没受到惩罚。

不能说这种指责对我没有干扰。但是，十四年来（1990年至今），我没有发表过巴老的信，也没有写过文章为自己辩护。原因很简单，我不愿意巴老为这本书增添烦恼。同时，我坚信巴老说的："读者会明白这个意思。"随着时间的推移，已逐渐证实这一点。

去年在《文汇读书周报》读到范用兄的文章。尽管范兄不知道"存目"的由来，却说了这样一段话：

> 曾有温姗先生在香港《大公报》副刊发表文章议论此事：
>
> 把巴老这篇文章免登的做法极不可取；但是，编者仍然"存目"还有可取之处，至少他们有勇气告诉读者这里本来应有如此一篇文章，让读者去思索个"为什么"，而且引火烧身地招来对他们的批评。如果他们干脆连目录都删去，作者、读者更是连话也说不出一句，岂不省事？

这种理解是很可贵的。

早在1981年，巴老就说："我一不怕死，二不怕苦，只是热爱社会主义祖国和人民。长官点名，我不会害怕。倘使一经点名，我就垮下，那算什么作家？""文革"博物馆是巴老倡议的，巴老一直坚持这个主张，从未退缩。巴老为保护出版社，避免授人以"柄"，同意"存目"，是在特定条件下的坚持。我有责任把事情说清楚，以免有人或明或暗地向巴老泼脏水。此时此刻，巴老躺在病床上，我不担心给他增添烦恼了。

这篇短文也是我给范用兄的信。

2004年9月18日

附 记

此文收入文汇出版社2004年出版的《生命的开花》一书，同时作为附录收入四川文艺出版社2018年版《讲真话的书》。

文中所指针对我专门发表文章的是四川省曲艺团的贺星寒。贺星寒后因病去世。他重病期间我曾去医院看望，去世后亦去灵堂吊唁。他的文章刊于1993年第7期《炎黄春秋》杂志，责任编辑为杜导正。《炎黄春秋》是我一直订阅和喜爱的杂志，可惜此文失实。

2018年8月6日

从一张"字据"说起

　　巴金老人年轻的时候不太喜欢照相，即使照相也比较勉强。他一生，到"文革"前，六十多年，毕竟照了不少相，他大多保存下来。"文革"抄家，照片全被抄走；"文革"后，多数退回来。

　　1982年初，有一次我去上海看巴老，他谈到他的许多照片没有整理。我自告奋勇为他服务。他抱出一堆照片，我按照新中国成立前、新中国成立后到"文革"前、"文革"后，把照片分为三大类。"文革"期间没有照片。其中，有几张萧珊（巴金的夫人）的照片，被造反派打叉，在萧珊脸上画了胡须。我说带回出版社作技术处理，巴老说用不着，就让它这样，这是"历史"。

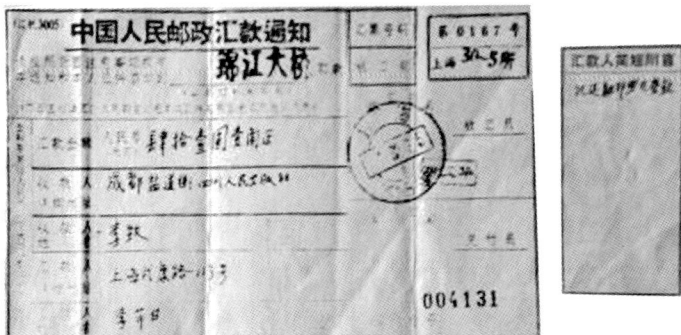

1982年7月5日有巴金附言"汇还翻印照片垫款"的汇款单

巴老恢复名誉后，许多人采访他或看望他。采访他的人借走一些照片，通常收不回来。我也有过这种遭遇：记者借走巴老的照片，到时说找不到了，其实可能是被人收藏了。面对已分类的照片，我建议选一部分交我带回成都，请出版社翻拍，加印三份：一份交巴老，一份给我，一份留给将来的故居。原照片和翻拍的底片，均将完璧归赵，交还巴老。

巴老似乎怕照片丢失，对我带走翻拍和加洗，还有些犹豫。我主动说，尽管您信任我，但我带走的照片和有关资料，打借条，写清楚数量和归还日期，这样您总放心了吧？巴老笑了，我们达成了协议。

巴老在四川出书没要稿费，我说出版社免费翻拍和加洗。巴老说，这是两回事，他坚持要自己付费用。这是巴老一贯的处事原则。

这样，就有了这个"字据"。文字是我的老伴丁秀涓抄写的。托运这些照片、底片和有关材料的是我（签名），承运人是我的外甥、巴老的外侄孙李舒（签名），证明人是我的女儿李芹（签名）。收件人是巴老，他在如数收到这些照片、底片和有关材料后，签了自己的名字。时间是1982年7月1日。如此郑重，也带有开玩笑的成分。

"字据"文本如下：

托运人　李致（签名）

承运人　李舒（签名）

证　人　李芹（签名）

　托李舒带回的

（一）李尧枚信的复印件

（二）照片

　1.原照二十四张，画报一本

　2.旧照翻拍片两份，各二十四张（将后补一张）

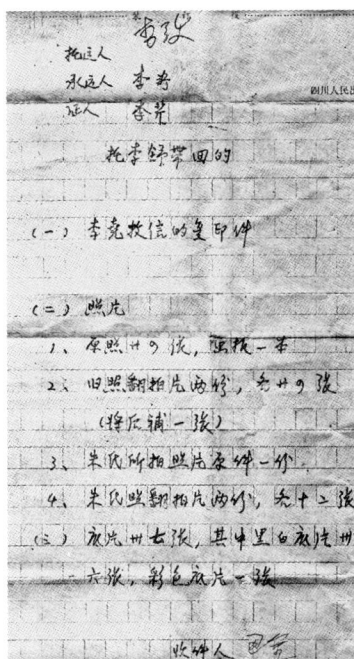

1982年7月1日巴金签收的字据

3.朱氏所拍照片原件一份

4.朱氏照翻拍片两份，各十二张

（三）底片三十七张，其中黑白底片三十六张，彩色底片一张

收件人　巴金（签名）

1982年7月1日

1982年7月5日，巴老通过邮局付了所有费用，即"肆拾壹元壹角"，并亲笔在汇款单的附言上写下"汇还翻印照片垫款"。

双方说话算数，字据为证。

这张"字据"和汇款单附言，保存了三十一年。这段时间我整理资料，又翻出了这张"字据"。谨记。

2013年8月16日

何日再倾积愫

——怀念曹禺

　　清理信件，发现一大沓曹禺给我的信。绝大部分是70年代末期和80年代初期写的，共三十八封。怀着极大的兴趣，我认真细读了一遍，许多往事又出现在眼前。

　　我是受"五四"以来新文艺的影响成长的。从中学时代起，我最崇拜鲁迅、巴金和曹禺。曹禺所有的剧本我都读过，凡演出他的戏我非看不可。当时钱很少，买一张价格最低的票，站在戏台旁边看。有一次在沙利文剧场看演《原野》，几个国民党军人老说话，我干涉他们，差一点挨打。我从不会背书，但曹禺的戏却能大段大段地背出。我写过读《北京人》的心得，受到卢剑波老师的称赞。朗诵曹禺的剧本，许多感人的情节和优美的台词，常

1983年秋，曹禺（右）与李致摄于北京

使我流出眼泪。学张逸生演《日出》的乔治·张和《北京人》的江泰，成了我受欢迎的"保留节目"。

第一次见到曹禺，是在1964年暑期。当时我在共青团中央工作。曹禺是巴金的挚友。巴金的女儿小林来北京，住在曹禺家。曹禺带她来看我，并邀我一起出去玩。小林是我的堂妹，她叫曹禺为万叔叔，我理所当然也这样叫。当我们在台基厂大街的国际俱乐部喝冷饮时，我向万叔叔表达了对他的敬仰之情。以后我曾到铁狮子胡同看望过万叔叔。我从辽宁省参加"四清"归来不久就开始了"文革"，只在一个偶然的机会听说"中国的莎士比亚"——曹禺在剧院看大门。

粉碎"四人帮"时，我在四川人民出版社任革委会副主任。1978年我在庐山参加全国少儿读物座谈会，读完刊登在《人民文学》上的曹禺新作《王昭君》，激动不已。王昭君的一段独白，我至今记得：

> 我淡淡装，
>
> 天然样，
>
> 就是这样一个汉家姑娘。
>
> 我款款地行，
>
> 我从容地走，
>
> 把定前程，
>
> 我一人敢承当。
>
> 怕什么，
>
> 难道皇帝不也是要百姓供养。

我满怀激情赶到北京，在三里屯宿舍找到万叔叔。劫后重逢，热烈拥抱，该有多少话相互倾诉。不过我开门见山，很快提出要出版《王昭君》。我把四川出版的《周总理诗十七首》和郭沫若、巴金的新著给万叔叔看，这些书装帧设计和印刷质量首先吸引了他。正如以后他写信所说："作者可以欣赏一下自己的东西装潢在美丽、高雅的版本里。"我还表示可以在三个月内出书。万叔叔立即表示同意。

巴老得知我们要出版《王昭君》，既为我们高兴，又多次叮咛要把书出好。也有人指责四川人民出版社是地方出版社，不该出曹禺这类大师的名著。我意识到这是出版界的一场变革和竞争，决心把书出好来回答关怀和指责。我和社长崔之富尽了最大的努力，和参与编辑出版的同志一起，终于在齐稿后三个月内把《王昭君》的精装本送到万叔叔手中。万叔叔立即回信：

李致同志：

《王昭君》新本收到，此书印得十分精致，见到的都一致说"好"。这要感谢组织工作者，印刷工人师傅、校对、设计、插图艺术家，以及所有的工作者们。这样迅速刊印出来，足见你社工作效率高，团结合作好。李致同志，你的话确是算数的。

曹禺
3月24日

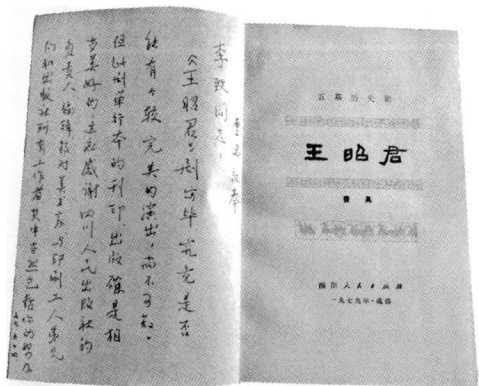

《王昭君》，曹禺著，四川人民出版社1979年版

后来，万叔叔还在给我赠书扉页题签：

　　李致同志：《王昭君》剧写毕，究竟是否能有个较完美的演出，尚不可知。但此剧单行本的刊印出版确是相当美好的，这应感谢四川人民出版社的负责人、编辑、校对、美术家与印刷厂工人弟兄们和出版社所有工作者，其中当然包括你的努力。

　　　　　　　　　　　　　　　　　　曹禺　敬奉
　　　　　　　　　　　　　　　　　　七九·五·十四

　　得到万叔叔的称赞，我们也很高兴。总编室把曹禺的信打印出来，送给参与编辑出版的同志。四川新华印刷厂的工人反映尤为强烈，他们说："印了这么多年的书，只有曹禺这一个大作家写信感谢我们。"万叔叔多次写信给我，说："《王昭君》印得那么好，朋友们都很欣赏，大约好稿子将源源而来，你们的努力是没有白费的。"还说："《王昭君》精装本实在美，实在大方，出国赠送，为国增光。"

　　从此我和万叔叔经常通信，多次在北京或上海见面。不久，我们又出版了他的《胆剑篇》。他告诉我，这个戏是困难时期周总理要他写的，以表现卧薪尝胆、自力更生的精神。1980年我们要求出版《曹禺戏剧集》，又得到万叔叔的同意。万叔叔多次赞扬四川人民出版社，有一次来信说：

　　我非常高兴看见四川人民出版社在《人民日报》上受了赞扬，这是你和四川人民出版社所有工作者应得的荣誉。我以为四川人民出版社是中国人民的出版事业，有远见，有干劲，严肃，负责的好同志，才能办出这样的事业。

万叔叔表示他要和四川出版社"生死恋",即无论过去、现在和将来,他的著作全交四川出版。之所以用"生死恋"这个词,是当时刚上演了日本影片《生死恋》,给观众留下深刻印象。

每出一本书,万叔叔都要认真修改。在出《原野》前,他来信说:"我忽然发现写此剧本并非为了写'复仇',而是为了写'农民受尽封建压迫的一生和逐渐觉醒',我当时的觉悟不过如此。"还说:"《原野》重读,使我惊异昔日胆子确大,今日都大不如前了。"

万叔叔一直想写新剧本,包括把在40年代曾在《文艺复兴》杂志上发表前两幕的《桥》写完。他多次告诉我:"老巴再三要我减少社会活动,把精力集中在创作上。"万叔叔很尊重巴老的意见,曾在一封信上说:"来上海是为了避开忙不完的琐事,想第一,干本行,写剧本主要是按巴金的意思,把《桥》的下半部写完;其次,修改所有过去的剧本,算是一个定稿吧;第三,如可能,写个新的,或独幕,或多幕剧,限期在明年秋季完工。……时不待日,只有拼老命干。""我现在明白一件事,即,趁精神、体力还好,赶紧补过,把从前浪费的时间追回一点,写点东西,由你出版。"为了写《桥》,万叔叔躲到上海李玉茹阿姨家,他两次来信说:"需要安静与时间,不能受干扰。因此,北京人艺三十周年,我不参加,全国文联的会,也不去开了。"万叔叔还想写新戏。他知道我长期搞共青团工作,询问了许多胡耀邦的情况,并作了笔记。作为万叔叔的忠实读者,我多么期望他写出新的剧作呵!

随着时间的推移,万叔叔把我当成朋友,我们成了忘年之交。我每去北京或上海,必去看望他和李阿姨。有一次在上海,李阿姨亲自在家里做菜款待我。万叔叔曾写信说:"时间不多,年过七十,如再不赶写点东西,将遗憾终生。幸有你鼓励我,你多年对我的深厚情谊,催我前进。"对我和出版社同志为万叔叔提供的服务,他一再表示感谢。他在信中说:"感谢你的深情厚意和

李致文存·我与出版

144

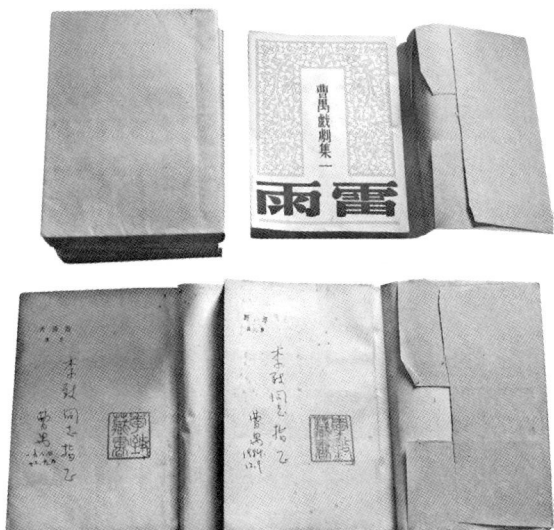

这套20世纪40年代文化生活出版社出版的《曹禺戏剧集》，是巴金送李致的，1984年12月9日曹禺在成都为李致题签

'有求必应'，使我想起在童年时在我父亲衙门里的后花园中的'神树'，上面悬挂着很多小小匾和红布，上面一律写着'有求必应'字样。"这是对我过誉的称赞。真正"有求必应"的是万叔叔，他把全部著作给四川出版。我想起若干年后的一件事：我收集有各种版本的曹禺著作，不可能带到北京去请万叔叔签名。1984年12月，他以全国政协委员身份来成都视察工作，住在金牛宾馆。一大早我抱着各种版本的曹禺剧作（十几本）去找他。他刚要动身外出，却为我留下来。新修建的房间没有桌子，万叔叔竟跪在地毯上，以床为桌，一本本地签名。工作人员不断催他走，我也多次说改日来取，而万叔叔却坚持签完。站在旁边，我被感动得眼睛润湿。

我们彼此思念，万叔叔一次在信中说："我最近常想，好人少，好朋友更少，谈得来的朋友也少，因此，朋友如你，有病便担心，这也是自私心重吧。总之，我不愿听到你病。""很想见你，一倾积愫。"愫者，真实的心情也。我同样有积愫要向万叔叔倾吐。万叔叔给我的信，先称同志，继称老友，后称致兄，充分反映了他对我这个后辈的友情。

1982年底，我离开出版社到宣传部工作，万叔叔感到遗憾。其实，我愿意终生搞出版事业，并不想当"官"。但这是组织的决定，不能不服从。幸好我分工管文艺工作，且积极参与振兴川剧。1983年10月我和川剧晋京演出团一起到北京。作为全国戏剧家协会主席，万叔叔给以大力支持。事前他表示"万分欢迎，我与玉茹将多多学习，多观摩，一定要写篇学习心得，表示感谢"。万叔叔看了赴京演出的几个戏，主持了全国剧协召开的座谈会，听我介绍振兴川剧情况，并发表了热情洋溢的讲话。又著文赞扬：振兴川剧"有如空谷足音，预示着一个新的信息，一个新的行动即将来临"。事后还写信说："振兴川剧来京演出，大得成功，奋发首都戏剧界，确立信心，至可庆贺。"万叔叔的支持对我们是巨大鼓舞，使我和万叔叔在出版工作之外，找到了一个新的共同点。

遗憾的是以后的若干年，我的工作繁重，到北京的机会大为减少，即使去多是参加会议，来去匆匆。哪有一倾积愫的时间？从1988年开始，万叔叔因肾功能不全住进医院。我虽去看望过一两

20世纪70年代末至80年代初，四川人民出版社出版的几种曹禺作品集：《王昭君》《胆剑篇》《原野》《雷雨》《日出》《论戏剧》等

次，但怕干扰万叔叔的治疗，只能把积愫压在心里。当年全国第五次文代会召开前夕，获知万叔叔被提名为主席候选人，我十分高兴。开幕式那天，突然看见万叔叔坐在轮椅上，立即过去握手问好。他则问我："老巴的身体怎样？"1990年9月下旬，我去北京参观亚运会开幕式。24日那天想询问万叔叔的情况，打电话到他家里，恰好他那天回家过生日，声音洪亮，情绪很好。以后，我多次从巴老家获知万叔叔病情稳定，也就放心了。万叔叔的夫人李玉茹是京剧表演艺术家，她为全力照顾万叔叔放弃了舞台生涯，十分令人感动。

翻看完万叔叔给我的三十八封信，重温了我和他的叔侄之情。我感到这些书信对研究曹禺有它应有的价值，便作了注释、写了《前言》，介绍给省剧协秘书长廖全京，请他在内刊《四川剧坛》上发表。为了取得万叔叔的同意，我给万叔叔和李阿姨写了信。很快得李阿姨在11月26日写的回信，对我准备发表这些信件，万叔叔和她很高兴。特别令我高兴的是李阿姨说万叔叔病情稳定："他已进入八七高龄了，身体逐渐衰老，何况老而且病。能稳定，就不容易了。"我即将去北京参加全国第六次文艺家代表大会，到时我一定去看望万叔叔和李阿姨，把刊出的信面呈万叔叔。万叔叔十五年前曾在信上说："真想见你谈谈，也许待我八十几岁，你也老了，我再到四川看看你和其他的朋友。"万叔叔，现在您八十七岁，我六十七岁，您住院治病，该我去北京看望您和李阿姨。这一次总可以一吐积愫了！

在动身去北京前一天，12月13日下午，我打电话到华东医院向巴老问好。小林告诉我："万叔叔今天早晨三时逝世。正在做爸爸的工作，医生也在这里。"这个消息实在太突然，我接受不了，何况巴老。我深知巴老和万叔叔的深厚友谊。文坛佳话，是巴金读了《雷雨》，把曹禺介绍给广大读者的。但巴老从没有主动对我提到这件事。相反，巴老总对我说，曹禺比他有才华，要我们好好出版曹禺的书。多次叮咛："校对要注意，错字越少越好。"在编辑《巴金选集》时，巴老在信上说："最近我想用全力编好十卷《选集》，但我希望你们先出齐曹禺的十卷集。我的缓一点，慢一点不要紧。"巴老不要四川的稿酬，却希望给曹禺的稿酬高一点，因为曹禺的剧本质量高数量不多。巴老希望曹禺减少社会活动，把主要精力放在创作上。曹禺则说："巴老总关心朋友，病中还嘱你出书事。其实，使我最着急的，倒是目前，迟迟未能动笔，不能早些把《桥》写出来，使他徒徒关怀，不见成果，觉得对不起他。"但当巴老知道曹禺健康不佳时，则写信给曹禺说："今天我却要对你说：'要保重，把身体养好。'你安心养病吧。你的存在就是一种力量，千万不要轻视自己。我常从你那里受到鼓舞，这是真话。"另一封信上巴老说："这些天我天天想你，希望能有机会和你多谈谈。但你在医院，我也在医院，只好在梦里见面。我只有一句重要的话，保重身体，为了我们再见。"现在万叔叔突然逝世，巴老期盼再见的愿望幻灭，难怪巴老激动地问："不是都说曹禺的病情稳定吗？"

带着赶印出来的《四川剧坛》（上刊有《曹禺致李致书信》），我和出席全国文代大会的四川代表，于14日下午到达北京。当晚电视的《新闻联播》播放了全国文联主席曹禺同志逝世的消息，所有代表为之震惊。第二天我打电话给李阿姨，可是我的嗓子像给石头堵住了，不知该说什么。李阿姨主动告诉我："万叔叔去得很安详。12日下午我为他取回准备在文代会上穿的西服，发现他呼吸有些急促，脸上有点肿胀。医生诊断是肺炎，吃药、输液后有所好转。我们一起吃晚饭，他食欲还好。饭后要我早些回去休息。我回家打电话询问，他还在看电视。第二天凌晨3时55分与世长辞……"我们都再也说不下去。

我在16日上午到了万叔叔家，我和李阿姨紧拉着手。墙壁上万叔叔的遗像披了青纱，右边放着巴金献的花圈。我默默地在心里说："万叔叔，我来了，但来迟了几天！"我向遗像鞠躬，李阿姨在一旁答礼。我头晕脑涨，弄不清鞠了几次躬，可能有四五次吧！我断断续续地向李阿姨叙述了自己的悲痛心情。李阿姨把巴老发来的传真给我看，我认得出是巴老的亲笔：

　　中国文联转李玉茹、万方　请不要悲痛，家宝并没有去，他永远活在观众和读者的心中！

巴金
十二月十五日

　　李阿姨送了我一张复印件。巴老的传真充分表达了我和众多人的感情，对李阿姨是莫大的安慰。我再说什么也是多余的。我感谢李阿姨多年来对万叔叔的照顾，希望她保重。李阿姨把我带去的川酒和《四川剧坛》，放在万叔叔的遗像下。我一再仰望万叔叔的遗像，在心里对万叔叔说："我们何日才能再倾积愫？"

1996年12月26日

"我们的关系不同！"

——怀念沙汀

1946年底我在成都参加学生运动，被校长勒令转学（变相开除）。到了重庆，我在文化生活出版社住了一段时间。文化生活出版社由巴金主持，出版了许多中外名著。我读"现代长篇小说"丛书，其中有沙汀的《淘金记》。从此，我就成为沙汀的忠实读者。

一

我和沙老接触，从60年代开始。

1960年10月，巴老回成都写作，与张秀熟同志住在学道街。一天晚上，巴老邀我到人民剧场看川戏。我刚坐下，已经早到场的沙老，把头挨近我悄悄地说："老巴回来主要是创作，需要安静。你们家人多、亲戚多，不要多说他来了，少干扰他。"沙老的话，使我感到他对朋友的关切。

有一次，我向沙老表示，希望有一本人民文学出版社出版的《沙汀短篇小说选》。沙老表示同意，并很快派人把书送给我。书的环衬右边，沙老给我签了名，还写了几个字。"十年浩劫"时，我在共青团中央工作，造反派抄家，把沙老给我写的字扯掉了。对我这个爱书的人，这比打我一拳还难受！我只好用了相同的纸把它

20世纪80年代初，李致到省文联宿舍拜访沙汀

补好，直到十年后沙老才又为我补签——此系后话。

沙老的夫人黄玉颀在1964年去世，用沙老自己的话来说，在他对"黄玉颀的癌症束手无策，陷入绝望的时候"，巴老为"寻访、邮寄一种特效药司裂霉素就出过不少苦力"。巴老为此在日记中也多有记载。有一次，沙老到北京，住在华侨大厦。我知道沙老的心情不好，特意去看他。可是，我在这种时候常常很笨拙，不知道该怎样安慰沙老。

二

"文化大革命"期间，沙老在成都作为四川"三家村"的成员被揪出来。我在团中央也作为"牛鬼蛇神"受到批判并到干校接受劳动改造。1973年初我回北京探亲，在回河南干校时曾悄悄绕道上海看望巴老。我们关心沙老，但都不知道他的近况。

1973年下半年，我从北京调回成都，在四川人民出版社工作。不久获知沙老已从昭觉寺放出来，住在新巷子十九号四川省文联宿舍。1974年，我大着胆子去看望沙老。沙老一见我，像见亲人一样，拉着我的双手，激动不已。他问我巴老的情况，我说巴老身体健康，在家静候审查，在翻译赫尔岑的《往事与随想》。巴老知道不可能出版，但他说可以交给图书馆，供人参考。沙老反复地说："我最想念两个人，一是巴金，一是何其芳。"我讲了一个传说："文革"初期，红卫兵抄了巴老的家，留下几个人监视巴老的行动。一个红卫兵翻看"毒草"《家》，看了半天，突然哭了，别人问她为什么哭，她说："鸣凤都跳湖了！"沙老听后，感慨地说："这就是文学作品的力量！巴金是打不倒的！"

以后，我常去新巷子看望沙老。为避免被人注意，我一般在星期天去。星期天院子没有人上班，大门关得紧紧的。我用力敲门，但沙老住在后院，耳朵又不好，很难听见。多数时候是惊动艾芜老，由艾老来开门。当时，我和沙老谈得最多的是巴老的情况。沙老是个急性子，他说最佩服巴老的雍容大度。他讲了一段往事："有一次去民主德国访问，飞机提前到了，主人没有到机场。我急得像热锅上的蚂蚁转来转去，但巴老十分安详，老说'没关系'。"沙老对朋友的关心令我感动。从我当时写给巴老的信（后来巴老作为资料大都退还给我）来看，当沙老知道巴老的眼睛不好，一再希望巴老："一、晚上不要看书、写作；二、多看绿色的东西；三、可服用一种枸杞和核桃的单方。"他还建议巴老把眼病的情况和西医的诊断写一个材料给我，由我们去请一位成都的眼科中医开药方。沙老说茅盾曾请这位医生开过药方，吃了有效果。沙老知道我给巴老带了一些花生去，就问我为什么不带青菜头儿。有一次，他托人给巴老带了一些贡椒（带给巴老在上海的朋友转交），又再要我告诉巴老："这种花椒，品种很好。先要焙干，然后密封。吃多少取多少。"当然，我们谈话的内容很广泛，谈鲁迅和李劼人的著作，谈何其芳和他一起去延安，谈他在昭觉寺的生活。文艺界很多朋友都知道，看守人怕这些"要犯"自杀，不仅搜去剪子、刀子、刮胡刀等，还搜去鞋带、裤带，以至沙老准备写一篇小说叫《没有裤腰带的人》。这个故事也是沙老那时候告诉我的。无论写作或说话，沙老都很幽默，正如他自己所说："一个严肃的人不懂得幽默是危险的，日子会很难过。"

1974年，小平同志出来主持中央的工作，给人们带来希望。但不久，"四人帮"又发动所谓"批右倾翻案风"。沙老一见我就叹气、摇头。1976年1月8日，周恩来总理逝世。14日，巴老写信给我："总理逝世，全国人民一致悲痛，我也十分悲痛。他是一个伟大的革命家，一个大公无私的共产主义战士……每天工作十八小时左右，把整个一生和巨大的精力奉献给中国人民革命事业。1944~1946年在重庆和上海，1949~1966年在北京和上海，我多次看

20世纪80年代初，沙汀（中）、艾芜（右）和李致在四川省文联宿舍

20世纪80年代四川
人民出版社出版的《沙
汀选集》（三卷本）

《四川十人短篇小说选》，沙汀、
艾芜、李劼人、马识途、曾克、柯岗、
履冰、高缨、雁翼、揭祥麟等十人著，
四川人民出版社1978年版

见他，他对我很亲切。我忘记不了他。回想他的言行，我又一次受到教育。"我把巴老的信带给沙老看。沙老一直拉着我的手流泪。临别时，沙老表示要克制自己的感情，而且要我写信给巴老，希望巴老也克制自己的感情。我已经走出房门，沙老还呆呆地站在那里。

用不着描述打倒"四人帮"给沙老带来的喜悦。不过，有一段时间，还没有给沙老和巴老平反。1973年，工宣队曾宣布巴老的结论："作人民内部矛盾处理，发生活费，做翻译工作。"当时沙老就说："我相信他的问题一定会搞清楚。"沙老则因为地下工作时期他撤退到睢水十年所谓的"历史问题"，给他拴了一条"尾巴"。1977年5月18日，被迫停笔十年的巴老写了散文《一封信》，在上海《文汇报》上发表。这在人民群众中引起了很大的反响。我在上海的一个朋友立即给我寄了一份《文汇报》来。我兴奋地把报纸拿给关心巴老的亲友看，当然也送去给沙老看。沙老一定要我把报纸留给他，我只得遵命。这个情况，不知怎样传到巴老耳朵里，巴老在6月4日给我的信上说："听说你借了一份《文汇报》

给沙汀，他说打算不还你。正好我也给你寄了一份，你原来那份就留给他吧！"

四川人民出版社为恢复作家的名誉，出版了《四川十人短篇小说选》，收有沙汀的《归来》《卢家秀》《你追我赶》三个短篇。沙老的创作态度十分严谨，逐字推敲。旧作一律要修改。无论旧作和新作，一般还要在校样上改动，有时难免看不清楚，这当然会给编辑带来某些困难。不过，正如巴老所说，作品不是学生试卷不能改动，作者有权不断地修改自己的作品。沙老对出版社和编辑的要求也很严格，如有差错，沙老是要批评的，有时还要发点火。有一次，编辑部把沙老一篇文章的署名错成"沙丁"。沙老很不高兴，批评编辑部粗枝大叶，并幽默地说："硬是弄得我滴水不沾！"沙老的批评对改进出版社的工作起了积极的作用，以后逐步取得了沙老的信任，为他编辑出版了《沙汀选集》（三卷本）。

三

1978年，中央调沙老到北京担任中国文学研究所所长。省委宣传部代部长安法孝同志有意挽留沙老，我也舍不得沙老离开四川。但我们只得服从组织的决定和尊重沙老本人的意见。好在沙老"身在北京，心在四川"。如张秀老所说，沙老像"候鸟"一样，到时就飞回四川。平常沙老给我写的信也相当多。

沙老对四川的出版事业一直很关心。我们刚着手编辑四川老作家选集时，沙老就建议编辑《李劼人选集》和《何其芳选集》。1982年底，我到省委宣传部工作。沙老在1983年3月20日给我的信上说："你去省委工作后，我希望你把出版社抓得更紧一些，不能放松。当然，不必事必躬亲，抓大政方针也就行了。而从我们的感觉来说，当务之急，必须再物色一些同志充实编辑部。稿件多、人手少这个矛盾不解决不行。"沙老还经常代一些作家询问稿件的处

上世纪80年代初，沙汀（左二）、艾芜（右二）和高缨（左一）参观川版书

理情况，催促缩短出版周期，要出版社注意校对工作。

对四川文学事业的发展，沙老倾注了他的深情。他希望四川有更多的新人，希望四川有更多在全国有影响的作品。对周克芹的培养和关切，是一个典型的例子。《许茂和他的女儿们》出版后，沙老满怀激情推荐给周扬同志。有一个时期，周克芹的家庭出现矛盾，一个刊物打算公开批评。宣传部一方面和文联党组对周克芹做工作，一方面劝阻这个刊物不要采取点名批评的办法。刊物的领导开初不同意，后来看见周克芹的家庭矛盾逐渐缓和，才公开表示赞成宣传部的意见。我们采取这个态度，与沙老的指点分不开。沙老曾在信上对我说："凡是涉及私人生活问题，除了私交深厚，一般情节十分恶劣的，我都感觉不宜轻率发表意见。我一贯的态度是，为人民，为党，培养一个作家不容易呵！"1984年10月10日，沙老写信告诉我："国庆节那天，冯牧同志向我说，总会拟提名周克芹同志参加一个访问团，去一次国外，不知四川会不会同意他去。"

又说："我想，不管如何，既然知道有这么一回事，事先向您反映一下，也属必要。"周克芹终于在1987年访问了阿尔及利亚。1990年，周克芹调到省作协担任党组副书记。沙老对这种安排颇有意见，当面和来信都要我们把周克芹从行政工作上"解放"出来，以便他把主要精力放在创作上。可惜这个问题还没有得到解决，周克芹就去世了。沙老关心的作家很多。克非写的《难言沙老对我的教导和关心》是很感人的。对包川，沙老也希望减少她一些编辑工作，让她多用一些精力和时间写作。

对振兴川剧的工作，沙老十分支持。这与沙老喜欢川剧有关。《睢水十年》一书中，记载1942年"由于没有什么可疑的人前来侦查"沙老的"行迹"，沙老的"胆量也大起来"，碰到"川戏班子到场上演出"，便"阴着摸起去看夜戏"。1984年10月9日，沙老给我的信，第一句话便说："上星期天早上，碰见吴雪同志，立即飞蓉看川剧汇演，想来台端近来一定很忙吧！"我想，沙老这时候，一定心痒痒的，十分羡慕吴雪同志。沙老还说："近日阅9月1日《川剧学习》，《重视对讲白艺术的借鉴》《川剧作家冉樵子》，都不错。前者叫人想起过去参加川剧现代戏的改编的一些往事，也很怀念司徒。冉樵子之名，我这个川剧迷还第一次才知道，想不到《刀笔误》是他写的！而且写了不少好戏。我觉得此公的著作应出专集！"1983年川剧首次晋京演出，沙老场场必到。对《巴山秀才》的作者魏明伦的才华大加称赞。每回成都沙老必看川剧。1986年川剧青少年比赛演出，沙老正在成都，为大会题词："蓓蕾初放，前途无量。通过这次省青少年艺人会演，我相信必将对川剧的繁荣和创新起到极大促进作用。"文艺处朱丹枫给沙老送川剧票时，沙老向他赞扬振兴川剧的"八字方针"（抢救、继承、改革、发展）。沙老知道剧目中有《托国入吴》，连说："这个戏好。过去困难时期，总理常鼓励我们卧薪尝胆。现在川剧不景气，也需要卧薪尝胆！"沙老多次讲宣传部"抓振兴川剧抓对了！"

沙老关心的事很多。北京两位文学研究工作者要来成都收购抗战时期书刊，沙老来信要我"鼎力支持，并请予以接见"。要我帮助李劼人的女儿李眉同志，把李劼老捐献的文物找回，充实李老的旧居"菱窠"的展出内容。几次来信催促加快出版《陈荒煤选集》，因为"今年是他从事创作的多少周年"。这些事真是难以列举。有一次谈到一位不乐意助人的同志，沙老很生气，激动地说："一个人再伟大，也可以抽出点时间来帮助人嘛！"我把沙老这句话作为"座右铭"告诉过我的儿女，也告诉过和我在一起工作的同事。

　　文学界的朋友都知道沙老的性格，沙老给我的信也说自己"秉性急躁"。但沙老更重要的一面是关心人、体贴人。有一次，沙老托人带一本书给我。他在给带书人的纸条上，写明请叮咛李致一声，"他有目疾，不必赶着看，特别不应熬夜看"。每看这张纸条，都有一股暖流进入我心的深处。沙老知文艺界和文艺工作复杂，经常提醒我要注意某个问题。尽管他知道我注意团结，不乱讲话，但他最后还要说："这些事你知道就行了，不要随便说。——我们的关系不同！"我知道，沙老是指他是巴老的好友，作为长辈他要特别关心我。

　　沙老也有批评我的时候。有一年，沙老从北京回成都，一位作家去机场接他，然后告诉我："你快到沙老那儿去，不然沙老要骂你。"我吓得气都不敢出，赶快到了新巷子。一进屋，我就给沙老的女儿杨刚红说："你坐在我旁边，如果你爸爸骂我，你就帮我说几句！"刚红年轻，能干，对人又好。过去叫我"李叔叔"，后来觉得"吃亏"，又改称"李大哥"。我本着"能上能下"的原则，任凭她叫什么都行。她十分乐意帮助我。不过，当沙老从屋内出来看见我，似乎气并不大。我猜想沙老是把一本书的出版时间记错了，便主动把一封有关的打印信件念给他听。沙老听后感到释然，并没有骂我，海阔天空谈别的事去了。沙老关心的事多，有几次我忙不过来，没有及时回信，他在给我叔父李济生的信中批评我。我叔父是一位有经验的编审，与老作家的关系很好，便来信转告和提醒我。遇到这种情况，我就赶快给沙老去信"悔过"。

在北京住这一段时间，沙老创作获得丰收。我先后读到《青枫坡》《木鱼山》和《红石滩》三个中篇，以后合集为《走出牛棚之后》。这本合集，沙老原想在四川出版，以后又改变了主意。沙老在1988年7月10日给我的信上说："我的三个中篇的合集，目前您已不管出版方面，就不提了。"除了三个中篇，沙老还写了回忆录《睢水十年》。我对这段历史时期有所了解，对沙老的这段生活和他幽默的笔调十分感兴趣。好几次我到新巷子看望沙老，谈话都以这本书为中心。沙老谈得高兴时，更是眉飞色舞。

1979年巴老访问法国归来，曾告诉我，法国朋友问到他"中国还有哪些著名小说家"，他回答时首先提到李劼人和沙汀。1986年12月11日，沙老给我信则说："巴老声誉日隆！近来，凡是有关称道他的文章，我都看了。读了他那篇《我绝对不宽恕自己》（见《文汇月报》），更是万分激动，联想起不少往事。"经张秀老的倡议，巴老和沙老在1987年10月回到成都。张秀熟、艾芜、巴金、沙汀、马识途五老在蓉相聚。他们互相看望谈心，同游桂湖。沙老陪巴老参观巴老的旧居，又和巴老一起到张老家吃汤圆。五老还约定1993年一起再相聚。

沙老的身体单薄，随着年岁增长，在北京和成都两地住过医院。他眼睛不好，我先后两次陪他到省医院请闵鹄秋医生看病，不过那时主要是白内障。1990年秋，沙老因患青光眼，双眼失明。我长期患眼病，完全理解沙老的痛苦。沙老是作家，又那样热爱生活，关心别人，眼睛看不见怎么行呢？后来，又得知沙老要搬回成都居住。早在1984年10月9日，沙老给我的信就说："我老了，久居在外，总时常想念家乡。"沙老的确该结束"候鸟"生活，回家乡长住了。经老干局安排，沙老将住在商业后街新建的干休所。这里条件好，沙老来居住很合适。我盼望沙老早日归来，又担心沙老双眼失明心情受影响。

159

1991年11月11日，文艺处打电话给我，说沙老已回到成都。12日上午我一早去看望沙老。刚红把屋子布置得很漂亮。我走进沙老卧室，沙老用手拉着我，显得高兴。过去沙老也爱用手拉着我，但这一次意义不同：手代替了他的眼睛。我因沙老旅途劳累，不敢多谈，但沙老却再三叮咛，他有一部日记，里面有许多珍贵的史料，交给四川一家出版社很久了，说要出但又没有消息，希望我催促一下。我真不知道怎样向沙老解释。其实，沙老也不是不知道。两年前，北京一位作家请沙老代他介绍一本书给四川，说沙老"一言九鼎"。当时，沙老给我的信就说："说我'一言九鼎'，他不了解，就连您的招呼，现在似乎也'轻如鸿毛'了。"我不愿沙老失望，只好答应去催促。事后的确也催促了一下。

四

1992年我到美国住了八个多月。12月，美国人在准备欢庆圣诞节，我却沉浸在悲痛之中。艾老和沙老，这两位一直并肩战斗的挚友，相继在这个月逝世。巴老从上海来信，说："这个月我心情不好，艾芜、沙汀相继逝世。尤其是沙汀的突然死亡，使我十分难过。他还能写，也准备写不少作品，就这样离开人世，太可惜了。你不在成都，他们的最后时刻，我也无法知道。"我给省文联打电话，但接不通。我含着眼泪发了一份传真表示吊唁，并以此向我敬爱的沙老告别！沙老，这么多年，您给予我许多指教和鼓励，您说过"我们的关系不同"，我却连告别的机会都没有，您就这样匆匆离去。

今年年初，我从美国回到成都。诗人吉狄马加给我讲了艾老和沙老的最后时刻。春节后，我去沙老家，刚红不在。我看见沙老逝世前不久，在八十八岁寿辰时和儿孙的合影。照片上充满全家幸福的气氛，只是不久沙老已经去了。第二天晚上，我们再去看刚红。

刚红的情绪很沉闷。谈到沙老的日记，才知道至今杳无音信。我问刚红是否还在搞商贸，她说："是！我就要赚钱，好给我爸爸出书！"

刚红的话，是对出版工作的批评，像针一样刺进我的心。沙老逝世一年了。一年来，我经常想起沙老这本日记，也想起刚红的话。我知道出版社有困难。我决心向省出版基金会写一个报告，申请一笔款子，出版沙老这本具有史料价值的日记[①]。我期望这个申请能得到支持。

1993年12月12日

[①] 《沙汀日记》于1999年出版。

热爱劳动人民的作家

——怀念艾芜

艾芜于1987年

艾芜同志逝世一周年了。

去年12月5日艾老逝世的时候，我在美国，不知道这个噩耗。艾老逝世前几天，我正第三次开始读《艾芜文集》第二卷。艾老的著作中，我最喜欢《南行记》和他的自传。我儿子初到美国时，遇到很多困难，一度情绪不好。为了鼓励他，我托人千里迢迢把《艾芜文集》第二卷（包括《我的幼年时代》《童年的故事》和《我的青年时代》）给他带到美国，希望他从中吸取精神力量。我儿子带着这几本书，从美国的东部到西部。尽管我在美国期间借来不少中文书籍，而那几天我却偏偏在读已经读过两遍的《艾芜文集》，每天都有几小时和艾老生活在一起。12日上午，我才从《人民日报》（海外版）惊见艾老逝世的消息。艾老生病住在四川省人民医院，出国前我多次去看望过他。1991年6月2日，和马识途等同志去为他祝贺八十七岁寿辰。艾芜、沙汀、巴金三老同庚，生于1904年。在我的印象中，艾老的身体最健康，怎么会突然逝世呢？与省文联通电话，没有接通。一连几天，我的心上好像结了一层冰，深感失去一位良师和益友的痛苦。

我抑制着自己的感情继续读《艾芜文集》。每拿起书，我就有一种奇怪的感觉：为什么刚好在艾老逝世前我又重读这卷书呢？是"上帝"的安排？是"第六感觉"？艾老，您能回答我么？

40年代中期，我第一次读艾老的《南行记》。在现代作家中，艾芜是我最敬佩和最喜欢的作家之一。1948年，艾老在重庆大学文学院中文系任教，我看见过他。他穿一身粗布长衫，像一个职员。有人说："这是艾芜。"我悄悄地跟在他后面走了一段路，但不敢去结识他。我听说他在《大公晚报》主编副刊《半月文艺》，便鼓起勇气寄了两首散文诗（《燕》与《蛾》）去，不久即被刊登。"十年浩劫"时，这两首散文诗受到"革命群众"严厉的批判。我没有"服罪"，而在内心深处看不起这几个"有理讲不清"的"兵"。

"十年浩劫"后期，我从共青团中央调回四川，在四川人民出版社工作。当时，我经常去新巷子十九号看望沙汀同志。为了避免被人注意，我一般在星期天去。星期天，大门常关得紧紧的。我用力敲门，沙老听不见，往往是艾老来开门。他知道我是来看沙汀的，彼此点点头，我便进去了。以后，我知道艾老为《高高的山上》这一篇小说受批判，很为艾老不平，但艾老并不知道我是什么人，我能对他讲什么呢？

我和艾老交往，是在粉碎"四人帮"以后。为恢复作家的名誉，四川人民出版社首先出版了《四川十人小说集》，其中收了艾老的《夜归》《夏天》《野牛寨》三个短篇。接着，我们又为他编印了短篇小说集《夜归》和中篇《丰饶的原野》。艾老在《夜归》的《前言》里说："粉碎了'四人帮'，我们文艺工作者又有写作的自由了。……墨在欢呼，笔在跳舞，雪白的纸张笑脸迎人，新的时代展现在我们的面前。"作为编辑，和艾老打交道，是最愉快不过的事了。艾老极为平易近人。到了交稿前几天，他往往从新巷子步行到盐道街，亲自把书稿送交到编辑部。我们要用美军吉普（当时出版社仅有的一辆车）送他回去，他坚持不肯，说："走路既可以锻炼身体，又可以了解社会。"我拉不住艾老，只好站在大门口目送他离去，直到他转弯再看不见他的身影。艾老的书稿，一般用毛笔书写，字体娟秀，一格一字，整齐清洁，编辑人员和排字工人都十分欢迎。刚粉碎"四人帮"不久，很多问题没有拨乱反正。为避免麻烦，书稿中有些字句或提法，我们常建议艾老稍作改动。艾老顾全大局，体谅编辑，无不同意。《夜归》出版后，艾老送了我一本。扉页上写着："《夜归》这次印得很好，我很高兴。这和李致同志的领导和其他同志的辛勤工作分不开的。我还要李致同志对内容方面有所指正，使下次可能再印时，再行修改。艾芜，1979年3月2日。"我捧着《夜归》，像捧着艾老善良的心，一时不知该说什么才好。隔了一阵，我只找出一句话："艾老，您太谦虚了。"他却说："应该感谢出版社。"艾老很支持我们为四川出版社确定的方针："立足本省，面向全国。"1981年，出版社为艾老编印《艾芜文集》，第一卷出版后，艾老又在赠我的书扉页上写了一段话："由于李致同志的大力帮助和督促，编辑出版了我的文集，心里非常高兴，今后要努力写作，使文集更加充实，尽量做到好好为人民服务，为社会主义服务。艾芜，1982年1月23日于成都。"我真没想到艾老谦逊到这种程度！由于得到艾老的支持，1990年终于把近四百万字的十卷文集出齐。艾老为文集写的《前言》第一句说："四川人民出版社打算今年出版我的文集，说要作为我从事写作五十周年的纪念，这是不敢当的。"1990年3月5日，省上举行了"庆祝《艾芜文集》出版和艾老创作六十六周年座谈会"，艾老拄着手杖缓步走来，见我第一句话，又是："不敢当。"几十年来，

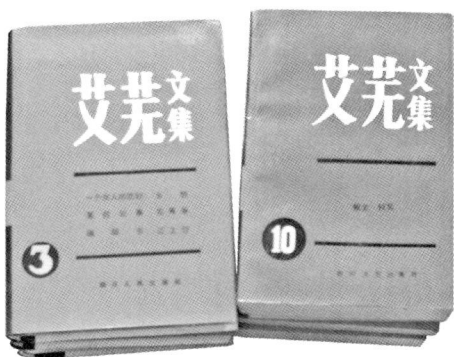

20世纪80年代四川人民出版社出版的艾芜作品

艾老对人民付出了很多，却从不计较物质享受和名誉地位。无论受到什么荣誉，他总是说"不敢当"。

　　每次去艾老家，总是见他伏在书桌上写作。这情景不仅使我十分感动，并使我生怕打扰他。然而艾老总是一见我就立即站起来，让我坐在他身边的藤椅上。艾老的夫人蕾加同志，除了为我沏茶，还要端一盘巧克力出来。艾老经常主动告诉我国内外对他的研究和评论。新出版了他什么著作，如果我没有，他就签字送我。艾老在新巷子的住宅，一间大屋子，既是书房，又是客室、饭厅，用布帘隔开的是他和蕾加的卧室。触景生情，我不能不想起艾老第一次南行时，无论是在小客店的油灯下，或是在树荫覆盖的山坡上，他总是把墨水瓶挂在颈项上，把小纸本放在膝盖上，随时写下自己的感受。抗日战争时期，艾老在桂林，生活条件非常差，艾老为赶写文章，经常一手抱着小孩，一手从事写作。仅就这一点，充分说明艾老顽强进取的精神。我想起鲁迅的名言："吃的是草，挤出的是牛奶和血。"这同样是对艾老最好的写照。

和艾老接触越多，我越尊重他在文学上的成就和他淳朴的人品。1981年，《四川画报》要刊登对艾老的专访，我主动承担撰写文字的任务。我在报道中引用了艾老的一段话："由于思想上尊重劳动人民，又在生活中同下层的人一道同甘共苦，因此，对于劳动人民有着真挚的热爱，所写的短篇、中篇以及长篇小说，大都以劳动人民为主要人物，他们虽有不少缺点，但其本质则是崇高的、美好的。"艾老的创作手法和作品风格受到很多赞誉，我就此和艾老交谈过。艾老告诉我，他的作品，总有一个主要人物是为他所喜欢的，才写得下去；当然，喜欢并非掩盖他的缺点。同时，总是有很好的自然风景。自然风景是很吸引人的。没有好的自然风景，就像画一幅图画，画不下去。再有，写作要进入环境。好像演员要进入角色一样，要发生感情，与这个角色共喜怒哀乐。艾老说："我有不少作品是流着眼泪写的。如写《野牛寨》结尾的时候，我知道要流泪了，就用手把眼睛蒙住，但泪水还是从手指缝里流出来。……"当我把刊登题为《对劳动人民真挚的爱——记作家艾芜》的画报送给他时，他立即拿着看了，依旧只说了三个字："不敢当。"

1982年底，我调省委宣传部分管文艺工作，文艺工作很"烫手"，谁都怕沾边。过去马识途同志分管文艺工作时，李亚群同志向马老作揖，说："真是找到替死鬼了。"后来马老又开玩笑，说我当了他的"替死鬼"。无论哪个方面，我都不能和亚公、马老相比。我只有一靠与文艺界广交朋友，二靠向老前辈请教。我说的老前辈，主

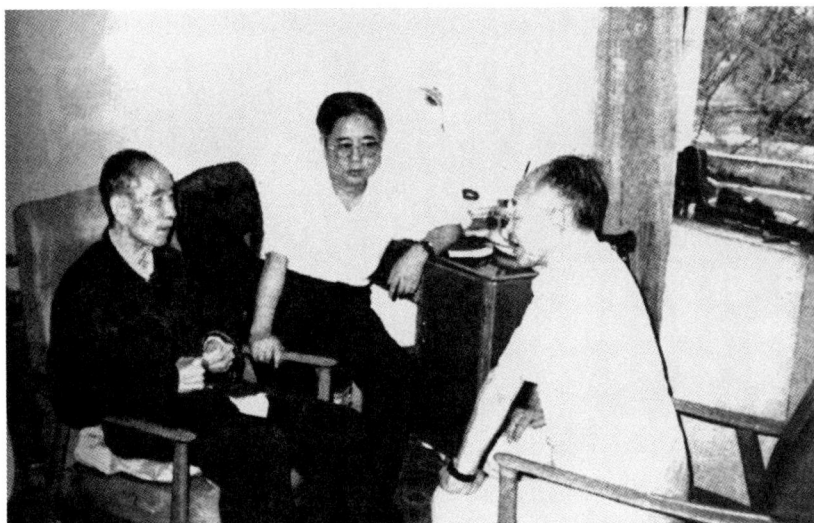

1991年，李致陪同李济生（巴金胞弟）在四川省人民医院看望艾芜

要指任白戈、张秀熟、沙汀、艾芜、马识途等同志。我到艾老家，一般以聊天的方式向他汇报情况和提出问题，艾老先是认真听，然后简单地说几句。在谈到党管文艺时，艾老讲过去"左联"的经验，主要把大的方向管住，并不具体去干预作家如何写作。当涉及反对一些带有倾向性问题的时候，艾老十分强调要划清界限，不要把一般问题提高到政治问题，更不能把某个提法或口号当成棍子去吓唬作家。一段时间黄色小报泛滥，艾老提醒我们，说这种现象"超过三十年代的上海滩"。艾老发表意见时，极为安详平和，像和朋友谈心似的。我从艾老那儿受到启发，增加了力量，避免了某些可能出现的错误。

艾老毕竟高龄，健康逐渐出现问题。1987年，艾老心脏出现窦房结病变，行动困难。我赶去看望他。艾老的病其实早就有了，但他总以为是写作累了，休息一会儿就会过去，以致没有治疗。医院决定给艾老安心脏起搏器，艾老本人同意，但还得征求蕾加同志的意见。当时马老不在成都，省作协有关领导，把这个"重任"交给我。4月11日一早，我去省作协宿舍看望蕾加同志，转达了医生的

1987年中秋节，巴金回四川在宝光寺与老朋友聚会。左起：宝光寺住持、艾芜、沙汀、巴金、张秀熟

1987年中秋节，"四川文坛五老"聚会。图为"五老"之一马识途（左一）即兴挥毫书写。前排右起：艾芜、沙汀、巴金、张秀熟

建议，蕾加同志表示只要艾老同意，她没有意见。艾老安了起搏器以后，情况良好。1987年10月，巴老回到他阔别了二十六年的故乡成都，促成了张秀熟、沙汀、艾芜、巴金、马识途五老聚会的盛事。艾老兴致勃勃地参与有关活动，虽然说话不多，但身体没出现

问题。临别前，五老又相约1993年再聚会，届时张老满百岁，沙老、艾老、巴老满九十岁，马老满八十岁。1988年初，艾老右腿股骨摔折，在川医治疗。我去看望艾老，向他介绍了前几年巴老治疗骨折的情况。11月，艾老转到省医院治疗。我每次去看望他，他多在书桌前写作。1991年9月9日，我的叔父李济生和堂妹李国燦来成都，我陪他们去医院看望艾老。我告诉艾老，我准备明春到美国探亲，艾老说："多看看好！"国燦为我们拍了一些照片，我完全没有想到，这是我和艾老最后的合影；更没有想到，这是我和艾老的诀别。

我无法向艾老的遗体告别，只有发一份传真给艾老家属，表示哀悼。事隔五天，另一噩耗传来。我又从《人民日报》（海外版）得知沙汀同志于15日逝世。艾老和沙老相继逝世，使我陷于难以自拔的哀痛之中。后得巴老18日从上海寄给我的信，信一开始巴老就说"这个月我心情不好，艾芜、沙汀相继逝世"使他"十分难过"。巴老还说："你不在成都，他们的最后时刻，我也无法知道。"

今年1月中旬我回到成都。因为临近春节，我暂时没有到艾老家去。诗人吉狄马加（省作协秘书长）给我讲述了艾老的最后时刻，其中提到了艾老病逝的原因之一是"营养不足"。原来艾老自幼养成艰苦朴素的习惯，南行中受尽折磨，抗日战争时期又吃了很多苦头，在生活上对自己的要求很严格。住院期间，艾老家里对他照顾很好，但送去鸡汤、鱼汤等营养食品，艾老都送给照看他的人吃，自己只吃一些极普通的食品。我真后悔以前不知道这个情况，不然可以在这方面劝劝艾老。我知道艾老长期养成的习惯不是轻易可以改变的，但我又感到艾老的心怀宽广，极易采纳不同的意见。不过，后悔无济于事，艾老已经走了。

我和马加在2月4日去看望了蕾加同志。我不愿意引起蕾加同志伤心，没有多提艾老的事。蕾加同志主动给我讲了一些情况，她说："艾芜去世，我觉得什么都变了。我从医院回来，觉得楼梯窄了，屋子小了。过去很多事，我都记不起来……"我不禁想起过去我一到艾老家，艾老站起来欢迎我，送我书，指点我的工作。我没有吃完的巧克力，蕾加同志还要用塑料袋装好，"强迫"我带回去给小外孙。可惜，这种愉快、温馨的相聚，今后再也不会有了。

出国前，因为搬家，书柜还来不及整理。看望了蕾加同志回来，我把《艾芜文集》十卷精装本，放在书柜最显眼的地方。

1993年11月17日

冯至的呼唤

我很早就知道冯至同志，因为鲁迅先生称誉他为"中国最为杰出的抒情诗人"。不过当时年轻，时值抗日战争，不太理解抒情诗，兴趣在艾青的《火把》和田间的《给战斗者》这一类诗上。

1945年12月1日，昆明学生举行"反内战"集会，有四位学生惨遭杀害。"一二·一"惨案，唤醒了无数的青年学生，纷纷奋起声援昆明同学，与国民党反动派开展斗争。我当时在成都华西协中

1986年4月，诗人冯至在北京举行的川版书座谈会上

读书，积极参加了这次运动。

正在这个时候，读到在西南联大任教的冯至写的《招魂——谨呈于"一二·一"死难者的灵前》：

"死者，你们什么时候回来？"我们从来没有离开这里。

"死者，你们怎么走不出来？"

我们在这里，你们不要悲哀，我们在这里，你们抬起头来。

哪一个爱正义者的心上没有我们？哪一个爱自由者的脑里忘却我们？哪一个爱光明者的眼前看不见我们？

你们不要呼唤我们回来，/我们从来没有离开

你们，我们合在一起呼唤吧！

正义，快快地回来！自由，快快地回来！

光明，快快地回来！

这首诗它既在招魂，又在呼唤。它激励了无数的青年人。我的心加快跳动，我的眼睛含满泪水，我的热血沸腾。当时，我们一批志趣相同的青年，组织了一个名叫"破晓社"的团体。"破晓社"社歌里面有四句话，表达了我们共同的心愿：

打从"一二·一"走向自由的日子

打从专制的魔窟到民主

誓和法西斯强盗斗争到底

战斗一刻不停息

这是冯至同志对我们的第一次呼唤！

三十年后，冯至同志又向我们发出第二次呼唤。那是粉碎"四人帮"以后，我在四川人民出版社任总编辑的时候。出版社立足本

省，面向全国，为积累文化和解决书荒，大量重印和编选名家名作。我从唐弢同志那儿得知冯至同志的住处——他们都住在北京市永安南里——便立即去拜访冯至同志。冯至同志身材魁伟，态度慈祥，穿一身布中山服。我自报家门，拿一批新出的书籍请他参观，向他约稿。

1979年初，收到冯至同志来信：

李致同志：

　　来信及《找红军》一册（还有上次寄来的《夜归》）已收到，谢谢。

　　《陈翔鹤选集》已选定。我因为太忙，《序》还没有写。约在下月（3月）可以将选稿及序一并寄上。

　　《杜甫传及其他》，我想先征求一下人民文学出版社的意见，再寄给你们。因为过去是人民文学出版社出的书，总要通知他们一下取得他们同意才好。

　　至于我的"近作"，我先不收集出版。因为形势发展很快，我写的那些东西还要经受一些时间的考验，晚一点出版才好，不知你以为如何？此致

　　敬礼！

冯至

2月8日

从这封信里，可以看出冯至同志对出版他的作品的严肃认真的态度。我们尊重他的意见，没有出版《杜甫传及其他》，也缓出了《冯至近作》。至于《陈翔鹤选集》，是出版社请文学研究所白鸿同志编的。冯至和陈翔鹤是老朋友，过去同是"沉钟社"的成员。陈翔鹤同志在"文革"中被迫害致死，作为陈翔鹤家乡的出版社，作为他的学生（40年代他在成都华西协合中学教语文，参加过"破

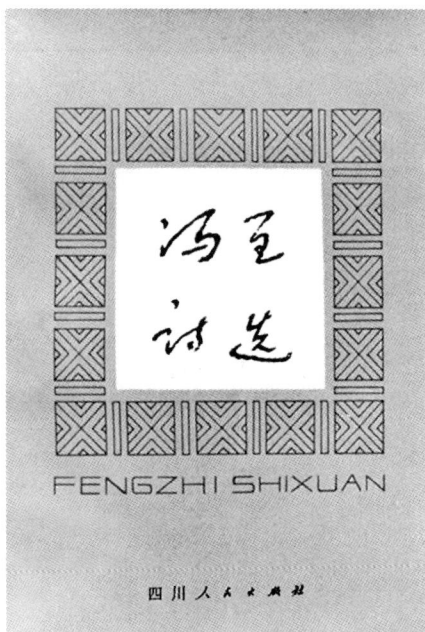

《冯至诗选》，四川人民出版社1980年版

晓社"的活动），理所应该出版他的选集。白鸿同志不仅在编选上请教冯至同志，还请冯至同志写了《序》。

四川的出版工作逐渐取得冯至同志的信任。1980年秋，外国文学会年会在成都举行。会后，我们把冯至、黄源、戈宝权、朱雯、方敬、石璞等一批著名翻译家请到出版社参观，听取他们的指教。参观后，又一起合影，在附近一家饭馆吃了一次真正的便饭。

我坐在冯至同志身边，他对我说：

"你是出版家，不是出版商，也不是出版官。"

我当然理解冯至同志说的"你"，不是指我个人，而是指四川人民出版社这个整体。出版社包括各个部门（编辑、校对、装帧设计、印刷、发行等），离开了任何一个部门都不行。这不仅是鼓励，更重要的是呼唤。它表达了老一辈作家对出版社的要求。事后，我向出版社全体同志转达："冯至同志说四川出版社是出版家，不是出版商，也不是出版官。"经过研究，出版社把"要做出版家，不做出版商"作为自己的奋斗目标，并公之于世。

"做出版家，不做出版商"是一个形象的比喻。它的实质是把社会效益放在首位，不能唯利是图。出版社同时加强经营管理，并总结了我们的一贯做法：君子爱财，取之有道，用之有方。该赚就赚，该赔就赔。赚，不是越多越好，而是薄利多销；赔，能不赔就不赔，能少赔就不多赔。统一核算，以盈补亏。正是这样，四川不仅出版了大量好书,在国内外赢得声誉,同时还自筹资金盖了出版大楼和职工宿舍。

世界上很少有一帆风顺的事。有人不赞成"做出版家,不做出版商"这个提法,指责它不适合商品经济的发展。书籍当然是以商品的形式进入市场,但它担负着精神文明建设的任务,决不能把它当成一般商品,更不能以营利为主要目的。有的说"先做出版商,后做出版家"。又有人主张"既做出版家,又做出版商"。我不愿意作无谓的争论和玩文字游戏,提出不参与争论,只要坚持"社会效益放在首位,同时注重经济效益"就行了。但我内心仍激荡着冯至同志的"要做出版家,不做出版商"的呼唤。

1986年4月,出版社在北京举行书展。冯至同志应邀出席。他兴致勃勃地为出版社题词:

> 为建设精神文明服务,人民感谢你们,我们的子孙后代也感谢你们。
>
> 冯至
>
> 1986年4月22日

当时,来参观的人很多。我来不及和冯至同志多谈,又去接待别的同志。座谈会上我汇报了川版书的情况。杨尚昆、张爱萍、李一氓同志和许多作家、艺术家,都对"要做出版家,不做出版商"的志向加以肯定。我望着冯至同志,心里充满对他的感激之情。

冯至同志已经逝世四年多。可以告慰冯至同志的是,从粉碎"四人帮"到1987年,由于全系统职工的努力,四川出版总社直属的九家出版社没有卖过书号,没有出版一本坏书。

1997年国庆节

黄金般的心不会消失

——怀念李健吾

不知什么原因，我经常想起作家李健吾。

单说李健吾是作家，并不准确，应该说是作家、戏剧家、评论家、翻译家。我上中学的时候，读过他的评论《咀华集》、根据巴金小说改编的剧本《秋》，还有他翻译的一些法国小说。可是我认识他却相当晚，是在1981年。

当时我在四川人民出版社任总编辑。经过史无前例的"十年浩劫"，书荒十分严重。我和出版社（特别是文艺编辑室）的同志，把再版现代作家的名著，当作自己的任务。这必然会想起李健吾。1981年10月我去北京组稿，马小弥听说四川打算出李健吾的书，便主动陪

1982年10月，李健吾与夫人尤淑芬在成都盐道街3号四川人民出版社院内

我到李健吾家里。小弥是作家马宗融和罗淑的女儿，巴老在她父母去世后曾抚养过她和她的弟弟。我是在出版《罗淑选集》时和她熟悉的，情同兄妹。她是一个热情侠义的人，认识许多老作家，经常帮我们出版社的忙，我戏称她为文艺编辑室"驻京办事处主任"。沿途她一个劲儿地给我讲李健吾的情况：说他很想工作，把损失的时间夺回来；有冠心病，上下楼都费劲；坚持锻炼，最近已有起色。

这以前李健吾已和我通过信，原因是巴老有一次给我写信，把信装进了给李健吾的信封里。李健吾主动把巴老错寄的信转给我，并在他给我的信上，按北方的习惯称我为"老侄"。到了李健吾家，小弥一见面就叫他"李伯伯"，我也跟着叫他"李伯伯"。顺便说明一下，我在工作中认识许多巴老的朋友，虽是长辈，一般都称同志。除了当年的习惯之外，还因为我不愿打着巴老的旗号去招摇。只有对两个人的称呼例外，一个是李健吾，一个是曹禺。

李伯伯当时已年过七十。额头上有北方人常见的皱纹，身瘦高，背略弯，讲话心平气和，十分慈祥。尽管我们第一次见面，却像多年的叔侄，毫无拘束。他对四川人民出版社早有了解。我还没有向他"汇报"，他已给予称赞。加上小弥在旁边"帮腔"，组稿"谈判"十分顺利。他除了肯定四川出书思想解放，有气魄之外，还比较满意川版书注意装帧印刷质量。他要送我书，但从书柜里找出的一本书，封面和正文是倒装的。他苦笑了一下，说："没办法，你就拿这本书作纪念吧。"拿起笔就题了签。这本书虽不是四川出版的，对我仍是一个"冲击"：出版社如不把好质量关，作者会多难受呵！

接着聊天，谈到四川，谈到川戏。李伯伯说他跑过许多地方，最大的遗憾是没有到过西南。他十分喜爱川剧，我也是川剧迷，话题很多。他一再表示要来四川，我也表示不论在什么时候都乐意安排他的四川之行。他留我和小弥吃饭，我们不愿打扰，便匆匆告辞。

李伯伯又为出书的事和我通了几次信。他老人家的字"龙飞凤舞"，每一封信我都得认真研究和考证，才"八九不离十"大体看懂。同时，小弥多次来信告诉我，李伯伯坚持练气功，体质大有增强。我也为之高兴。

1982年10月，我意外收到李伯伯12日的来信：

> 我将于月之十八九日去西安市开外国文学理事会，开到月底，我即将赴成都，可能小弥陪胡絜青同志先到。到时，我将发出电报给你，请给我们夫妻准备住处。

> 健吾

这一下热闹了。老舍的夫人胡絜青和马小弥应邀先到成都，接着李伯伯和李伯母也赶到了。李伯伯在西安除开会外，还专门看望了一个老朋友。这位朋友是他早年在清华大学的同学，因脑出血瘫痪。李伯伯为他拍照，与他合影。他这样重视友情，更加受到我的尊重。

出版社为接待这几位贵宾感到兴奋，特意请他们到出版社参观粉碎"四人帮"以后所出的书籍，由我担任解说。参观书籍是我们接待客人常用的一种办法（按时髦的语言应称为"举措"），受到不少国内外作家的欢迎。我们既作了宣传，又得到教益。出版社领导很少请人吃饭，然而却得到他们的信任，和他们交了朋友。我们还为李健吾和胡絜青同志摄影，以作纪念。

李伯伯、胡絜青和马小弥结伴游览乐山，住在乌尤寺。"天下山水在于蜀，蜀之山水在嘉州。"李伯伯饱览了令人陶醉的风光，心旷神怡，兴致勃勃地登大佛寺，到乌尤寺，还过了索桥。他到处搜集介绍这些名胜的材料，准备回北京写文章。从乐山回成都，本来还打算参观一些地方，但小弥却对我说："李伯伯要赶回西安。"

我立即问："是不是身体不适？"

小弥回答："不是，他精神好着呢！主要是他在西安为老朋友拍的照片拿去冲洗，全曝光了。他要赶回去重拍。"

"难得来一次，多待几天不行吗？"

"他说他朋友身体非常虚弱，怕去晚了不行。"

我认为问题不会这样严重，去宾馆看望李伯伯，企图劝他不要太急，但看见他那真挚的表情，那样珍惜友情的态度，我深受感动。当时买车票不那么方便，我想办法很快为他买到票。他拿到车票时，脸上露出一丝微笑。

这样，李伯伯和李伯母匆匆地离开了成都。

几天后，我收到李伯伯从西安寄来的信。他说"已平安到西安，将于明日返回北京"，"感谢出版社"对他们"夫妻的招待"。他还寄回了两张车票，说"估计到会计报销有用处"。车票是出版社坚持给买的，李伯伯原准备自费。

李伯伯回北京不久，巴老不慎摔断股骨，住进华东医院。我的工作又突然发生变动，将调到省委宣传部。趁此空隙，我赶到上海看望巴老。我知道巴老和李伯伯的友谊，特别带上李伯伯的照片。在医院，我把照片给巴老看，并描述了李伯伯在四川的情况。巴老十分高兴，拿着照片一再深情地看他的老朋友，并说："小弥来信宣传健吾练气功很有成效。"

谁也没有想到，就在第二天早上，家里接到北京电话，说李伯伯在昨天（11月24日）下午逝世。原在写文章，后靠在沙发上，李伯母以为他睡着了，怕他受凉，去给他盖毛毯，突然发现已经不行了。我一个月前才和李伯伯相聚，许多事历历在目。这难道在做梦？记不清是谁提出的，暂时不告诉巴老，以免他老人家悲痛影响治疗。我在上海的时间本来不长，既然已经向巴老滔滔不绝地讲了李伯伯的情况，现在只得闭口不谈，但心里极不平静。

回到成都，收到讣告和《沉痛悼念李健吾同志》。其中有这样一段："粉碎'四人帮'以后，他更是精神焕发，孜孜不倦地从事

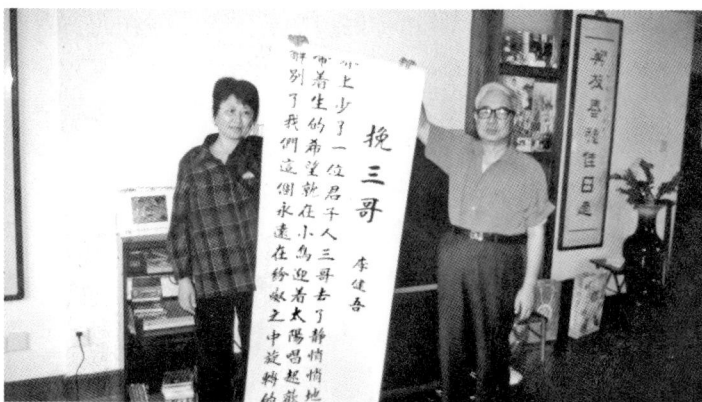

李健吾女儿李维永在李致家的留影。《挽三哥》是李健吾为纪念巴金的三哥李林题写的

著述，热心无私地培养后学，伏案工作直到生命的最后一息。"以后我才知道，他"伏案工作直至生命的最后一息"的，是在写有关四川的游记……

年底我去北京，约小弥一起去看望李伯母。这是我第二次到他们家。第一次去我和李伯伯一见如故，而这次却再看不见他了。我默默地把李伯伯在成都拍的照片送给李伯母。我和小弥都没有多提到李伯伯。

只是李伯母多次说："他走得太急了！"

我也后悔当时不该听李伯伯的话，急着为他弄车票，如果晚走几天他可以更好得到休息。若干年后听小弥讲，有一次清明节李伯母去扫墓，对着李伯伯的骨灰盒说："健吾，过去叫你注意身体，你不听话，现在你待在这儿，哪儿也去不了啦！……"

1983年秋，我接连读到巴老的两篇"随想录"（后收入《病中集》），其中都谈到李伯伯。巴老在文章中提到"孩子们封锁了消息"，以致他对李健吾逝世"一无所知"。以后一个朋友从北京来忽然讲起健吾的没有痛苦的死亡，他"才恍然大悟"。还说："我责备我女儿，但也理解她的心情，讲起来，他们那辈人、连长他们一辈的我的兄弟都担心我受不了这个打击，相信'封锁消息'，不说不听，就可以使我得到保护。这个想法未免有点自私。"

其实，我也是参与"封锁消息"的人之一，只是巴老不知道。我理解巴老的心情，也理解小林的心情。这些年来，小林照顾巴老是十分尽心的。去年我去杭州，亲耳听人称赞她是"孝子"。有这样一个女儿是巴老的福气。

巴老在文章中回顾了李健吾的为人和他们的友情。"文革"刚开始的时候，空气十分紧张。翻译家汝龙的亲友和他"断了来往"，李健吾的处境也"危在旦夕"。但李健吾"不怕风险"去看望汝龙，拿出二百元给他，说："你留着过日子吧！"当巴老还是"不戴帽子的反革命"的时候，李健吾的大女儿维音出差上海，给巴老带来汝龙的赠款五百元。汝龙后来告诉巴老说是李健吾的主意。不久李健吾的二女儿维惠也出差上海，带给巴老李健吾的赠款三百元。我不禁想起那疯狂年代，一旦谁被列入"重点"，众多的人立即划清界限。某些熟悉的人，为表白自己，不惜落井下石。李健吾这种"雪中送炭"的真情，是多么动人、多么可贵呵！我从这里进一步理解了李伯伯为什么在四川时那么急于赶回西安为老友补拍照片，可惜他竟先于那位老友离开人世。

巴老说：想到健吾，我更明白，人活着不是为了"捞一把进去"，而为了"掏一把出来"。好人？坏人？各人有各人的解释，但是我们国家目前需要的正是"掏一把出来"的人。

巴老说李健吾"掏一把出来"当然是指他的一生，指他对文学事业的贡献，指他的为人。巴老还引用了汝龙赞颂李健吾的话："黄金般的心啊！"

"黄金般的心是不会从人间消失的。"这是巴老的结论。

我终于明白自己为什么会经常想起李伯伯。

1996年6月22日

两件珍品

——怀念叶圣陶

　　粉碎"四人帮"不久，许多著名的老作家重新提起被禁锢达十年多的笔，写出了很多感人肺腑的文章。四川人民出版社文艺编辑室抓住这个时机，最先出版《郭沫若近作》（又名《东风第一枝》）《巴金近作》，受到了广大读者的欢迎。文艺编辑室提出编辑一套老作家的"近作丛书"，得到社领导的支持。

　　1979年，我和文艺编室的同志一起，开列了一批著名老作家的名单，发出约稿信请他们把近作交四川出版。其中包括文学界的老前辈叶圣陶先生。叶圣陶先生从"五四"以来，不仅创作了《倪焕之》等优秀长篇小说，还扶持一批著名作家。巴金的第一部中篇小说，就是叶圣陶先生通过他主编的杂志介绍给读者的。

　　不久，我收到叶圣陶先生来信：

　　　　李致同志惠鉴，上月29日大札诵悉。深感惭愧，我近时作文甚少，偶有所作，受嘱托而为之，不足观览。尊意殷勤，而我无可贡献，列于近作丛书之林，徒唤奈何。匆此奉答，即请
　　　　著安

　　　　　　　　　　　　　　　　　　　　叶圣陶　启

　　　　　　　　　　　　　　　　　　　　8月5日

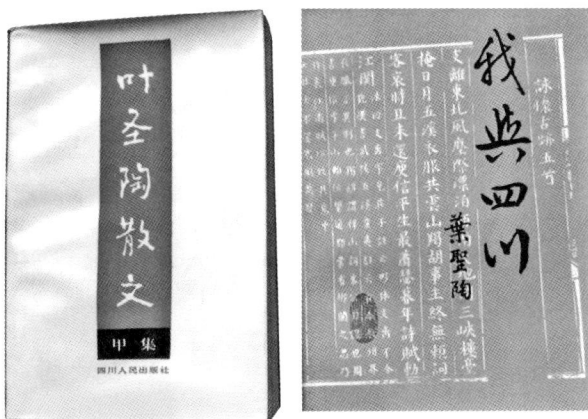

20世纪80年代，四川人民出版社出版的两种叶圣陶作品：《叶圣陶散文》（甲集）、《我与四川》

当时，四川人民出版社在全国仅刚露头角，叶圣陶先生并不认识我。一封普通的约稿信，叶圣陶先生竟这样认真对待，态度谦逊，字迹工整。捧着这封信，感到它在教我如何做人。

我们尊重叶圣陶先生的意见，没有出版他的近作。但以后出版了他的《叶圣陶散文》（甲集）和《我与四川》。这两本书为川版书赢得不少读者，增添了光彩。1993年秋我随振兴川剧晋京演出团到了

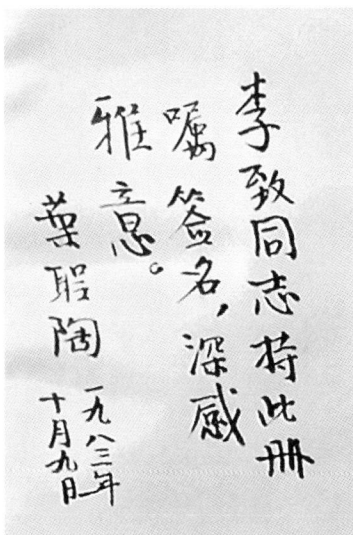

叶圣陶题签

北京（当时我已调离出版社），叶圣陶先生应邀来观看川剧，我当面感谢他对四川出版的支持。

同年10月9日，我到了叶圣陶先生的家。请叶先生对四川出版他的书予以指教，他表示满意。我拿出《叶圣陶散文》（甲集），请

183

叶先生签名留念。不久，叶先生的大公子叶至善把书拿给我，上面是叶先生用毛笔写的：

李致同志持此册嘱签名，深感雅意。

叶圣陶
1983年10月9日

我请过不少作家在他们自己写的书上签名。叶圣陶先生的题词很有特色，书法极好。一封信和书上的签名，是我在出版社工作时所得的珍品。信已经保存了十八年，签名的书已经保存了十四年。叶圣陶先生已经仙逝，这两件珍品我将永远保存。

1997年9月27日

我们的"三姐"

——怀念严庆澍

我们有一个"三姐",他就是严庆澍同志。严庆澍是《金陵春梦》和《香港风情》等书的作者,主要笔名有唐人、阮朗、颜开。但不幸,"三姐"竟与我们诀别了。

我是在1945年认识严庆澍的。

1981年,李致在北京中日友好医院看望作家严庆澍(右)

当时，抗日战争刚结束，民主运动空前高涨。从北平迁来的燕京大学，成为成都学生运动的一个重要据点，由燕京、华大同学组成的"未名团契"，在学生运动中非常活跃。严庆澍和我都是"未名"的成员，我们是在"未名"相识的。

团契本来是宗教性的群众组织。地下党为了广泛地团结群众，避免敌人的注意，有意识地运用了团契这个形式。地下党员贾唯英同志是"未名"的主要成员。在她的影响下，"未名"广泛地开展了谈心、讨论时事、读进步书籍、唱歌、郊游等许多为青年学生所喜爱的活动。我和陈先泽当时是华西协中的学生，是"未名"最年轻的成员。我最难忘的是，"未名"组织阅读毛泽东同志的《新民主主义论》，并在华大图书馆外的草地上进行小组讨论。"未名"对我的成长起了十分重要的作用，我至今对它还充满了感激之情。

严庆澍比我和先泽大十岁以上。他戴一副近视眼镜，穿一身西服，对人很热情。在到燕京读书以前，他已经有许多经历。讨论会上，他的带江苏口音的普通话，常常引起我的注意。当然，更重要的是他所发表的见解，摆事实、讲道理，不空洞也不偏激。大家叫他"三姐"，他总是爽朗地答应一声："嗯！"使人感到十分自然、十分亲切。"团契"这两个字，原是成员之间团结契合友爱之意；"未名"的成员也以兄弟姐妹相称。大概是表示反对封建主义，确定排行不分男女，统一拈阄。有趣的是贾姐姐（唯英）拈到"三哥"，严庆澍却拈到"三姐"。我生怕拈到女的，要是叫我为妹妹，后果真不堪设想。拈阄的时候，我差点要祷告了。托"上帝"保佑，避免了这场"灾难"。

由于学历和年纪的差别，我和"三姐"接触不多。除了一起参加团契的活动，一起参加反美反蒋的学生运动，我只单独去看望过他一次。当时，他住在东城根上街的半节巷，屋内很简朴，桌上和床上堆了不少书。他热情地接待了我这个不到十六岁的小弟弟，和我讨论了一些国家大事。事隔三十五年，讨论的内容我全忘了，但他对我热情和爱护的态度，却深深留在我心里。也许现在的青年不理解我们的友谊，其实这很单纯。正如严庆澍所说，那是我们"青年为催促新中国诞生而无视自己安危的赤诚"。这个目的把我们紧密地联系在一起。

1946年，燕京大学迁回北平，"未名"的成员走了一半，令我依依不舍。严庆澍在这年夏天到上海《大公报》工作。年底，我因为参加抗议美军暴行的罢考，被校长以"一心向外，无心向学"为借口，从学校开除。以后，我到了重庆，加以时局动荡，逐渐和"未名"的成员失去联系。新中国成立后大家忙于工作，彼此不知去向，但我一直没有忘记"未名"的同志。"三姐"严庆澍的形象，在我脑子里十分清晰。60年代初期，我读了唐人的《金陵春梦》，但不知唐人就是严庆澍。偶尔听说唐人是"未名"的成员，但没有确切的消息，也不知道究竟是谁。"十年动乱"中，我因参加过"未名"，多次被勒令交代清楚。我毫不犹豫地坚持认为"未名"是进步学生的组织，我在这个组织中受到启蒙教育，它对引导我参加革命起了重要作用。

我再看见严庆澍是在我们分别三十五年以后。

这得从我的工作变动说起。1973年，我从北京调回四川，在出版社工作。粉碎"四人帮"以后，在香港《开卷》杂志上读到一篇名叫《唐人＋阮朗＋颜开＋⋯＝严庆澍》的作家访问记。仔细看照片，果然这位在香港的作家是当年的"三姐"。访问记中严庆澍有两段话给了我很深的印象。一段是："鲁迅、茅盾、巴金、夏衍、冰心等等前辈所挤的'奶'，正是我们的养料。"另一段是："我个人深切痛恨戕害年轻人的荒淫描写与残酷的残杀刻画。"这不正是我们"三姐"一贯的思想和语言么？

由于知道阮朗是严庆澍，我便注意以阮朗为名发表的文章和出版的书籍。我先后读了《黑裙》《香港风情》等小说，感到阮朗的作品，旨在揭露资本主义的罪恶渊薮，抒发港澳同胞的思念乡土之情。去年下半年，严庆澍从香港回广州治病，出版社委托一个同志去组稿。我趁此机会给严庆澍写了一封信。我担心时间过久，他不记得我，便在信上提到过去"未名"一些情况，以唤起他的回忆。同时，期望他为他的"第二故乡四川的出版事业做出贡献"。他没有让我们失望，同意四川出版他以阮朗为名发表的中篇小说选。他的支持使出版社的同志感到高兴。

今年1月，我收到严庆澍从广州寄来的信。他在信上一开始就说："一个新名字，却是老战友。阔别重'叙'，兴奋何似！"5月，他又托他在成都的朋友，给我和先泽送来他的照片。虽然照片上的形象已经是老头子，但他年轻时的神情并没有改变。如果偶然在街上碰见他，我仍可以认得出来。10月，我去山东泰山参加会议，路过北京，得知严庆澍已到北京治病，住在友谊医院。我为能有机会看见他，感到非常兴奋。10月24日下午，我到了友谊医院，很快地在病房找到了他。他当然不认识我了。我刚说出自己的姓名，他立即激动起来，并不断地说："看见你，真高兴！"

三十五年没有见面，要说的话太多，真不知从何说起。为了纪念这一次难得的会见，和我一起去看望他的同志，为我们拍了照。我刚提到他创作很勤奋，他马上就接过去说："我写那些东西都是为生活。在香港生活很难，我有八个孩子，不得不写。在很长时间里，我几乎每天做完编辑工作以后，平均要写一万字左右。"我们简单讲了自己的经历，便回忆起"未名"的情况。我告诉他，不久前贾唯英同志从重庆来成都，向我要他的地址。他对贾唯英同志很尊敬，一连说了几次："我们的'三哥'很能干！"他要我把刚拍的照片，洗好就给"三哥"寄去。后来，我们又一起看了他全家的照片。我问到"三姐夫"的情况，他说她明年要来北京；我也表示很高兴将在北京看见她。我们热烈地谈话，大大超过了预计的时间。我直到天黑了才告辞出来。路上又冷又饿，但我的心是热的：它受到了友情的温暖。

回成都以后，我忙着参与制定明年的选题，没顾上写信向严庆澍问好。照片洗出来，放在桌上还没有寄给他。也没有来得及把他的问候转给贾唯英和其他同志。万没有想到，严庆澍同志，我们的"三姐"突然逝世了。除了悲伤以外，我不知该说什么才好。新华社发的消息，说严庆澍"热爱祖国，热爱社会主义，热爱中国共产党，工作勤恳，对人热情"，这是中肯的评价。这些天来，我总不断回想一个月前和严庆澍的谈话。他希望看到祖国更加强大，他计划要写很多东西，他期待和"未名"许多老友会面。他一点也没有料到会这样很快地离开他的同志和朋友。我明年5月去北京，到哪儿去寻找我们的"三姐"？……

怀着对严庆澍的思念，我再一次读了他10月15日在友谊医院为中篇小说选写的《代序》。他在结尾的一段说："事实证明，真正的'天堂'就在人间。这'人间'，肯定是发挥了社会主义优越性的祖国。只要脚踏实地、勤奋地学，勤奋地干，它一定可以到来，祖国的和平统一也一定可以实现。只要人人有此决心，我们的丰硕成果没有人能够抢夺。——让我们共同努力！"我的眼睛湿润了。我感到手上捧着的不是稿纸，而是严庆澍的一颗赤诚的跳动的心！

感谢严庆澍留下了这样一份珍贵的遗嘱！

像三十五年前他的许多谈话一样，它将鼓舞我为祖国的强大——实现四个现代化而奋斗！严庆澍同志逝世了，但把我们联系在一起的信念将永世长存！

1981年12月23日

绍棠，我非常想念您

刘绍棠，十六岁在读高中一年级时，写出了短篇小说《青枝绿叶》，发表在《中国青年报》上，并被教育家叶圣陶选入高中语文教科书第三册。许多人称赞他，誉他为"神童"。我长期做青年工作，又喜欢文学，当然知道他。没料到他在1957年被错划为右派，报纸上的称誉一下变成批判。从此刘绍棠声消名匿。

人生难免遇到这样或那样的灾难，问题在于如何对待。最近看到刘绍棠在1958年2月28日给他的好友许尚开的信："我庄严地对你说，我的心，我的灵魂，还留在党内，我要做一个名亡实存的共产党员。"这就是绍棠当时的态度。

粉碎"四人帮"以后，绍棠的冤案得到改正。1980年第3期《十月》杂志，以突出的位置发表了绍棠的中篇小说《蒲柳人家》。绍棠坚持走乡土文学之路，再次受到文学界和广大读者的欢迎。我当时在四川人民出版社工作，文艺编辑室正在为有成就的中年作家编一套"当代作家自选集"，绍棠便被列入我们约稿的作家之一。

我认识绍棠，是在1984年。当时我已调到四川省委宣传部分管文艺工作。我和绍棠参加在北京召开的文艺工作座谈会，同在一个小组。小组长一个一个地介绍小组成员时，称我为四川省委宣传部副部长，突然有一个大胖子插话说："主要是出版家！"轮到介绍

1986年，刘绍棠（右）与李致在全国书展

他时，我才知道这个大胖子是刘绍棠。

心有灵犀，我们一见如故，好似老朋友。

当绍棠知道我曾在共青团中央工作，有幸和耀邦同志被关进同一"牛棚"时，耀邦同志便成为我们的一个重要话题。绍棠充满深情地谈到耀邦同志。

——耀邦同志非常关心我。我开始发表小说，耀邦同志多次找我谈思想、谈创作，教我做人和作文。我的小说集《青枝绿叶》的第二本样书，就呈赠给耀邦同志。他很喜欢这本书，但也指出缺点，说为了体现党的领导，便写了党支部书记，讲一些大道理，是公式化概念化的败笔。

——我二十岁结婚，是耀邦同志促成的。他怕我小有虚名而把握不住自己，拈花惹草，说结了婚可以避免在男女关系上出问题。

——我被划成"右派分子"，开除党籍，耀邦同志在团中央找我谈话。他问我为什么犯错误？我把别人批判我的大帽子戴在头上，说"一本书主义，堕入个人主义的泥坑，大反社会主义"。他说，你什么都不是，就是骄傲。耀邦同志还鼓励我好好思想改造，重新站起来，二十年后还是一条好汉！

——二十年后，耀邦同志主管平反冤假错案，我写信给他，他叫我去谈话。一见面他就说，你哪里是什么右派，就是骄傲！

我也给绍棠讲了一些耀邦同志的情况。我说，"文革"中，"造反派"揭发耀邦的"罪行"，有一条就是"包庇大右派刘绍棠"。绍棠听了，哈哈大笑。

这是会外的情况。小组会上，绍棠也是积极分子，一到冷场他就发言，海阔天空，妙语连珠。他讲"二为"方向，讲文艺工作者的社会责任，讲乡土文学，讲深入生活，反对背离"二为"方向和崇洋媚外。我听来，他的主要观点都是正确的。不过，当时文艺界有不少分歧，有人说绍棠"僵化保守极左"等，连他在这次小组会上的发言也受到指责。

我长期从事出版工作，努力为作家服务，从没有介入文艺界的争论，与众多的作家关系良好。凡听到有人指责绍棠在小组会上的发言，我就主动说明真相。一

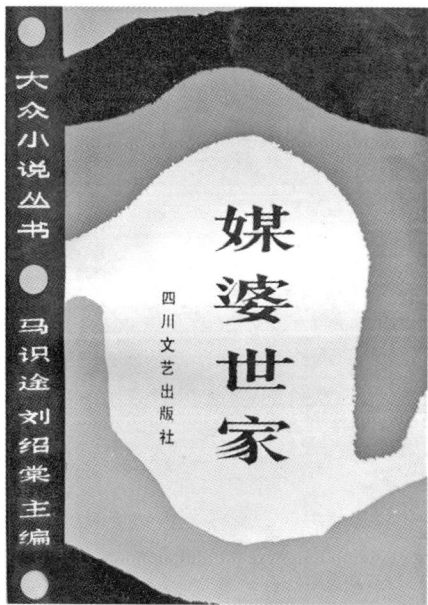

"大众小说丛书"之一《媒婆世家》，马识途、刘绍棠主编，四川文艺出版社1985年版

些朋友听了我的解释，也相信。以后在另一次聚会上，绍棠告诉我他知道我为他澄清事实，紧握着我的手，流露了真诚的感谢。大概怕我担心，绍棠在1985年4月7日给我的信中说："弟于上月以得票第二位当选为北京人大常委会委员。此非对兄'夸官'，而是让兄知道弟在北京的人缘儿。弟当珍重。"

绍棠十三岁"顶着高粱花走上文坛"，一生从事乡土文学，是大运河的好儿子。马识途同志也是从事大众文学的。我与四川文艺出版社商量，拟出版"大众小说"丛书，聘请马识途、刘绍棠作主编。马老和绍棠都乐于承担。绍棠把他的《春草与狼烟》列为"丛书"之一。遗憾的是有关编辑竟要绍棠为该书拉印数，使绍棠很不高兴，写信给我：

李致兄：你好！

两次与马识途同志会面，知道了你的一些想法，但是目前我与四川文艺出版社发生了一些困难。

我的《春草与狼烟》作为"中国大众小说丛书"之一种，由四川文艺出版社出版。本应在5月23日出书，以纪念中国大众文学学会成立一周年和《讲话》四十六周年。接×××来信，此书只征订了一万册，所以尚未开印。他希望我拉些订数，以便尽快开印。

我大为惊诧，极不愉快。所有出版我的书的出版社，都是甘愿赔钱的，没有一家提出这样的要求。最近，浙江文艺出版社和北京出版社出版了我的精装书，一个是四千四百册，一个是一万六千册，赔钱也不惜工本。×××想赚钱的心情我是可以理解的，但对我提出此种要求，似乎过分。因此我给他回信表示，此书不出，我绝不拉订数，这太使我丢脸。

……

我准备坐十年冷板凳，你看一看我4月21日在《光明日报》的文章。

　　握手！

绍棠
85年5月9日

　　我当时兼任四川省出版总社社长，与四川文艺出版社一起，妥善地处理了这个问题。绍棠消了气，继续支持四川文艺出版社。几年后，他又为大型文学刊物《峨眉》创刊号提供了一个中篇小说，但文艺出版社长期不给稿费。绍棠写信告诉我，作家王火主动帮忙催促，才得到解决，此系后话。

　　从1987年秋起，我不再兼出版总社社长，但我与绍棠的关系并没有受到影响。绍棠凡出新书，必尽快赠我。我到北京开会，定要打电话给他。我们见面或通话，我的第一句几乎都是："绍棠，我非常想念你。"而他也是："李致，我非常想念你。"

　　绍棠精力充沛，但太胖，我怀疑他的心脏有问题，曾提醒他减肥，以便减轻心脏负担。早在1984年末，绍棠来信告诉我："我患重病，尚未复原。"后来知道，这次心脏病发作是糖尿病引起的。更沉重的打击是1988年8月，绍棠中风偏瘫。当时我不了解情况，以后知道绍棠在病床上，得知自己虽然丧失了行走和生活自理能力，但右手和右脑无大损伤，纵声大笑："坍我半壁江山，留下有用的右侧，天不灭刘！"这种坚强的态度，使我打心底佩服。

　　我比绍棠大七岁，1991年从宣传部领导岗位退下来以后，有机会在第二年和老伴一起去美国探亲和旅游，在俄勒冈州的波特兰市住了八个多月。在美期间，我从《人民日报》（海外版）上得知绍棠的家乡建立了"刘绍棠文库"，授予绍棠"人民作家，光耀乡土"的纪念牌，十分高兴。后来又看见绍棠写他小外孙女的文章《铌铌》。这篇文章里的一个重要内容，是关心和鼓励铌铌学好中文，结尾时说："姥爷盼望会说美国话又能写中国字的铌铌，带着自己的大作飞回祖国。"当时，我正在教七岁的孙女珊珊学中文，便把绍棠的文章读给她听，还对她说："刘爷爷是中国的大作家，也是爷爷的好朋友。"

1993年我回国以后，很快和绍棠在电话上取得联系。我们几乎同时说出："我非常想念你！"我讲了在美国读到他给他的外孙女写的信和有关情况，询问了他的身体现状。他高兴地说："右边是好的，还可以写。"他告诉我这几年他所写的书，并表示将尽快寄书给我。绍棠说话算数，我很快收到他的《孤村》，不久又收到《野婚》和《水边人的哀乐故事》。

绍棠的小说写得真好，充满大运河的乡土气息，许多可爱的人物，富有戏剧性的情节，加上生动活泼和幽默风趣的语言，使我爱不释手。我的女儿、四姐、侄儿媳妇和一些朋友都爱看，包括家里的小保姆。一看完，我又急着打电话给绍棠，请他把过去出版的书给我补齐。绍棠均一一照办。

绍棠爱用第一人称写小说，《孤村》里写了"我"的干儿金蛋，为了要买卡车，来找"我"给一家汽车公司的总经理写一封信（总经理是"我"的小学同学）。"我"写了信以后，要金蛋公事公办，不许行贿送礼。金蛋说："把您的'刘著'宝书拿出几本，亲自签名题字，我当敲门砖，一路畅通无阻。"后来金蛋要娶媳妇，得做老丈人的工作，又花言巧语地对"我"说："不费您吹灰之力，不伤您一根汗毛……只要您跟他合个影，在背面写一行字，赏光兄弟相称，就万事大吉。"我在电话上感谢绍棠寄书给我，趁此和他开玩笑："感谢您赠'刘著'宝书，并赏光兄弟相称，我也万事大吉。"我刚讲完，就听见他豪爽的笑声。我又赶快汇报："我们这儿已建立'刘著'学习小组，成员有七八人，个个都是积极分子。现在主要是'刘著'不够，请您再把旧作寄几本来。"

这几年由于我老伴生病，我很少到外地，想见绍棠也不可能，只有打电话。逢节日要祝贺，收到赠书要道谢，甚至一想起他就拿起话筒说几句。除互道想念之情以外，我总要他在保证健康的前提下，多写作品。他则告诉我下一步准备写什么。尽管只谈几分钟，但放下电话时心里总是十分暖和。有一次通电话，他说他正在看我写巴金的文章，那是《巴金研究》上所刊的一组稿件。由此也感到他对我的关心。

去年12月，全国举行"文代会"和"作代会"。"两会"结束后，中宣部邀请新选出来的委员到部里座谈。我一进会场，就看见在靠行道的一张桌上放着一个写着"刘绍棠"三个字的牌子。我一直站在那儿，等着绍棠的夫人曾彩美把他推来。绍棠坐在轮椅上，精神仍然很好，只是大大消瘦了，不再是原来那个大胖子。我们紧握着手，他说非常想念我，我说非常想念他，其乐无穷。听完报告我又抢先走到他座位边。我问："身体怎么样？"他说："还可以写。"我依依不舍地目送着彩美推着绍棠出去。

今年春节，绍棠寄给我一本叫《我是刘绍棠》的书。扉页前写："李致兄存念，绍棠1997年春节"。系"当代作家自选集"丛书之一。绍棠在这本书中，剖析了他的一生，使我更深地了解他的作文和为人。他说："在病床上，读懂了鲁迅先生《死》这篇文章的真谛。我把这篇文章的真谛提炼为两句话：记起了自己的年龄，要赶快做。"这就是他庆贺"天不灭刘"的原因。他还说：

"在文学创作上我经营的土特产，就得看田夫和乡女村妇的脸色行事。

"我认定了这个死理儿，绝不趋时附势，绝不朝秦暮楚，绝不墙头草随风倒，贪小利而忘大义。

"这便是我的文格，也是我的人品。"

这是多么感人肺腑的话呵！

我为有绍棠这个朋友感到自豪。在这年绍棠六十一岁生日前一天，我打电话给他："绍棠，我非常想念你！"

"我也非常想念你！"

"我已经读完《我是刘绍棠》，我喜爱你的作品，更喜爱你这个老弟的为人。祝你健康长寿！只有把身体保护好，你才可能多出作品。"

"我刚读了你写的《难忘小平对川剧的关怀》。"

"我的散文是小打小闹，你的作品是传世之作，不能相比。我们'刘著'学习小组的成员都向你祝贺！"

绍棠又爽朗地笑了。

事隔十二天，即3月12日上午，我正准备好去北京参加中国文联全委会，翻开报纸，突然看见几个黑体字：著名作家刘绍棠逝世。我大叫了一声！我的老伴和四姐（"刘著"学习小组成员）惊奇地望着我，我不得不忍痛告诉他们，绍棠去世了！全家顿时沉寂下来，我接着再看报纸，只看了标题《一生写乡土，终随乡土去》，泪水就模糊了眼睛，再也读不下去了……

会议的日程安排较紧，加上我的心脏也不太舒服，我不敢到绍棠家去悼念。我老想起绍棠的夫人曾彩美。彩美是一位归国华侨，先在北京学习，因看了绍棠的短篇小说，对田园生活着了迷，很快选择了去绍棠所在的通州潞河中学读书。她和绍棠从理解、恋爱到结婚，夫妻恩爱，相濡以沫。1957年绍棠被划为右派，彩美拒绝与绍棠离婚而被取消党籍。为了保护绍棠，"文革"中彩美把绍棠送回他的家乡，并经常骑着自行车去看望绍棠，负重带去绍棠所需要的物品。绍棠病后丧失生活自理能力，彩美对绍棠的照顾更是无微不至，绍棠说彩美是他的侍从、秘书、护士、保姆和"饲养员"。对这位具有民族传统美德的彩美，我打心底里尊重她。去年年底她推着轮椅送绍棠到中宣部开会，我对她说了一句："你太辛苦了！"绍棠去世，她当然最痛苦。我怕她记不起我，在电话上自报家门，她说："绍棠经常提起你，他今年生日那天还在日记中记有'李致长途（电话）祝寿'。"

绍棠去世半年多了，我经常想起他。他的一生奋斗对我是鼓

197

励，他过早走了对我却是痛苦。我的电话本子，还有绍棠的电话号码。一想起绍棠我就有一种冲动，很想像过去一样拨通电话，先说一句："绍棠，我非常想念你！"

我相信他能听见。

1997年10月24日完稿

附 记

绍棠逝世后，我和他夫人曾彩美有过联系，以后打电话去没有人接，联系中断。前几年知道：我孙女的丈夫和他孙女的丈夫是好朋友，彼此参加过对方的婚礼。今年7月，突然接到彩美的电话。我索要《刘绍棠文集》，她说会寄给我。还说，她和两个女儿刘松

李致与刘绍棠夫人曾彩美（左二）及其女儿

崎和刘松苤，9月份将到四川旅游，会来看我。不久，我收到《刘绍棠文集》。9月26日，我们终于会面了。我见过一次彩美，刘松崎和刘松苤是第一次见面，但一见如故。我们作了知心的交谈、合影，我请她们品尝了川菜，还和松苤建立了微信联系，我们的友谊将长存！

2016年9月30日

李致文存·我与出版

少儿出版

LIZHIWENCUN

出版工作者的祝贺①

80年代第一个"六一"国际儿童节马上就要来到了。

我代表省出版局、四川人民出版社、省市新华书店，以及我们全省的出版工作者，向全省教育工作者、少先队辅导员和幼儿工作者，致以热烈的祝贺！

少年儿童是革命事业的接班人，是我们祖国的未来！把少年儿童培养成有理想、有道德、有知识、有体力的社会主义新人，是我们共同的任务。

孩子们在学校、幼儿园接受老师的教育。

少先队员在辅导员的帮助下，广泛开展各种有意义和有趣味的活动。

无论学生、少先队员或幼儿都要读书。书是人类的思想和智慧的结晶。他们从书籍中接受教育，汲取共产主义思想和各种各样的知识。一个人小时候读的好书，往往一辈子都记得，都会发生影响。书是孩子们的好朋友，是老师和少先队辅导员的好助手！

我们党和政府，十分重视出版适合少年儿童阅读的各种读物，只有林彪、"四人帮"才挥舞"封、资、修"的大棒，把所有好的儿童读物打成毒草，而要孩子们去读那些宣扬从小就要"头上长

---

① 本文系1980年5月30日在省、市庆祝"六一"国际儿童节座谈会上的发言。

角、身上长刺"的书。由于林彪、"四人帮"的破坏，前些年学生甚至连教科书都买不到。好在我们党已经粉碎了"四人帮"，这种黑暗的日子已经一去不复返了！

粉碎"四人帮"以后，小平同志亲自抓了教科书。在教育和出版战线有关同志的努力下，我们省已经做到教科书"课前到书，人手一册"。

粉碎"四人帮"以后，国家出版局和共青团中央等有关单位在1978年召开了全国少年儿童读物出版工作座谈会。根据这次会议精神，四川人民出版社建立了少年儿童读物编辑室。到目前为止，已出书一百一十五种，总册数约一千六百多万册。其中：有纪念毛主席、周总理、朱德委员长、贺龙等老一辈无产阶级革命家的故事和连环画；有与云南、贵州合编的《科学家的故事》丛书，三省计划今年"六一"共出十种，现在我们省已出四种；有配合学校教育的辅助读物，如《中学古文选读》和《暑假作业》；有对少年儿童进行品德教育的《猪八戒新传》（共七种）；有活跃儿童文化生活的活动画册《七十二变》（其实并不止变七十二次，而是可变二千七百四十四次），等等。为了推动少年儿童读物的发展，我们还成立了儿童读物评奖委员会，不久即将评奖。

除本省作者外，我们还团结了一些全国知名的儿童文学作家，如陈伯吹、叶君健、严文井、贺宜、包蕾、金近和叶永烈，都为我们出

20世纪80年代初，四川少年儿童出版社出版的《七十二变》系列读物

版社写了书；老作家巴金还把他的童话集《长生塔》交我们出版。

粉碎"四人帮"以后，全省新华书店在为少年儿童提供读物方面，做了很大的努力。全省地、市新华书店都成立了少年儿童读物门市部，县书店都有少年儿童读物专柜。有些市、县新华书店还搞少年儿童读物展销和流动推销，帮助学校和少先队建立图书馆。1979年，我省新华书店为少年儿童提供的图书共一百九十种、六百多万册，超过历史上最高的数字。今年"六一"前夕，全省书店就为少年儿童准备了二百多种、九百多万册图书。

总之，粉碎"四人帮"以后，我省出版战线形势大好。我们充满信心！当然，由于林彪、"四人帮"的破坏，问题还很多。无论读物的质量、数量，与少年儿童的实际需要相比，还有很大距离！经国务院批转的国家出版局、共青团中央等单位的文件，要求四川建立少年儿童出版社，时间近两年，迄今还没有建立。我们除改进自己的工作外，借这个机会，发出呼吁：

教育工作者、少先队辅导员、幼儿教育工作者同志们！你们长期和少年儿童、幼儿生活在一起，最了解他们的需要，因此，请你们：（一）提笔为孩子们写书；（二）经常反映孩子们的要求，帮助我们制订出版和发行的工作计划；（三）经常对我们少儿读物的出版、发行工作提意见，帮助我们改进工作。

我们还希望得到省委和省政府的重视，尽快建立我省的少年儿童出版社。

为了表示节日的祝贺，我们送到会每个同志几本书。书不多，区区芹意，聊表寸心而已。

亲爱的教育工作者、少先队辅导员、幼儿工作者同志们：我们是战友，我们有共同的奋斗目标！让我们在省委的领导下，携手前进！

1980年5月30日

努力为少年儿童提供精神食粮[①]

我代表省出版局祝贺这次会议的召开！

这次是省、市儿童和少年工作经验交流会。我的发言，不是介绍经验。除了祝贺以外，一是表示态度，二是汇报情况，三是提出希望。

中央书记处号召全党、全社会都要重视少年和儿童的健康成长。省委专门召开了会议加以贯彻。我们出版战线的同志，对此表示衷心的拥护。

少年儿童是祖国的未来，是社会主义事业和共产主义事业的接班人。党和政府历来重视少年儿童工作。历史经验告诉我们：对少年儿童是否重视，往往是衡量一个国家和民族是兴旺或是衰退

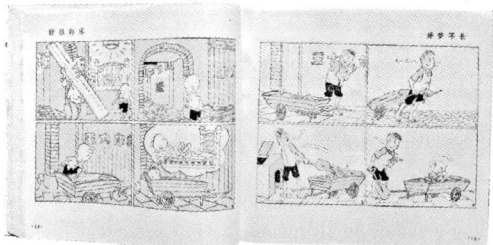

《张乐平儿童漫画集》，四川少年儿童出版社1984年版

[①] 本文系1981年5月28日在四川省暨成都市儿童和少年工作经验交流会上的讲话。

的重要标志。在半殖民地半封建社会的旧中国，少年儿童是被压制和被歧视的。著名漫画家张乐平的《三毛流浪记》就是一个生动的写照。毛主席号召少年儿童要"好好学习，天天向上"，"儿童们团结起来学习做新中国的新主人"。周总理是爱护少年儿童的楷模：他处处关心下一代的成长；收养革命烈士的子女；爱护《新华日报》的报童；一次乘坐飞机途中发生故障，他把自己的救生设备脱下来给叶挺将军的女儿。这些动人的事情真是感人肺腑。许多革命烈士为下一代的幸福壮烈牺牲，在中美合作所牺牲的烈士留下了不朽的诗篇："为了免除下一代的苦难，我们愿，愿把这牢底坐穿！"解放后，在党和政府的关怀下，新中国的少年儿童得到健康成长，关心少年儿童的社会风气已经形成。"十年浩劫"中，林彪、江青这一伙反革命，给我们国家带来了巨大的破坏和灾难，对下一代的毒害是他们不可饶恕的罪行。粉碎"四人帮"以后，许多事情都得到拨乱反正。中央书记处号召全党、全社会都要重视少年和儿童的健康成长，反映了我们全国人民的最大愿望和根本利益，各方面热烈拥护的盛况是前所未有的。

把少年儿童培养成有理想、有道德、有知识、有纪律的社会主义新人，是全社会共同的任务。在为少年儿童提供精神食粮方面，"书"有着极为重要的作用。无论学生、少先队员都要读书。学龄前儿童也离不开书，好书是人类的思想和智慧的结晶。少年儿童从书籍中接受教育，汲取共产主义思想和各种有用的知识。一个人青少年时期读的好书，往往一辈子都记得，都会发生作用。例如五十年代的许多青少年都记得卓娅、舒拉、黄继光、邱少云。不少人至今能背诵《钢铁是怎样炼成的》一书中保尔·柯察金的名言："人最宝贵的东西是生命。生命属于我们只有一次。一个人的生命应当是这样度过的：当他回首往事的时候，他不因虚度年华而悔恨，也不因碌碌无为而羞耻。这样到临终的时候，他就能够说'我整个的生命和全部精力，都献给世界上最壮丽的事业——为人类的解放而斗争'。"由此可见，书是孩子们的好朋友，是老师、家长和少先队辅导员的好助手。只有林彪、"四人帮"才把所有好的儿童读物打成什么"封、资、修"的毒草，而要孩子们去读那些宣扬从小就要"头上长角、身上长刺"的书，要孩子们去学考试交白卷的张铁生，去学搞打、砸、抢的陈阿大之类。好在我们党粉碎了"四人帮"，这种黑暗的日子已经一去不复返了。然而，"十年浩劫"造成的种种恶果，并不是一下能完全解决的。前几年，"书荒"十分严重，不仅课外读物很少，连教科书也不能课前到书。我们在出版战线工作的同志，看见孩子们上课没有书读，到新华书店买不到课外读物，心里实在难受。新华书店的同志讲过这样一个故事：一个小孩看见一本自己早想买的书，但身上没有钱。等他跑回家拿了钱又跑回书店的时候，不仅满头大汗，手上捏着的人民币也被汗水浸湿。可是，书已经卖完，这个孩子当场就哭起来。没有好的精神食粮，孩子们就会感到空虚。一些坏东西或乘虚而入，或自发产生。我们能容许这种状况继续下去吗？当然不能。为少年儿童提供精神食粮，多出书、出好书，是我们义不容辞的责任。

在省委的直接领导下，几年来我们做了一些工作。我们和教育部门配合，在1979年秋季做到了小平同志提出的教科书"课前到书，人手一册"。四川人民出版社从原来只有几个少儿读物编辑发展到建立了少年儿童读物编辑室，省出版局又与共青团省委密切合作，把少儿读物编辑室与《红领巾》杂志社合并，于去年10月成立了四川少年儿童出版社。具有三十年历史的《红领巾》杂志，每期发行四十多万份。图书方面，几年来，共出书二百五十种，总数约三千四百多万册。有纪念毛主席、周总理、朱德委员长和彭德怀、贺龙等老一辈无产阶级革命家的故事书和连环画；有抚顺市雷锋纪念馆编的《雷锋》；云、贵、川三省合编的《科学家的故事》丛书，我们省已出了十种；有对少年儿童进行品德教育的《猪八戒新传》（共七种）和《猪八戒外传》（共五种）、《熊家婆》；有配

1991年，《红领巾》杂志创刊四十周年。张力行（左一）、李培根（左四）、聂荣贵（右五）、天宝（右四）、李致（右三）、钱铃（右二）、蓝星（右一）等出席会议，正准备切大蛋糕

合学校教育的辅助读物，如《中学古文选读》《中学生读写通讯》和《暑假作业》等；还有文艺书、科学幻想故事和活跃儿童生活的活动画册（如《七十二变》和《爱唱歌的喜鹊》）。这些书，受到了省内外读者的欢迎，有不少在全国成了畅销书，甚至供不应求。去年全国少年儿童读物评奖中获荣誉奖的童话集《火萤与金鱼》就是我们省出版的。除了本省的作者外，我们还出版了一些全国知名的作家如巴金、陈伯吹、严文井、叶君健、贺宜、包蕾、金近和叶永烈等同志的作品。为了推动少年儿童读物的发展，在有关单位的配合下，我们省成立了儿童读物评奖委员会，并在去年10月评出了四十九件优秀得奖作品。

出版少年儿童读物有许多环节。书稿编好以后还得印制出来，我们省的印刷厂（特别是专印书刊的厂），印制少年儿童读物是积极努力的。每年"六一"节前，有关工厂都要克服困难，赶印出大批少年儿童读物。深受全国小读者欢迎的孙悟空《七十二变》是我

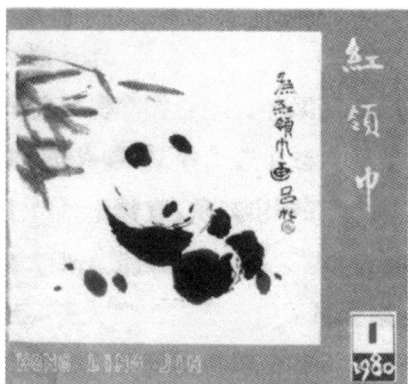

《红领巾》杂志1980年第1期和1991年第6期

们四川新华印刷厂印制的。这本活动画册需要在不同形象的十四个画面上切两刀，通过各种排列组合，能变出二千七百四十四种不同的形象。设计新颖，妙趣横生。但切这两刀，外地有的厂就不愿意，四川新华印刷厂勇敢地承担了任务，为少儿读物的创新做出了贡献。北京有同志称赞说："这两刀切出了风格，切出了胆识。"重庆新华厂和四川新华彩印厂，分别为少年儿童赶制了《猪八戒新传》和《猪八戒外传》。彩印厂为了迎接"六一"出书，照相制版的工人不够，干部亲自上阵，不巧碰上十三个白天停电，工人就开深夜班。终于在两个月内把一盒《猪八戒外传》赶制出来。自贡新华印刷厂今年的任务也很重。他们放弃节日休假，四个月内完成了印制二十种少年儿童读物的任务（约一百万册）。峨眉电影制片厂摄制的科教片《书的故事》中第二辑《一本小画书》，就是以《七十二变》为主要内容拍摄的。通过这部影片，同志们可以看到我们的印刷厂（特别是工人同志）是怎样辛勤地为下一代印制精神食粮的。

少年儿童读物到达读者手中，还要靠全省新华书店职工的辛勤劳动。几年来，全省各市、地新华书店，都设立了少年儿童读物门市部，各县的书店都有少年儿童读物专柜，有些市、县新华书店还

1982年，四川人民出版社代表参加云、贵、川三省联合出版"科学家的故事"丛书编辑委员会在贵州召开的年会

左起：张京、钱铃、王兰智、李致、袁明阮、梁燕、张叙生

搞了少年儿童读物展销和流动推销。1979年，我省新华书店为少年儿童提供的图书共一百九十种、六百多万册，超过历史上最高的数字。1980年又有增长，今年仅为"六一"儿童节提供的书就达一千种，共三千多万册。为了方便少年儿童在节日购书，省店要求所属基层单位及时发运和中转少儿读物，并九折优待三天。有同志问货源是否充足，我们说超过以往任何时候。有同志担心好书不会敞开卖，我们说全盘托出，敞开供应，不分集体个人，力求让广大少年儿童高高兴兴欢度节日。

同志们！尽管我们在提供少儿读物方面做了努力，取得一些成效，但无论读物的数量、质量、印制、发行各方面，与我省三千万少年儿童的实际需要相比，还有很大的距离。工作中的缺点也很多，但我们有信心克服客观困难和自身的缺点。目前，我们正在制定少儿读物的远期和近期规划。四川是一个以农业为主的大省，三千万少年儿童中，有二千四百万在农村。我们要为农村儿童着想：多出一些他们需要和喜爱的、买得起和买得到的书。我们特意为农村小学设计了一套叫"小图书馆"的丛书（当然城市小学也可以用）。每箱八十到一百册。包括思想品德、科学知识、文艺等各种内容，并配好书箱、目录、卡片，争取在两三年内出齐，以减少农村学校购书的困难和选书的麻烦，力求满足小学高年级学生课外读物的需要。这是规划中的"重点工程"。同时，还打算出版《中小学语文课普通话示范朗读教材》七集（每集附唱片十二到十四张）。我们新出的"小小连环画"，价格低廉（只卖五分钱一本），农村儿童十分喜爱。我们将要在加强少年儿童的思想品德教育和文化科学知识学习上，有计划地出书。我们还要不断创新。我们是社会主义的出版事业，决不以追求利润为目的。对少年儿童健康成长有利的书，我们坚决出版；对少年儿童健康成长有害的书，我们坚决不出。

20世纪80年代，四川少年儿童出版社出版的"小图书馆"丛书，该丛书包括中国现代文学、古典文学，外国文学以及品德修养、哲学与社会科学、自然科学等六大类，共一百二十种

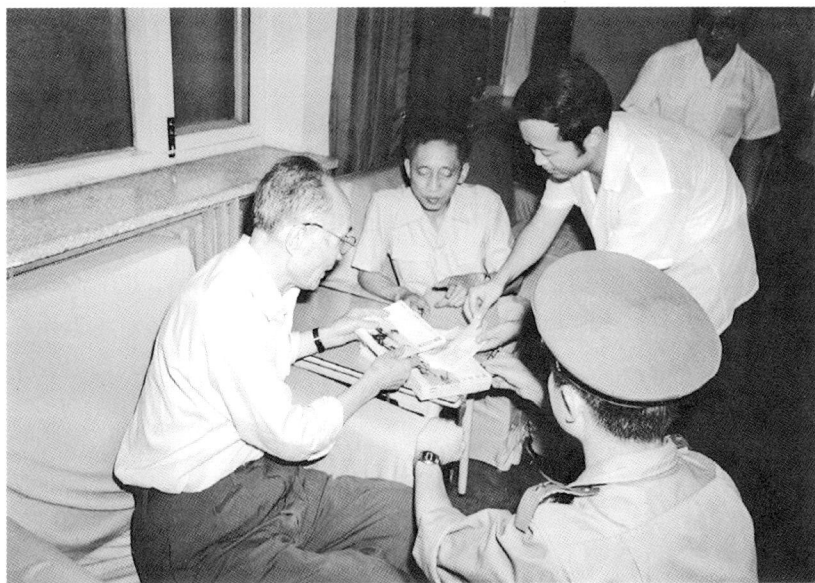

1987年，张爱萍将军（左一）翻阅"少年军官学校"丛书，蒲家驹（中）、张京（右二）在做介绍

20世纪80年代，四川少年儿童出版社出版的"少年军官学校"丛书

少年儿童出版工作，需要得到各方面的配合和支持。过去，有关单位给了我们许多帮助，我在这里表示感谢。今后，我们期望文联各协会、科技协会和教育部门，不断发动作家、科学家、业余作者、教师和少先队辅导员多为孩子创作。少年儿童读物第三次评奖将在明年举行。我们期望轻工局为教科书和少儿读物提供好纸和有关材料，保证儿童读物的质量。我们期望学校、共青团、工厂、农村和机关，多为孩子设立图书馆；经费困难的地方，可发动少年儿童在课余时间参加力所能及的劳动以筹集经费。我们期望学校和少先队，报刊和广播、电视，加强对少儿读物的评介和指导。我们期望有关方面经常对少儿读物的出版、印制、发行工作提出意见，帮助我们改进工作。

同志们！我们有重视少年和儿童健康成长的共同目标。我们深信在省委的直接领导下，各有关方面密切配合，一定能做出更大成绩，更有利于广大少年儿童健康成长！

1981年5月28日

我们正在起步①

从庐山会议到泰山会议，全国少年儿童读物有了很大的发展。四川少年儿童出版社的成立就是庐山会议的产物。下面谈几点感受。

第一，少年儿童读物一定要适合少年儿童特点。孩子们的兴趣很广泛，求知欲强，不同年龄的儿童有不同的爱好和需要。课外读物不同于教科书。它不可能像教科书那样，通过教师来讲授和灌输，它不带强制性。它是依靠自己的内容和形式吸引少年儿童来阅读。儿童不喜欢的书，第一他们不愿意买，第二即使父母买来给他们，他们也不愿意读。从某种意义上来讲，不能吸引孩子，就不能教育孩子。庐山会议强调了这一点，并给"三性"（思想性、知识性、趣味性）恢复了名誉。这对繁荣少年儿童读物的创作和出版起了很好的作用。根据庐山会议的精神，我们在这方面作了一些努力。其中一个例子，就是我们在对儿童进行品德教育上运用了猪八戒这个形象。猪八戒是少年儿童熟悉和喜爱的人物。它不像孙悟空那样神通广大、变化莫测，它更接近于世间凡人。它愿意到西方取经、憨厚老实、表现积极，但又贪吃贪玩、怕苦怕累、意志有些不

① 本文系1981年10月13日钱铃、蓝星、廖世洁在泰山全国少年儿童读物座谈会上的发言稿，李致主持并参与了起草。原载《出版工作》1981年第11期。

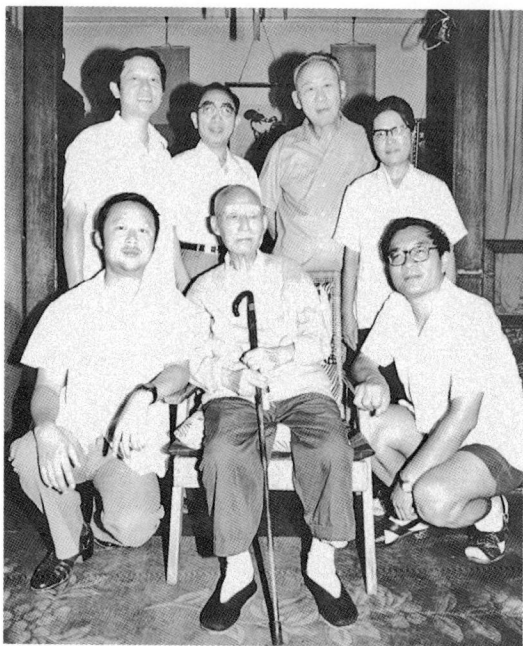

20世纪80年代，四川少年儿童出版社的领导和编辑看望老作家叶圣陶（前排中）。前排：左 张京，右一李硕；后排左起：张赛加、钱铃、叶至善、韩梁

坚定。它大错误不犯，小错误不断，很像某些正在逐步成长同时又天天犯错误的少年儿童。1979年，我们出版了根据包蕾同志童话改编的连环画《猪八戒学本领》，深受孩子们欢迎。在这个基础上，1980年我们出了一盒《猪八戒新传》（共七册）。今年又出了一盒《猪八戒外传》（共五册）。在出书前，我们调查了少年儿童在思想品德方面存在的问题。比如：针对有的儿童在学习上不认真不刻苦，我们出版了《猪八戒险越淤泥海》；针对有的儿童贪图小便宜，出版了《猪八戒路拾金元宝》；针对有的儿童怕艰苦，贪玩好耍，我们即将出版《猪八戒一变七十三》。已出的《猪八戒新传》和《猪八戒外传》，成为去年"六一"和今年"六一"的畅销书，不断再版。

当然，儿童读物具有的儿童特点是多方面的。在政治思想教育方面，我们出过歌颂毛主席、周总理、朱总司令、彭德怀、贺龙等老一辈无产阶级革命家优秀品质的故事和连环画，出版过川陕革命根据地的民间故事和诗歌，出版过雷锋、刘文学和对越自卫反击战英雄的书和连环画，最近还出版了《鲁迅的故事》。《红领巾》杂志及时报道了四川洪水中抗洪救灾的英雄人物。这些作品，我们也力求生动活泼。当然，有的写得好一点，如丁隆炎同志写的《少年彭德怀》；有的写得差一点。至于对少年儿童进行"三热爱"的教育，这个问题十分重要，我们正想办法把它搞好。

第二，要尽可能为农村儿童着想。我们是省的少年儿童出版社。四川一亿人口，有三千多万少年儿童，其中二千四百万在农村。如果不注意农村的小读者，就会脱离或失掉大多数少年儿童。由于经济、交通以及发行渠道等问题，目前少儿读物能真正到达农村少年儿童手头的，为数极少。今年"六一"，全国少儿读物九折优待三天，我省各地书店和供销社做了许多工作，发行少儿读物五百四十六万册，其中供销社发行占百分之四十五，约二百四十六万册，创了历史最高纪录。但以全省农村二千四百万少年儿童平均，也只不过十个人一册。近几年，四川农村形势很好，社员收入显著增加，但多余的钱究竟用在哪些方面，农民是要精打细算的。学校规定的学习辅助读物，家长们一般都愿意给孩子买。至于一般儿童读物，家长主动给孩子买的还是少数。因此，我们给农村孩子们出的书，不仅内容要适合他们需要，而且要价廉物美。我们出版的《小小连环画》，就是为适应农村小读者需要的一种尝试。这种《小小连环画》，五分钱一本，六十几幅。农村孩子说："这种书好，卖一个鸡蛋就可以买两本。"城市儿童也很欢迎，他们说："少吃一支冰糕就可以买一本。"这种《小小连环画》，我们同时还出盒装，每盒一辑（一辑八本），只要四角五分钱。有的家长说："与其给孩子们买盒扑克牌，不如买盒《小小连环画》，对他们还有教育意义。"现在，农村场镇普遍存在小人书摊。条件好的一些大队和学校，又开始设立图书室。在目前经济条件下，孩子们更愿意借书或租书看。需要我们和教育行政部门、共青团组织密切配合，把这些条件运用起来。我们正在着手编一套名叫"小图书馆"的丛书，精选各种适合少年儿童阅读的课外读物八十到一百种，每箱大约三十元，以便解决农村学校买书的困难和选书的麻烦，初步满足小学高年级课外阅读的需要。购置费用可由学校筹集，也可发动少年儿童搞一些力所能及的义务劳动解决，还可以由社会各单位捐献。

第三，要敢于不断创新。"十年动乱"，闭关自守，使我们根本不了解国外少儿读物的情况。庐山会议所举办的国外儿童图书展览，打开了我们的眼界，使我们知道国外儿童读物不但印刷精美，纸张质量好，而且已经突破一般图书的形式。例如立体书、会动的书、有香味的书、会说话唱歌的书，等等。我们回去传达，大家很感兴趣，至于我们能不能做到，开初感到似乎有点像天上的月亮，可望而不可即。省出版局的负责同志给我们指出：要马上全部办到是不行的，但是一年搞点新花样是完全可能的。根据这个精神，去年，我们搞了活动画册《七十二变》和盒装书《猪八戒新传》。《七十二变》需要在内页画面上切两刀。四川新华印刷厂开初感到有困难，出版局主要负责同志亲自出面动员，印刷厂采取了积极态度，终于把它印制出来。外地的同志称赞四川新华印刷厂，说他们"这两刀切出了胆识，切出了风格"。今年，我们编辑出版的活动书《爱唱歌的喜鹊》和盒装书"小小连环画"、《猪八戒外传》，分别由四川新华印刷厂、重庆新华印刷厂、四川新华彩印厂印制，初步改变了出版要服从印刷的被动状况。明年，我们还要出活动书和带唱片的书，已经得到有关方面的支持。省书店一直和我们配合得很好，省店经理一看到《七十二变》的样本，先就预订了二十万册。为迎接明年"六一"儿童节，省店表示不等征订数，可预订《小小连环画》第二辑一百万盒左右，这对我们是很大的支持。搞新的东西，一般怕亏本，省出版局极为支持创新，要我们既要精打细算，又不要怕亏本，可以以盈补亏，但事实上我们这些书一版再版，绝大多数不但不赔，而且还有盈余。

我们这个刚满一岁的出版社，基础薄，力量弱，经验少，比起兄弟出版社来说，还有很多缺点和问题：一是对少年儿童的情况和少年儿童读物的情况调查研究不够；二是对编辑和作者两支队伍的建设工作做得很不够；三是对一些老大难的问题，如政治读物下功夫研究不够。这次泰山会议开得很好，很及时。廖井丹同志的讲话、许力以同志的讲话对我们有很大的启示，作家和兄弟出版社的发言，使我们学习了很多经验。我们深信这次会议以后，按照中央30号文件精神，我省少年儿童读物出版工作将会得到进一步发展。

我们希望下次会议能在黄山、莫干山或桂林召开，我们也期待第五次或第六次会议在峨眉山召开。峨眉山海拔三千二百米，让我们大家一次又一次地攀登少儿读物出版工作的新高峰！

1981年10月13日

教育好下一代是全社会的责任①

　　我很高兴能出席"海峡两岸儿童文学交流会"。文化人开会，特别是儿童文学家开会，可以活跃一点。我现在是即席讲话，没有准备。

　　何群英女士给大家介绍了大陆方面参加会议的朋友。一大串名字，难以记住。我叫李致，木子李，向大家致意的致。出生在成都，可谓地道的成都人。但四川是一个移民的省份，迄今为止，我还没有碰见一个能说得出家谱的"一根生"的四川人。我的祖籍为浙江省嘉兴县，老祖宗在两百年前——清朝嘉庆年间来到四川，到我的孙女已经为第八代。

　　刚才只介绍了我的现任职务，没有说明我也是儿童文学工作者。我从五十年代起开始写儿童文学作品，因为主要精力在从事组织和编辑工作，作品数量不多。我的一生经历，与少年儿童有密切的关系。五十年代，我是重庆市少年宫的筹建人，后期担任四川《红领巾》杂志社的总编。六十年代，我担任团中央《辅导员》杂志社的总编。七十年代，我在四川人民出版社分管儿童读物编辑室，后又积极筹建四川少儿出版社。八十年代，我担任过四川少先队学会名誉会长。最近几年，我是四川省关心下一代工作委员会的

---

① 本文系1993年8月1日在海峡两岸儿童文学交流会上的讲话。

"海峡两岸儿童文学交流会"全体代表合影（1993年8月1日）

副主任。我历数这些经历，主要是想说，能为少年儿童做一些事，是很有意义的。有人看不起少年儿童工作，说它是"小儿科"。我却认为，这是我历史上值得记载的篇章。

对下一代是否重视，往往是衡量一个国家、民族、地区和家庭是兴旺或衰退的标志。早在"五四"运动前后，伟大的思想家鲁迅就对封建统治者毒害少年儿童进行了最猛烈的抨击，并发出了"救救孩子"的呼吁。鲁迅十分重视对少年儿童进行教育。他认为，"动物界中除了生子数目太多——爱不周到的如鱼类之外，总是挚爱他的幼子"。他又强调不能"只要生，不管他好不好，只要多，不管他才不才"。他对只生不教的父亲作过严厉的批评，指责他们是"制造孩子的家伙"，甚至"还带点嫖男的气息"。鲁迅先生这些话，对我们很有启迪。

把下一代教育好，是全社会共同的任务。在提供精神食粮方面，"书"有着极为重要的作用。好书是人类的思想和智慧的结晶。学生要读书，学龄前儿童也离不开书。孩子们从好书中接受教育，汲取好的思想和各种知识。一个人在少年儿童时期读的好书，往往一生都记得，都会发生作用。正因为这样，我们十分重视"海峡两岸儿童文学交流会"。

这些年来，大陆和台湾的儿童文学，在内容上各有自己的特色，也就是各有千秋。在纸张和印刷方面，台湾的书籍要好一些，大陆正在直追——这一次四川少儿出版社的几本书就有进步。我们希望这次会议能充分开展讨论，交流经验，使我们海峡两岸儿童读物出得更好，受到广大少年儿童的欢迎。

马识途马老刚才提到巴金先生，大家鼓了掌。这是对巴老的尊敬。国内外的读者尊敬巴老，主要是他讲真话，把心交给读者。讲真话，是巴老一贯的主张。早在五十年前我读小学的时候，巴老曾给我写了四句话：

　　　读书的时候用功读书，
　　　玩耍的时候放心玩耍，
　　　说话要说真话，
　　　做人得做好人。

大陆的许多小朋友都知道这四句话。今天趁这个机会，我把这四句话介绍给台湾儿童文学家。

祝大会圆满成功！

1993年8月1日

从小磨炼意志

我喜欢和少年交朋友，一起谈心，听他们讲述自己的愿望，或评论周围的人和事。这些讲述和评论，总是跳跃出少年朋友的追求和梦想。

喜欢梦想和追求，这是人在少年时代的特点之一。

随着时代的变化，少年朋友的梦想和追求也有所不同。

我的少年时代正值抗日战争，打败日本侵略者是我们最大的愿望。稍后，我们的愿望是反对内战、建立民主富强的新中国。

我的儿女们的少年时代，新中国已经成立。他们在五星红旗下系上鲜艳的红领巾，时刻准备着为建设社会主义事业而奋斗！遗憾的是一场史无前例的"文化大革命"，搅乱了人们的思想，少年朋友的心灵受到创伤。

我的孙子辈的少年时代，处于改革开放的时代。政治稳定，物资丰富。少年朋友聪明活泼，很多人身体好、学习好。但似乎缺少精神上的追求。特别是城市里的有些独生子女，他们是"小皇帝"或"小公主"。有的热衷于"追星"（追歌星、影星、球星），有的迷恋于电子游戏，有的贪求物质享受。

人不能没有信仰。没有信仰的人是可悲的。

什么是信仰？信仰就是真正相信某种主张，坚定不移，并作为自己行动的指南。这是推动我们从事有益于社会、有益于人民事业的精神力量。

当前，我们应当信仰建设有中国特色的社会主义的理论，立志把我们的国家建设成"四个现代化"的社会主义强国。为了实现这个理想，少年朋友不但要身体好、学习好、品德好，还要有百折不挠的精神和勇敢坚强的意志。

少年朋友需要从各个方面汲取营养和力量。

老一辈革命家是我们学习的榜样。他们毫无自私自利之心，重奉献，轻享受，对社会是"给一把"，而不是"捞一把"。他们为了建设新中国，艰苦奋斗，百折不挠，甚至献出自己的生命。如果要"追星"，他们是天空中最灿烂的"巨星"。当然我们也尊重所有作出贡献的歌唱家、演员和运动员。不过，对少年朋友来说，无论"歌星""影星"还是"球星"，都有一个怎么追、如何学的问题，他们的闪光点究竟在哪里？精神的力量在哪里？这是值得我们认真思考的。

有些少年朋友尊重老一辈革命家，但他们不知道一个伟大人物的形成，要经过许多艰难困苦，他们的精神力量是在不断战胜困难中磨炼出来的。在老一辈革命家的少年时代，就可以从他们身上看到一些共同点：从小喜欢学习，关心国家大事，崇拜英雄人物；有正义感，对帝国主义侵略中国和旧社会许多不合理的现象强烈不满，好打抱不平；逐步形成"以天下为己任"的抱负，脚踏实地，不断追求救国救民的理想等。

为了进一步帮助少年朋友了解和学习老一辈革命家，四川少年儿童出版社出版了一套"革命家少年时代"丛书。我向少年朋友推荐这套丛书。希望你们认真阅读，受到启迪。

1995年10月19日

《书，戏和故事》序

人离不开社会，更离不开朋友。

人有感情，无论是喜怒哀乐。感情不能埋在心里，它需要交流。交流会增进理解，朋友的理解更重要。它可以共享快乐，分担艰辛，相互鼓励，以克服各种困难，继续前进。

没有朋友的人是孤独的。

我重感情，有许多朋友。

我的朋友除了同辈的，还有老一辈的，也有小一辈的。

老一辈的朋友，是忘年之交。他们大多思想境界高，生活经历丰富，平易近人。我常从他们的言行中受到启迪，学习到许多做人的道理。

"小橘灯丛书"之一《书，戏和故事》，李致著，四川教育出版社1999年版

与青少年交朋友，是另一种忘年之交。他们大多朝气蓬勃，热情单纯，讲真话，敢作敢为。我常从他们那里受到感染，汲取到鼓励自己上进的力量。

我有过自己难忘的童年、少年和青年时期，加以长期（从解放前到"文革"前）从事青少年工作，对青少年朋友有一种特殊的感情。无论到哪儿，我都有一批青少年朋友。我和他们一起玩儿，与他们谈心。他们有什么快乐和悲伤，一般愿意向我倾诉。我写过一些适合青少年阅读的文学作品。经常有少年朋友告诉我，他们读到我写的哪一篇文章，有的还表示喜爱，这时我的心感到特别温暖。

我从老一辈朋友那儿听到不少故事，自己也有过愉快和坎坷的经历。我努力把它写出来，让更多的少年朋友知道。这是一种感情交流。这本小书里有我的童年纪事，有我的某些生活感受，也有几篇国外见闻，其中最主要的是对巴金老人和与他有关的记叙。1942年他教我"说话要说真话，做人得做好人"；1995年他又告诉我"人各有志，最要紧的是做人"。希望少年朋友能从中汲取有益的东西。

在这里我把自己的感情、自己的心献给少年朋友。

1999年4月11日

书籍装帧

李致文存·我与出版

LIZHIWENCUN

搞好装帧，要从领导抓起①

编者按 四川这两年出的书，装帧水平有显著提高。其间有什么奥妙吗？李致同志的介绍，从至关重要处作了回答。这是有普遍意义的，别的地方要做也不是很难，重要的是行动。

要搞好书籍的装帧工作，首先得从局、社领导上提高认识。过去，由于我们对书籍的装帧重视不够，省委负责同志曾批评我们出版的书"不修边幅"。1979年，国家出版局强调要搞好装帧设计，并举办了展览，对我们有很大促进。目前在我们这里，是不是都很重视了呢？只能说有的编室重视了，有的编室还没有；即使是重视的编室，也是有些书的装帧设计好一些，有些书的装帧设计却很差；一般说，对封面的设计比较注意，对整体设计则注意不够。针对这种情况，我们联系到地方出版社"立足本省，面向全国"的方针，不断强调搞好装帧的意义。地方出版社要真正做到"面向全国"，绝不单纯是能把自己出版的书发行到全国就行了，而是要拿出质量高的书籍——这就相应地要有高水平的装帧设计。说得厉害一点，如果装帧设计跟不上去，形式弄得不像样子，你就不配出那

---

① 本文系在首届西北西南书籍装帧设计观摩会上的发言摘要。原载中国出版工作者协会装帧研究室编《装帧》1981年第16期。

些有全国水平的书稿。作家袁鹰同志对我说过："作家固然要稿费，但他更希望把自己的书出得好一点。"这个话代表了广大作家的心情。我个人也有体会，以前出去组稿，说破嘴皮收效不大；现在带一批装帧设计好的书，作家一看就感兴趣，愿意把书稿给我们（当然，我们也有的书整体设计搞得不好，排印差错多，因而把作家得罪了的）。总之，不要认为对书籍装

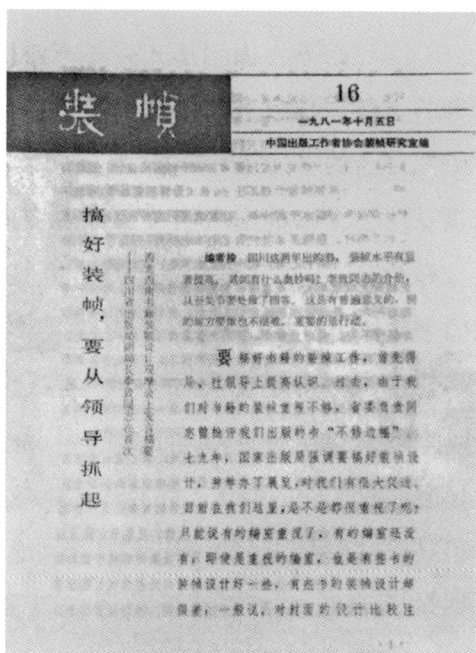

中国出版工作者协会装帧研究室编《装帧》1981年第16期

帧的重要性都认识够了，问题还多，领导上要联系实际，总结正反两方面经验，不断提高大家的认识。对这两年新到出版社工作的同志，还要请人给他们讲一些基本知识。

其次，要充分发挥设计人员的积极性。我们有过两方面的教训：一方面是根本不管装帧设计，出书以后如不满意，又抱怨设计人员——这是不重视装帧设计的时候；另一方面是婆婆太多，作者、责任编辑、编室主任、总编辑，众说纷纭，弄得设计人员无所适从——这是在大家的积极性调动起来的时候。我们主张，作者、编辑都可以对装帧设计提出要求，设计人员要充分考虑，但不受其限制。初稿设计出来，最好"三堂会审"（由设计人员、编室有关同志、总编辑参加），有分歧意见，由主管总编最后决定。总编辑决定问题时，在技术方面要尊重设计人员的意见，不要瞎指挥或横加干涉。当然，这不是放弃领导，我们要抓的东西很多。例如，我们经常鼓励设计人员

要有事业心,刻苦钻研和积累资料,敢于和全国主要出版社竞赛。又如,抓设计的指导思想。既不要不修边幅,又不要弄得花枝招展、珠光宝气,既要创新,又要考虑到当前印装的实际条件,要在两三个色上多下功夫。再如,要为设计人员的进修创造条件,以提高水平。为了统一各方面的认识,我们还帮助设计室搞了《对封面设计的几点要求》。过一段时间,我们还准备把川版书的优秀封面出一本集子,以积累经验,鼓舞士气。对各出版社的总编、编室主任,我们强调要关心书籍装帧设计,不要甘居外行。只要打破神秘感,积极钻研,摸索规律,我们完全能对搞设计的同志提供有效的帮助。

书籍装帧设计牵涉到许多方面,得把整个出版系统有关方面的力量都动员起来,才有搞好这项工作的全面保证。参观全国书籍装帧艺术展览以后,四川人民出版社给省出版局写了一个报告,对印刷、装订、纸张和物资等有关方面都提出了要求,出版局很快就批转给局所属单位,得到有关方面的支持,在各个季度召开的安排生产会上,出版社总要去宣传搞好装帧的意义,传达作家和读者的反映。以表扬为主,但也不回避问题。遇到比较突出的问题时,局里管全面工作的袁明阮同志和分管印刷的副局长周臻同志都亲自同印刷厂研究解决。如去年出版儿童读物《七十二变》(活动画册),需要在内文画面上切两刀。开始,工厂感到有困难,明阮同志亲自去工厂动员。工厂的积极性调动起来以后,终于克服困难,改进设备,出版了这本深受小读者欢迎的书。现在,还有许多问题,如纸张色度不一,印出的书像"千层糕";油墨质量不好,以致印出字的色度有深有浅;装错、装漏,等等。这些问题,远不是搞装帧设计的同志能够解决的,也不是出版社一家能解决的。在这种情况下,省出版局出面,动员各方面都来重视装帧设计,有很好的作用。

1981年10月5日

在四川省书籍装帧艺术研究会
成立大会上的讲话

感谢全国书籍装帧设计的专家光临大会。

刚才几位同志的发言，对川版书的装帧设计，给了很大的鼓励。川版书的装帧设计尽管取得了一些成绩，但所走的道路并不平坦，而是有曲折的。

曾经担任过省委书记的刘兴元同志，批评过川版书"不修边幅"，这是合乎当时的实际情况的。后来，特别是在粉碎"四人帮"以后，上下重视，各方协同配合，从事装帧设计的同志辛勤劳动，川版书的装帧设计确实取得成绩，受到读者和作者的欢迎。尽管有的作者对装帧设计的要求不高，只要把书印出来就行了，但绝大多数作者是很关心书籍装帧设计的。以前，我在出版社参与组稿时，有时讲烂嘴皮也收不到效果；后来，我带一部分装帧设计好的书籍去，许多作者就被吸引过来了。近几年，川版书的装帧设计有所停滞或退步。去年北京、上海一些记者在全国书展之前到四川采访，参观川版书展览，给我们提了两条意见，其中一条就是装帧设计的质量不理想。当然，也不是"一刀切"，有的社在进步，有的社似乎有些退步，别的社我不一一讲，大家心中明白。为此，去年总社召开了书籍装帧设计会，希望有所促进。

我认为要解决川版书籍的装帧设计，关键在各出版社的领导

（总编、社长）要提高对书籍装帧设计的认识。这方面我过去讲得不少，有文字记录，不再重复。这几年，我和一些出版社的领导同志交换这方面的意见，得到的答复，多是把装帧设计的问题推给纸张和印刷质量差。我看到一些丛书和套书，单背脊上的"三条线"就不整齐，根本与纸张、印刷无关。我知道，有的总编连封面设计和色样都不看，这怎么行？即使纸张和印刷质量上有问题，也要通过抓书籍装帧设计去推动各个环节的工作，不能遇难而退。还有些同志认为装帧设计"花钱"，显得很"抠"。我们当然应该注意节约，但如果"抠"得使书籍的装帧设计难看，面目可憎，读者不愿买，作家不愿拿书到四川出版，究竟哪样划算呢？其实，这些问题过去就提出过，除了解决认识问题外，还提出过一些办法。如封面设计一般要在两三个色上下功夫。现在看来，当时的一些规定，至今还有参考价值。

我们要把书籍装帧设计的队伍建好，要靠他们把川版书的装帧设计进一步搞上去。我们有一批在书籍装帧设计上工作多年的同志——如陈世五——对川版图书的装帧设计做出了很大的贡献，也有一批新秀——如戴卫同志——所设计的书籍引起各方面的重视。各出版社领导，要充分发挥他们的积极性，为他们创造好的工作条件，帮助他们提高业务素质，但又要避免瞎指挥。

把川版图书的装帧设计进一步搞上去，需要编辑、出版、印刷、装订和物资供应等有关同志协同配合，齐心努力。这是过去的经验，不用多说。希望大家下决心，在装帧设计上搞出川版书的特色，争取在全国名列前茅。这是完全能够办得到的。明年要在香港举办川版图书展览。我们要使展览图书的装帧设计，有一个较大的进步。

今天，我们省书籍装帧艺术研究会成立。正像刚才发言同志和明阮同志所讲的，要多从事理论和学术的研究，以推动川版图书的装帧设计的发展。不徒具形式，更不要借开会游山玩水。这次北京、上海的专家到四川来讲学，我们要更多地发动同志来听讲，机会难得。我相信在大家的努力下，省书籍装帧艺术研究会一定会做出积极的贡献。

最后，我代表省委宣传部对研究会的成立表示热烈的祝贺！

谢谢大家！

1987年5月4日

坚持就是胜利①

　　我非常高兴来参加西北西南书籍装帧设计观摩会。这个地区的会，已经坚持十五年，第二次在成都举行了。它对西北西南地区的书籍装帧设计，起了很好的促进作用。十五年前我在四川人民出版社任总编辑，分管装帧设计室，是这个地区会议的发起人之一，所以对这次会议有一种特殊的感情。我至今还保存着我在第一次会议的发言稿。

　　由于工作的变动，我从出版局到宣传部，又从宣传部到省文联，早已脱离书籍装帧设计的实际工作。同时，与十五年前相比，纸张质量和印刷条件有了很大的改变，不可同日而语。我今天来开会，主要是祝贺，当然也是学习。刚才粗看了一下展览的书籍，感到进步很大，很受启发。

　　我从读者的角度提几点希望：

　　第一，现在有些书籍的封面设计商业气味重了一些，富丽堂皇，珠光宝气，艺术的品位不高。我很喜欢张守义同志的设计。他的每一幅设计，既与书籍内容十分贴切，又是一幅独立的艺术品，并具有自己的独特风格。我希望看到更多的这种品位的封面。

　　第二，目前的书价过高，很多靠工资收入的读者反映买不起

①　本文系在1997年西北西南书籍装帧设计观摩会上的发言。

书。这个原因是多方面的，但与装帧设计有一定的关系。如果注意到朴素大方，使用材料适当，价廉物美，就能减轻读者一些负担。书价低一点，买的人多一些，出版社一样可以赢利。这也是薄利多销的一种体现。

第三，有些书（特别是精装书）部头太大，像块砖头（这是鲁迅过去形容的），摆在书柜上很有气派，但读起来颇不方便。能否在设计时考虑到这个问题？

这几点希望，不一定正确，仅供参考。更重要的希望是，我们这个会能长期坚持下去。互相观摩，共同切磋，交流经验，研讨理论，一定会使西北西南地区书籍装帧设计水平不断提高。坚持就是胜利。

谢谢！

1997年9月5日

保持特色，不趋"时尚"①

决定书籍质量好坏的，当然是内容。

书籍都需要好的封面封底和内文设计。装帧设计好的书，有助于吸引读者购买。装帧设计好的出版社，能吸引作家和学者把书交给出版社。作家袁鹰对我说过："作家固然要稿费，但更希望把自己的书出得好一点。"当年，我在四川人民出版社任总编辑时，到北京、上海组稿，总要带一批装帧设计好的书，让作者一看就感兴趣，比只用口说有用得多。

川版书在装帧设计上，走过一段曲折的路。有一段时间不注意装帧设计，省委主要负责同志批评"不修边幅"。我们接受批评，改正缺点，成立了装帧设计室，制定了《对书籍装帧设计的几点要求》，特别是在总的要求上提出："力求做到别致、大方，既有时代精神，又注意民族传统，各种类别的书要有各自的特点。"因而改进了书籍装帧设计，受到好评。中国出版工作者协会装帧设计研究室还介绍了四川的经验。

我离开出版工作有二十年了，不了解现状。不过也常逛书店。常看见一些过于商业化的装帧设计，珠光宝气，像暴发户的老婆，脸上的粉不匀，手指戴五六只戒指。也有一些"另类"或"前卫"

---

① 本文系在四川省第三次书籍装帧设计艺术工作者大会上的讲话。

图书，使人看不懂它封面的含义。有人还说，这是"时尚"。

前几年，媒体常说今年流行什么颜色、什么款式。许多人盲目趋赶。有一年，说流行长统外套，不少女性买来穿，街上常看见这种像木偶似的穿着，非常单调。为什么不丰富多彩、百花齐放呢？是谁规定的当年流行颜色、流行款式？国务院、省政府没有发"红头文件"，群团组织也无号召，群众并没投票。前思后想，无非是商家通过媒体炒作罢了。

无论"时尚另类"或别的称谓，总得有个大前提。那就是出版工作的"为人民服务，为社会主义服务"的"二为"方向。否则，就不伦不类，毫无意义。讲个笑话：为祭奠死人服务的商店最"时尚"。过去烧黄表、金银锭，抗战时物资匮乏烧钱纸，继而烧"冥府银行"发的纸币和金圆券。不久前烧别墅、股票、护照、美元、信用卡，烧各种家电用具（包括手提电脑）。去年烧"二奶"、安全套和"伟哥"。子女们不知冥府的《婚姻法》，即使不违法，也会增加家庭内部矛盾。今年更"时尚"，烧"超女"。当然，不敢指名是谁，否则粉丝要抗议。这些做法，似乎跟时代最紧，但恰好它最落后于时代。我们装帧设计工作者，应该保持自己的特色，不趋"时尚"。当然，得继续创新。

现在，有的书版本过大过重，拿着像抱个砖头，很沉重。鲁迅著作的单行本都不厚，拿着看很舒服。有的书字小行距过密，对老人和小孩的眼睛都不适宜。不少书，正文四周，页页有作者的照片和各种图案，既不美观，又不便于读者批注（我虽不批注，也常把不认识的字写在顶上，注音或释义），页码号看不清，等等。应该说，内文设计主要应便于阅读，包括亮行，清爽，页码突出，并给读者留有空间。要在内文设计上"大显身手"，可能是个误区。

目前，书价贵，买书难。这与装帧设计也有关系。过去，因为印刷条件差，我们强调要"在两三个色上下功夫"。现在，印刷条件大有改善，为降低书籍成本，仍可"在两三个色上下功夫"。老四川人民出版社，一度在再版书上降价，受到读者的欢迎，受到上海报纸的赞扬。可惜这个做法没有坚持。

搞好装帧设计，既是装帧设计工作者的责任，也是出版社领导、出版部门和所有编辑的责任。老四川人民出版社社长崔之富、总编和副总编，对重点书的装帧设计，都要参与研究。1982年，出版《巴金选集》（十卷本），因工厂没有压膜的塑料，派了三个组到外省购买，以保按时出版。新来的编辑，第一年，要用半年搞校对，半年学装帧设计。现任四川文艺出版社社长金平，就有这个经历。当然，要尊重专职装帧设计工作者，充分发挥他们作用，避免瞎指挥。

大家请我来参加今天的会，因为我是老出版工作者。过去有些做法可供参考，但"旧黄历"也不能全翻。你们姑妄听之罢。

祝川版书的装帧设计，有新的突破！

2006年6月9日

戴卫的设计博得赞扬①

20世纪80年代戴卫设计的四川人民出版社
logo

戴卫同志从事书籍装帧设计工作的时间并不长，却越来越引起人们的注意。

今年，戴卫为巴金近作之三《探索与回忆》所设计的封面，得到许多赞扬。巴老表示满意。蔡若虹和胡絜青同志称赞设计好，有水平。萧乾同志毫不掩饰自己的喜悦，在信上说："封面太好了，实应得奖。"

三年来，戴卫一共设计了六十三个封面。他尽量做到量体裁衣，形式多样，绝不简单模仿，千篇一律。为了保持川版图书朴素、大方的风格，并从当前印刷的实际条件出发，出版

① 本文原载中国出版工作者协会装帧研究室编《装帧》第21期。

社领导提出多在用两三个色上下功夫。戴卫正确地理解了这个意图，在这方面做出了可喜的成绩。他为《李瑛诗选》设计的封面便是一个明显的例证。

戴卫同志热爱书籍装帧设计工作，甘为他人做嫁衣，精益求精。他说："图书在'两个文明'建设中有着重大的作用，我愿意尽自己最大的努力，把书籍打扮得更好看。"正是这种思想不断地鼓舞他继续前进！

1982年12月26日

致戴卫和晓芸

戴卫和晓芸：

送上《巴金谈人生》一书。

我一直喜欢戴卫的书籍装帧设计、插图和速写。三十年前，戴卫在巴金的《探索与回忆》一书封面的速写，既得到巴老的认同，又受到专家和读者的好评。我最近去上海参观巴金故居，收到赠书《巴金谈人生》，扉页上的速写，即为戴卫在巴金的《探索与回忆》一书封面的速写，令我十分高兴。现将该书转送你们。这证明戴卫的速写能经受时间的考验，是精品。不仅是这幅速写，包括戴卫为茅盾、曹禺、艾青等许多作家的书籍所设计的封面、插图以及为"当代作家自选集"丛书所画的肖像速写，都是上乘之作。尽管戴卫在国画上取得很大成就，作为出版人，我期望戴卫不要放弃书籍装帧这门艺术，这是你的强项！

以上的话本应写在书上，但我的手有些发抖，写不好字。书上盖了"李致敬赠"的图章，只好另写这信来表达我的心意了。

即颂

冬安！

李致

2011年12月1日

封面设计的对比手法

◎ 戴 卫

　　对比是造型艺术通常使用的手法。在《二马》的封面设计中，我试用对比手法作一次艺术实践。

　　老舍先生的《二马》是以他惯用的幽默、诙谐的笔调，深刻地反映了社会和人生，充满了爱国主义的思想感情的佳作。当我接受了为此书稿装帧设计和创作插图的任务之后，几乎是一鼓作气把书看完。可是阅读中产生的冲动并未使我头脑中产生理想的封面构图。这就迫使我细致地研究作品。老舍在20年代末创作的《二马》，描写的是马氏父子漂洋过海，在英国伦敦经营古董商店的故事。作家运用其纯熟精练的语言，细腻、幽默

《二马》书影及插图

的表现手法，对两位马先生各自的性格、生活和追求，以及那邪恶、空虚的资本主义社会，洋人的欺侮，自己的不争气，进行了鞭辟入里的刻画和描述，思想倾向深藏在动人的艺术魅力之中。作品里尽管充满了笑料，然而在笑声里深埋着哽咽和哭泣。在作者的笔下，幽默真正成了一把刺向邪恶、黑暗和不平的尖刀。由于对作品有了进一步的感受，很快就产生了构图。这种灵感的产生，除上述的原因之外，也在于我在形式上借助了对比的手法。

在《二马》的封面上，矮胖的老马躬着背向西，细高的小马挺着胸向东，一东一西、一直一曲、一高一矮，对比出两代人的关系，从而展现了小说主人公的基本精神面貌。马家父子的后面是伦敦街头建筑物轮廓，脚下是三片飘零的落叶，这是力图表现父子二人侨居生活的不幸遭遇。人物、街景都是用细而不规则的单线写成，正好体现作品中对资本主义社会空虚和不平等的讽刺与幽默，颇有些漫画的笔调。而"老舍""二马"及其拼音分别用厚重、工整的字体组成方块，显得严肃、敦实，和前者构成强与弱、粗与细、工整与写意、幽默与严肃的强烈对比关系。这样，画面和书名相互衬托，相得益彰，体现了小说的基本内容。在构图上，用疏朗的线条所表现的人物、街景，与挤在一处的书名、作者名、拼音字的关系，正是吸收了我国传统的"密不透风，疏可跑马"的对比法则，由此而增加了画面的节奏感。

高度概括、强烈对比是现代设计的特点。在绘制《二马》的封面之前，我曾考虑到让这样的名著用上四五个色，使画面丰富些，可是落笔一画，觉得两色恰好有利于处理这种对比的形式，这一红（玫瑰红）一黑在白纸上显得格外突出，产生了以少胜多的效果。

谈《王昭君》的封面构思①

◎ 陈世五

　　曹禺是当代一流剧作家。当我获知为他的新作《王昭君》进行封面设计时，情绪不由得有些紧张，担心搞不好会"佛头着粪"。同时有一星期内完成的要求，更加重了内心的惶惑和空虚。

　　有关领导向我转告了曹禺同志对这个封面设计的一些设想，并提出也可以按自己的构思来大胆设计。这才打消了我的顾虑，增加了勇气和信心。

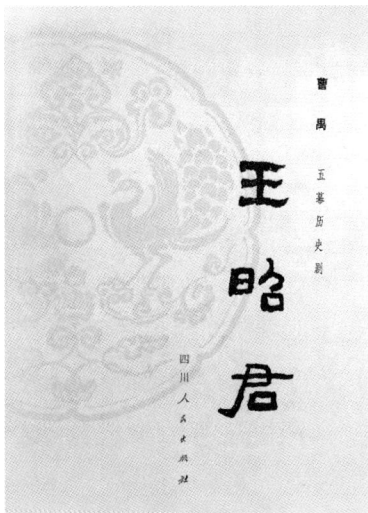

《王昭君》书影

　　封面上表现的必须和作品的基调交相辉映，这是封面设计构思的基本要求。为此，应当先了解原作内容的基本精神。作者在《献辞》中谈道，这个剧本是周总理生前交给的任务，并说："我领会周总理的意见，是用这个题材歌

---

①　本文原载中国出版工作者协会装帧研究室编《装帧》第16期。

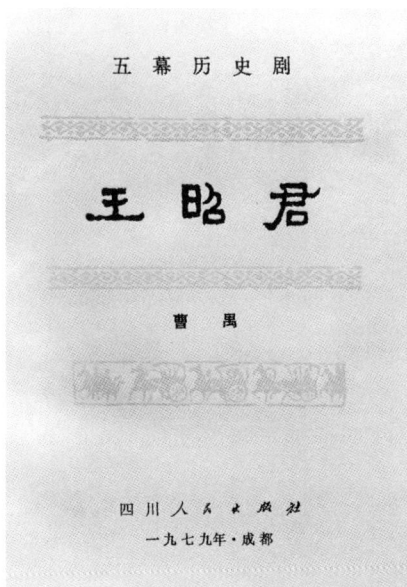

五 幕 历 史 剧

王 昭 君

曹 禺

四川人民出版社
一九七九年·成都

《王昭君》扉页

颂我国各民族的团结和民族之间的文化交流。"在《关于〈王昭君〉的创作》一文中又提到："王昭君不是一个哭哭啼啼的妇女，而是一个美好的形象。"我认为，这是曹禺同志创作《王昭君》的主导思想，这就构成了剧本的明朗、开阔、融洽的基调。

《王昭君》这个故事发生在公元前33年汉元帝的时候。我想，在封面上不仅要表明这本书是个历史剧，也要让人看得出是现代的文艺作品，同时要有一定的传统民族风格，不同于一般的文艺作品的设计。

起初，我打算用插图或剧照来作封面，便根据川剧剧照画了一个王昭君怀抱琵琶的形象。结果，感到一般化，不含蓄，效果不理想，也不能说明问题。后来，我便围绕着民族大团结这一主题来进行构思。开始时，我脑际浮现出一个模糊的圆形，因为圆形象征着美满、完全、团圆。接着又联想到这个圆形可以用古代图案来表现，如古代的铜镜。铜镜也是古代宫廷妇女常用之物，用来表现历史题材岂不好吗？主意一定，就选了"云马葡萄"和"鸾凤和鸣"两个铜镜图案，经过一番比较后，我认为：第一个图案虽然可以说明兄弟民族间的文化交流，但第二个图案更富于喜庆色彩，并蕴含着民族团结、联姻的寓意，与主题更为贴切，于是决定选用这一个图案。

在具体构图时，为了追求布局的新颖别致，我把图案画得较大，使铜镜突出醒目，位于书的左边位置上，并把图案的一部分延伸到书脊和封底。这样，便给书名留出显著的位置，构图也避免了呆板，产生新鲜活泼的感觉。至于书名的字体，我考虑到要体现出作品是古代题材这一特征，便选用了汉隶体，用传统的直排书法，放在右边位置上。在色彩使用上，按照主体的要求，应避免冷清之感，我选用了具有明快特点的淡柠檬黄作底色，烘托出喜庆欢乐的气氛。这种颜色也是古代宫廷中常用的色彩。铜镜图案就用它本身的铜色，不过为使它不致太跳，便适当提高其明度，使之与淡黄的底色协调。书名最初想用黑色（即淡黄—浅棕—黑），但考虑到黑色字放在明亮的黄色上，一轻一重可能不够稳定，后来又考虑用明暗度与底色图案色相近的深棕（淡黄—浅棕—深棕），但是，显得平淡软弱。最后，我采用的是与任何色都能协调的金色（淡黄—浅棕—金），借此形成一种欢庆而响亮的进行曲一般的气氛。当然，滥用金色往往会带来富丽堂皇、华而不实的感觉，但只要配色适当，融洽协调，与书的内容相称，就会产生比较理想的效果。封面设计完成后，整体感觉是明度大，显得分量有些轻飘，我又设计了一个深紫色的连环衬页，与封面形成强烈的对比（淡黄—紫），以弥补色彩上的不足，也可增加一种少数民族装饰色彩的效果。我还同时设想，这也可以在读者翻开封面时，产生面对舞台幕布的感觉。

　　封面设计要有时代特色。在《王昭君》的封面设计上，我解决这个问题的办法是，利用有限的艺术手段，尽可能地体现出该书既是古的又是今的，让这似乎矛盾着的两方调和起来。我期望，目前的设计能初步做到这一点。我进而想到，如果把它的图案缩小，排列起来作底纹使用，可能效果就同古锦作封面的古书一样了。使用民族传统图案，也要有所创新，使之尽可能体现社会主义时期的精神风貌，这就是健康、朴实，充满奋发向上的格调，表现出高度的文明。

1981年10月5日

对书籍封面设计的几点要求①

一、封面要依据书籍的类别、内容和读者对象的区别进行设计，总的要求是力求做到别致、大方，既有时代精神，又要注意民族传统，各种类别的书籍要有各自的特点。

二、所有书籍的封面、书脊、扉页都要有书名、作者姓名和社名，不要任意去掉作者姓名和社名。书名和作者姓名的字体要醒目，不要过小。

三、对书脊的设计要引起注意，凡一百页以上的书，书脊要有一些醒目、大方的设计，四十页以下的（即书脊无法印字的），一般用骑马订。

四、凡有勒口的书，要把勒口利用起来，或介绍作者，或刊内容提要，或登有关书籍的广告。

五、根据当前印刷周期长和印刷条件差的实际情况，要多搞一些既精美又简单易行的设计方案。封面一般提倡少用色，要多在两三个色上下功夫（并尽可能考虑套色效果）。一般不烫金，工艺手段也不要过于复杂。

六、在目前条件下，封面设计一般要有分色稿。

---

① 本文由李致主持和参与制定，1981年1月26日以四川人民出版名义颁布，原载中国出版工作者协会装帧研究室编《装帧》16期。

七、成套书或丛书（如（《四川诗丛》《工人技术读物》）的封面设计，要考虑到它的统一性，如开本大小要一致，有统一的题花，书脊上的书名、作者姓名、社名的高低要统一等等，不要各行其是，造成零乱、无计划的感觉。

1980年1月26日

编务纪事

李致文存·我与出版

LIZHIWENCUN

祝贺、感谢与要求[①]

我代表四川人民出版社向省作协第二次代表大会致以热烈的祝贺！

粉碎"四人帮"以后，我省文艺事业，已呈现初步繁荣的景象，这是十分可喜的。文艺事业的初步繁荣，也反映在文艺书籍的出版上。

文艺书籍出版工作所取得的成绩，根本用不着与林彪、"四人帮"横行的时期相比；值得一提的是，它超过了"文化大革命"前最好的时期。重要的原因之一，是地方出版社的方针发生了变化。"文化大革命"前，地方出版有一个"三化"方针（即地方化、群众化、通俗化），出书强调八个字：字大、图多、本薄、价廉。结果是十七年没有出过一部中长篇小说，大量好的文艺作品外流。四川出的书在书店出售的书中所占比例很小，"保留节目"更少，远不能满足读者的要求。粉碎"四人帮"以后，我们不受"三化"方针的局限，采取了立足本省，面向全国的方针。两年多来，一共出版了237种文艺读物。不仅在一定程度上缓和了"书荒"的矛盾，满足了本省作者需要，也为全国作了一些贡献。目前，通过国际书店和香港三联书店，向我们出版社订货的共125种，其中文艺读物约占一半。

[①] 本文系1980年6月22日在四川省作协第二次代表大会上的发言。

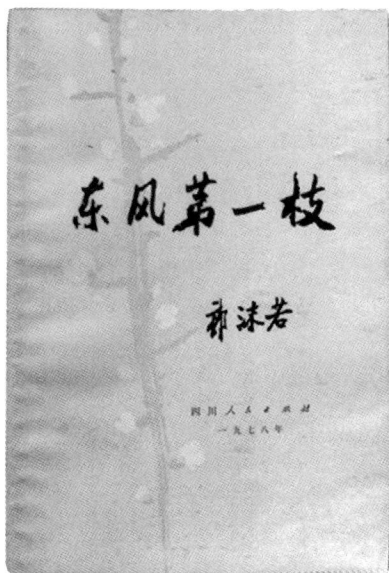

20世纪70年代末，四川人民出版社出版的两种郭沫若作品《蜀道奇》《东风第一枝》

　　突破"三化"的局限，采取立足本省，面向全国的方针，我们并不是一开始就明确应该这样做的，而有一个认识发展的过程。粉碎"四人帮"以后，群众迫切要求解决由于"十年浩劫"所造成的书荒问题。四川这样大，一亿人，全国哪一个出版社都包不了。全国分给我们的书有限（一般只占百分之三至百分之六），许多书根本拿不到门市部去卖。作为一个出版工作者，我们能看见读者买不到书，而无动于衷吗？同时，粉碎"四人帮"以后，许多被迫停笔多年的作家重新提起笔，写了很多好作品。北京、上海的出版社任务重，出版周期较长，作为地方出版社，我们能只出普及读物，而不出版他们的著作吗？很明显，突破"三化"方针，是客观形势的需要。这是党中央号召解放思想在出版工作上产生的积极结果。

　　粉碎"四人帮"以后，广大群众渴望读到歌颂老一辈革命家的作品。为了满足群众的愿望，我们在毛泽东同志逝世一周年时，出版了毛泽东在1958年圈阅和题笺的有关唐宋明朝诗人咏四川的《诗词若干首》。1977年11月，我们出版了《周总理诗十七首》，这是全国首次出版总理的诗，影响很大。以后，又出版了郭沫若的《东风第一枝》《罗瑞卿诗选》《李大钊诗浅释》《囚歌》（原中美合作所烈士诗抄）等。去年出版的回忆录《在彭总身边》，在全国也引起了强烈的反响。同时，还出版了歌颂纪念老一辈无产阶级革命家的作品，如重庆市文联编的《红岩颂》、成都市文化局编的《燃烧的泪》、陈昊苏编的《献给陈毅元帅》、柯岩的《周总理，你在哪里？》，等等，都受到欢迎。目前，这类作品较多，有人担心出多了销路不佳。我们的看法是，只要不停留在剪报，不搞八股文章，狠下功夫，搞出特点，群众是需要和欢迎的。

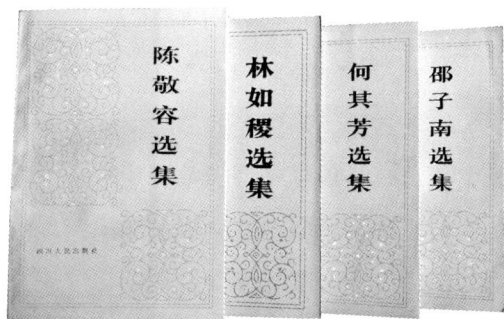

20世纪70年代末，四川人民出版社出版的川籍作家的文学作品选：《陈敬容选集》《林如稷选集》《何其芳选集》《邵子南选集》

20世纪70年代末至80年代初，四川人民出版社出版的一批川籍作者的作品：《杨慎词曲集》；《西夏史稿》，吴天墀著；《对联选》，成都市群众艺术馆编；《古代的巴蜀》，童恩正著；《唐短歌》《苏洵评传》

《找红军》，马识途著，四川人民出版社1979年版。
马识途赠书题签："不惜歌者苦，但伤知音稀。《找红
军》这本遭到百般批判的小书出版了，感慨良多，非君之
力，曷克臻此，特赠知音李致、秀涓同志　马识途1979年
9月"

四川是一个有悠久文化传统的省份。从古代的司马相如、苏轼
父子，到近代的郭沫若、巴金等，真是群星灿烂，得天独厚。为了
便于继承优良的文学传统，同时也为了纪念对文学事业作出贡献的
优秀作家，我们要有计划地为他们出版文集或选集。第一套选集，
包括郭沫若、何其芳、李劼人、周文、陈翔鹤、邵子南、林如稷、
罗淑等八位作家的作品，已大部分出版；第二套选集，包括巴金、
阳翰笙、沙汀、艾芜、王朝闻等五位作家的作品，已着手编辑。此
外，还要出《李亚群诗词选》《邓均吾诗词选》。我省古代作家的
选集，也要有计划地出版。《陈子昂诗注》《杨慎诗选注》已在编
辑、发排的过程中。我们四川人民出版社，认为自己有这个义务：
凡是我们省有成就的作家，只要对文学事业作出贡献，有益于人
民，我们是不会忘记的；包括在座的同志在内，到时候我们都会采
取适当的方式，把诸位在文学上的业绩保留下来，传之后代。

我们出版社既尊重老作家，出版他们的作品，同时也注意出版中年和青年的作品，特别是扶持新生力量。1978年上半年，在省委宣传部的直接关怀下，我们出版了《四川十人短篇小说选》，这对给我省作家落实政策起了良好的作用。两年来，我们出版了化石的长篇小说《潘家堡子》（上卷）、艾芜的中篇小说《丰饶的原野》、高缨的中篇小说《兰》，出版了马识途的《找红军》、艾芜的《夜归》、履冰的《八月的阳光》等短篇小说集，出版了李累、陈之光的报告文学集，出版了周克芹、火笛、周纲、刘俊民、邹仲平等作家的小说集，出版了孙静轩的《七十二天》、高缨的《丁佑君》等长诗，出版了童嘉通、里沙、任耀庭、梁上泉、成宏图、胡笳等人的诗集。这里，有不少作者是在我们出版社出第一本书的，我们由衷地感到高兴和荣幸。我们有两套丛书，一是《四川诗丛》，一是《远望丛书》，特别注意发表新作者的作品。请大家协助我们把扶持新生力量的工作做好。

读者的要求是多方面的，除了本省作家的作品外，他们还希望读到全国知名作家的作品。地方出版社不能搞地方主义，只出本省的书；更不能采取闭关政策，不把全国好的作品拿来。去年，我们接触到日本一家大出版社"讲谈社"。我们感到他们的一个特点，就是全世界的好书，他们都要搞到日本去。我们目前条件有限，暂时不能和他们相比，但把全国的好作品拿来，总是应该的。迄今为止，全国著名作家已有茅盾、巴金、丁玲、艾青、冯至、臧克家、曹禺、陈白尘、吴祖光、严文井、秦牧、王西彦、叶君健、罗荪、康濯、韦君宜、柯岩等，把作品交我们出版。由于得到文艺界、出版界的信任，全国文联已把全国第四次文代会的文件集、发言集交我们出版。我相信大家会为此感到高兴的。

我们出版社对儿童文学是重视的。去年建立了儿童读物编辑室，也出版了一些好的儿童读物。为了推动儿童读物的发展，我们在省委宣传部的关怀下成立了评奖委员会，拟在年内评奖。我们还拟成立少年儿童出版社。遗憾的是我省只有一个半专业儿童文学作家，一个是揭祥麟，半个是张继楼（因为他还担负编辑工作）。此外，雁翼、梁上泉也给孩子们写过诗和电影文学作品。目前我们省出的儿童文学读物，外省的作家比我们省的作家似乎多一点。我们趁此机会向本省作家、诗人呼吁：请多关心下一代，多为孩子们创作！

我们省的作家（特别是任白戈、沙汀、艾芜、马识途等同志），对出版社是非常支持的。不仅把他们的作品给我们出版，帮我们宣传、组稿，而且经常对我们应该出什么书、怎样把书出好，给我们很多教益。我们出版社本着大团结的原则，与我省作家有着广泛的联系。我们甘愿为作家服务，把出版我省作家的书，看成是自己义不容辞的责任。尽管作家有权在任何一家出版社出书（跨省出书的情况是难免的），但如果我省作家的有质量的作品，由于我们不识货或工作不周到，流到外省去了，我们总是感到遗憾，要检查和总结自己的工作的。目前，由于各种原因，有些作品（特别是新诗），书店订数不多，出版社会有亏损。但只要有质量，即使赔一点钱我们也要出版。我们固然要讲经济核算，能不赔尽量不赔，能少赔不多赔，但我们是社会主义出版事业，不以营利为主要目的。

我们和全国兄弟出版社、省内各个期刊，有着互相支持的良好关系。去年在全国出版工作座谈会上，我曾发言说："我们遵循三条原则：一是虚心向各兄弟出版社学习，二是不用不正当的方法拉稿，坚持不'挖墙脚'，三是有了矛盾，本着互相谅解、互相支持的精神协商解决。如果说兄弟出版社之间要有一点竞赛，主要应从定好选题、缩短出版周期、搞好装帧设计、提高出版物质量等方面来解决。"对省内各兄弟期刊，我们也是这个态度，而且愿意尽我们的力量，给予更多的支持。

感谢我省广大作家、诗人对我们的关心支持！

感谢各兄弟报刊、电台、电视台对我们的支持！

感谢文联、作协对我们的支持!

感谢部队领导、作家对我们的支持!

这次文代大会和作协代表大会开得很好。中央的指示和启龙同志的重要讲话,给了我们很大的力量。让我们在省委的直接领导下,为繁荣我们的文艺创作,共同携手前进!

1980年6月22日

关于出版我国"现代作家选集"
丛书的初步设想（征求意见稿）

为积累文化财富，保存文学遗产，我们拟出版一套我国"现代作家选集"丛书。

选编范围，拟起自1919年"五四"运动，迄于1949年全国解放。凡对我国现代文学发展做出卓越贡献，在我国现代文学史上具有一定地位的著名作家，均选其有代表性的作品编成个人选集分别出版。

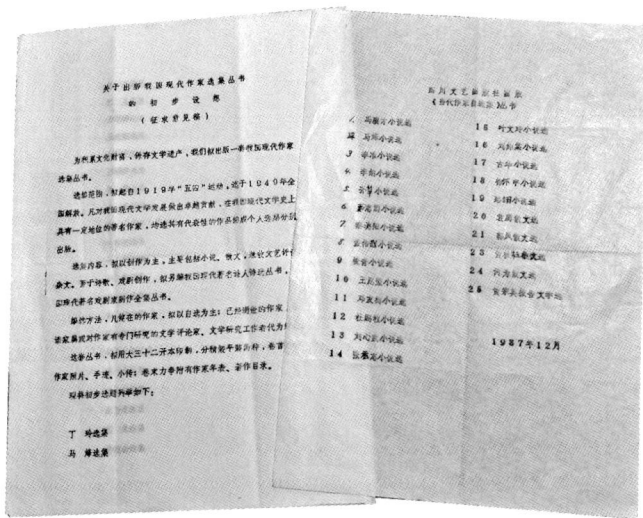

20世纪80年代，四川人民出版社、四川文艺出版社拟订的
"现代作家选集"丛书和"当代作家自选集"丛书出版规划

20世纪80年代四川人民出版社出版的一批"现代作家选集"

选集内容，拟以创作为主，主要包括小说、散文，兼收文艺评论、杂文，至于诗歌、戏剧创作，拟另编我国现代著名诗人诗选丛书，我国现代著名戏剧家剧作全集丛书。

编选方法，凡健在的作家，拟以自选为主：已经逝世的作家，拟请家属或对作家有专门研究的文学评论家、文学研究工作者代为编选。

这套丛书，拟用大32开本印刷，分精装平装两种，卷首刊登作家照片、手迹、小传；卷末力争附有作家年表、著作目录。

现将初步选题列举如下：

丁玲选集　　　　　　　　　罗淑选集（已出）

马烽选集　　　　　　　　　张天翼选集

巴金选集　　　　　　　　　杨朔选集

巴人选集　　　　　　　　　周而复选集

王朝闻选集　　　　　　　　周立波选集

王统照选集	郑振铎选集
王鲁彦选集	林如稷选集
王西彦选集	柔石选集
孔厥选集	柳青选集
方敬选集	赵树理选集
艾芜选集（即出）	骆宾基选集
叶圣陶选集	欧阳山选集
叶紫选集	姚雪垠选集
卢焚选集	草明选集
冯至选集	郭沫若选集（已出，共三卷）
冯铿选集	秦牧选集（即出）
冯文炳选集	秦兆阳选集
司马文森选集	徐迟选集
老舍选集	丽尼选集
冰心选集	康濯选集
朱自清选集	蒋光慈选集
西戎选集	蒋牧良选集
许地山选集	舒群选集
茅盾选集	靳以选集
郁达夫选集	路翎选集
周文选集（已出上下卷）	碧野选集
端木蕻良选集	魏金枝选集
蹇先艾选集	

以上选集争取在三至五年内出齐。

四川人民出版社
1981年4月

年画创作的一次丰收①

　　正当全国提倡重视和创作现实题材年画的时候，我省年画作者创作了《敬爱的元帅》的年画，这是一件十分可喜的事。

　　粉碎"四人帮"，特别是党的三中全会以来，思想解放的号召促进了年画题材的多样化。我省年画从每年十多种、几十万张，发展到近一百种、两千七百多万张。一些思想性和艺术性高的年画，深受广大人民特别是农民的喜爱。但有一段时间，美女和胖娃娃的年画稍多了一点。根据中央和省委的指示精神，四川人民出版社明确提出对所谓群众喜爱要作具体分析：我们应该满足群众各种正当

20世纪80年代，李致与王伟（右，四川美术出版社社长）

20世纪80年代，美术家蔡若虹（中前一）和李少言到四川人民出版社美术编室与年画《敬爱的元帅》作者和编辑座谈

的要求，但决不迎合某些不健康的、格调不高的情趣。正是这样，出版社和年画作者一起，努力创作和发展现实题材的年画。

《敬爱的元帅》年画的出版，受到了广大群众的欢迎。这既反映了人民群众对功勋卓著的老一辈无产阶级革命家的敬爱，又证明了歌颂革命先辈英雄业绩的年画对广大群众有巨大的吸引力。人民群众的称赞对年画作者和出版社是极其珍贵的鼓励。在不长的时间内，九大元帅的年画就一一创作出来了。

《敬爱的元帅》的年画，又一次给我们提出：一定要努力提高年画的创作质量。我们应该坚信，凡是歌颂祖国、歌颂人民、歌颂革命的题材，永远不会过时。关键是作者要深入生活，努力学习，在构思上千锤百炼。既要注意民族传统，又要勇于探索和创新，增强吸引力和感染力。年画创作必须具有年画的特点。

让我们从新的起点继续前进！

1982年9月29日

在《汉语大字典》成都首发会上的讲话

同志们：

由四川、湖北两省共同协作编纂的、当今世界上最大的汉语语文工具书《汉语大字典》，从1975年开始编写，经过十一年时间，它的第一卷今天正式与广大读者见面了。这部大字典全书共八卷，预定于1989年出齐。这是我国学术界、教育界、出版界的一件大事。为了庆贺《汉语大字典》首次出版发行，今天在首都北京、在成都，同时举行首发仪式。中央和省委、省政府、成都市委、市政府的有关负责同志参加会议，这是对我们编辑、出版、发行部门的鼓励和支持。

《汉语大字典》是我们敬爱的周总理生前在病床上批示的最后一个出版工作文件确定编写的，是总理的遗愿。邓小平同志十分关心这部书的编辑工作。胡耀邦同志也为这部书作了指示："请川鄂两省有关部门大力协助进行，希望全体编写同志同心同德，克服一切困难，完成这项有历史意义的工作。"我们国家把这本书作为文化建设的重点项目之一，并纳入"六五"规划。

字典是根据汉字的特点而形成的一种工具书。以前，编辑出版过一些汉字字典。《康熙字典》问世到现在已经三百多年，《中华大字典》的出版也有七十多年。在这段时间，我们的社会有了巨大的变化，语言也在发展，这就要求编出新的字典来满足日益增长的文化需要。今天，《汉语大字典》出版发行，它是我们辞书体系中的一个重要方面，填补了我们辞书的一个空白，是继《康熙字典》

《中华大字典》之后，我国汉语语言文字发展史上一座新的里程碑。《汉语大字典》不仅比以前的字典收的字多，收了五万六千多个字，而且在面貌上也有很大的不同。它在字的形音义方面做了不少新的工作，具有有别于其他辞书的一些特点。

《汉语大字典》在字形方面，在有古形体的字头下，列出了能够反映这些字结构和历史演变的古文字：甲骨文、金文、小篆和隶书，并且简单地说明字的结构和演变。这项工作，以前的字典没有做过。《汉语大字典》还注意列字的异体关系，对近三千组异体字进行了初步的清理，这也是以前的辞书所没有的。在字音方面，《汉语大字典》对五万多个汉字标注了普通话读音，这是一件了不起的事。因为一般字典最多只有一万多个字的注音，《汉语大字典》采用了现代、中古、上古三段注音，是一次极有益的尝试。

释义和举例是一部辞书质量的重要方面。《汉语大字典》不仅注意收列常用字的常用义，而且考释常用字的生僻义和生僻字的义项。在引例方面，源流并重，除了注意引用始见书（即最早出现这个字的书）外，还精选了一些后期书籍的用例，白话用例也比旧辞书增多。此外，在释义之后，补充了一些旧辞书和古籍注释的书证材料，加强了所建义项的可靠性。

同志们，我们编写这样大型的字典，还十分缺乏经验，编写的时间也嫌短了些。这部字典有很多不足之处。我们并不奢望一部新编的大字典一出书就尽善尽美，无懈可击。它要经受时间的考验，它要征求各方面的意见，进行修订。我们相信《汉语大字典》会在听取各方面的意见，在不断修订的过程中更趋完美。

最后，我代表省委宣传部、省出版总社和四川辞书出版社向参加这项工作的编写部门、出版部门、发行部门的全体人员表示慰问，向这部书的各位顾问先生表示谢意，向在编写工作岗位上先后病逝的同志表示怀念，向关心这部书的热心读者表示感谢！

1986年10月14日

贺《交流》一百期①

《交流》出刊已经整整一百期了。

一百期《交流》逐步引起同志们的注意和兴趣。有不少同志不仅认真阅读，还一期期把它保存起来，领导机关和兄弟单位纷纷来索取，省委宣传部新闻出版处的同志称赞说："《交流》办得不

四川人民出版社曾经的办公地点成都盐道街3号（1962~2005年）

① 本文原载《交流》，1981年。《交流》是四川人民出版社总编室办的内部刊物，主要刊载出版信息、经验交流等。

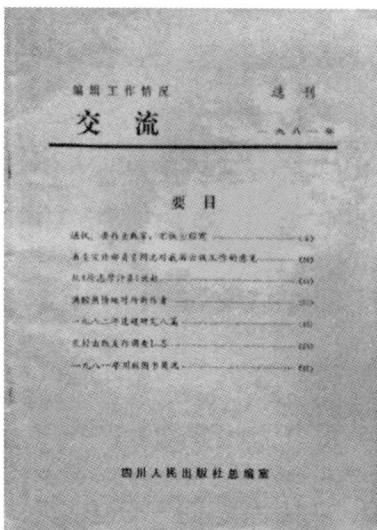

20世纪70年代末至80年代初四川人民出版社内部刊物《交流》

错，提出了很多值得思考的问题。"总之，《交流》在出版社有影响，它不是可有可无的东西，对此我表示祝贺！

当然，要继续办好《交流》还得努力。

出版社要办好，光靠几个社一级的领导是不行的，必须把所有的编辑和全体同志的积极性调动起来。《交流》的一个重要任务，就是要成为出版社发扬民主、广开言路的阵地。领导没看到想到的，群众可以说；编辑思想和编辑工作中的问题，大家都可以来讨论、来批评。至于如何抓好调整、改革，值得议论的问题就更多了。在这一方面，还要解放思想，减少不必要的顾虑。

20世纪70年代末，四川人民出版社总编室和资料室部分工作人员在资料室。
左起：李凡、缪明善、黄家杰、刘玉晋、田茂珍、廖沛君、陈小梅、林英

当前编辑工作存在的问题很多，《交流》要办成贯彻编委会的意图，帮助编辑同志提高思想水平和业务水平的刊物。年前，《交流》在宣传解释"控制数量，提高质量，扬长避短，办出特色"这十六字上起过很好作用，今年需要进一步讨论下去。责任编辑的职责是什么？新编辑有什么苦恼？老编辑有什么经验？如何结合工作进行学习？这都是今年的重要课题，《交流》可以充分地发挥作用。

要办好《交流》得有一批积极分子。如果一个编室有二三个人经常给《交流》写稿，整个出版社有十个左右特约写稿人，大家定期针对编辑工作的问题拟定一些题目写稿，《交流》一定会办得更有起色、更吸引人。

这是我在祝贺之际的期望。

1981年1月13日

农村情况与农村读物①

编者按 《农村情况与农村读物》，是四川人民出版社（此处有误，应为四川省出版局——李致注）组织几个调查组分别到省内农村社队、文化馆站、学校等，进行农村读物需求情况的调查而写成的。调查对象是在一个专区内的社队和个别社员。报告围绕着当前农村形势，针对社员日益增长的文化生活需要，提出编辑出版工作应考虑的问题和意见。文章主题明确，言简意明，为制定选题和出书计划，提供了有用的参考材料。

由省出版局组织的工作组，最近到乐山专区做了一次调查，开了几个座谈会，并到五通桥区和眉山县的两个生产队了解情况。

一

自党的三中全会特别是落实生产责任制以来，农民的生产积极性大为提高，农副业生产有很大发展，生活有显著改善，吃饭问题基本解决。不少社员盖了新房子，很多是砖瓦房。绝大多数人家都挂有腊肉香肠。衣着有较大改善，农村儿童的穿着与城镇居民的小孩差别不

① 本文系1982年农村读物调查报告，为李致与钱铃合写。选自《编辑应用文选》，山西人民出版社出版，"编者按"是山西人民出版社出文选时所加。

李致文存·我与出版

270

大。有的女青年烫发、穿太空服。社员用在农业生产上的劳动时间已相对减少，对文化生活的需求也日益增长。

与出版工作有关的新情况是：

（一）迫切要求学习农业生产技术。过去是由生产队长安排指挥生产，队长喊干啥就干啥，社员只要把工分挣到就行了。现在实行生产责任制，许多社员特别是青年不懂得科学种田，热切希望学习农业技术。仁寿新店公社农技员给生产队长讲技术课，自动来听课的社员比生产队长多四五倍，其中包括老太婆和十几岁的青年。

（二）迫切要求学习副业生产技术。社员要求发展养殖业和手工业，不惜高价学习本领。大邑有个公社养鸡场，对外招收学员，保证三个月学成，每天收学费一元二角（食宿自理），乐山去学习的社员不少。

（三）迫切要求改善生活条件。例如，如何合理建房，如何制作家具，如何缝纫裁剪，如何维修自行车、缝纫机、收音机等生活用品，等等。

（四）由于提倡只生一个孩子，独生子女增多，在养育孩子方面舍得投资，年轻父母希望懂得带孩子的知识。

（五）对文艺书籍提出新的要求。农村文化生活有较大改善，电影比较普及。有的大队、生产队有电视，赶场可以看电影和戏剧。一些城镇和社队建立了文化站，团支部建立了小图书室，这些已成为农村文化生活的主要阵地。同时，40岁以下的社员一般虽具有小学或初中文化水平，但多数并无读书习惯。图书如果不对路、质量不高或价钱太贵，就很难取得一席之地。

（六）迫切需要加强思想教育。目前部分社员仍担心党的政策会变，说："过去怕修，现在怕变。"对生产责任制也有各种各样的理解。峨眉有六个公社把土改时发的土地证拿出来搞"土地还家"（已纠正），有的生产队把集体储备粮、保管室和晒坝都分了。少数社员不是劳动致富，而是搞歪门邪道致富。国家应收购的东西收购不起来，社员修房乱占耕地现象比较严重。有的干部不抓工作，忙于发家致富，把为人民服务的思想丢了。看相、算八字、请碟仙、看水碗等迷信活动在一些地方流行，聚赌时有发生，大办红白喜事的现象也较普遍。

二

根据以上情况，农村读物应考虑：

（一）年画、门画、年历、对联，仍然是目前农村销量最大的出版物，我们要继续出好。对联的品种要增多，内容既要有教育意义，又要生动活泼。带轴的中堂，农民很需要，今年一定要开始试制和供应。

（二）农业生产技术书籍，可以有三种形式：第一种是供应广大社员用的。如育种、栽培技术、防治病虫害、肥料使用等。这类书要求实用性强，内容单一，本薄价廉。书店反映，一般社员不愿买综合性农业技术书籍或手册，他们宁可到书店去抄录有关段落。第二种是综合性的农业技术手册。这类书主要是给农技员和有志于农业科学研究的青年积极分子看的。内容太单一不能满足他们的需要，但仍要注意通俗实用。第三种是带有理论性的农业技术书籍。内容要求广泛一些，包括气象、水土保持、生态平衡等与农业生产有关的内容（即大农业）。这是地区科委有关同志提出的。

（三）副业生产技术书籍。内容像果树栽培、家禽家畜饲养和手工业等。这类书也可采取农业生产技术书的三种形式。我们已出版的《社员家庭副业丛书》是受欢迎的。

（四）可以考虑出《农村家用小丛书》。如怎样合理修建房屋，怎样做家具、缝衣裳，怎样修自行车、缝纫机，怎样带娃娃等。内容要切合四川农村实际。

（五）连环画是能够到农村的读物，小孩大人都愿意看，要注意连环画的思想内容，反映现实题材的连环画要增多。

（六）文艺书籍如何适应农村需要是个难题。由于社员对文化生活的兴趣、爱好发生了变化，加以不能脱产排练节目，一般演唱材料并不受欢迎。地、县每年一次文艺会演，都是提倡自编自演。当然，农村文化站要开展活动，提供一些演唱材料还是需要的。至于文艺书籍，真正愿意看的，希望看中外名著，希望我们"不要认为农村文化低，只能读通俗读物"。我们感到，《农村文化站小丛书》内容要广泛一些。可以包括古典文学节选、外国文学缩写、优秀中短篇小说选，不宜提以本省作者为主。川版优秀的文艺书籍，可以出农村版，目的是降低价格，便于社员购买。

（七）政治思想教育读物，关键是要结合农村实际。例如：进行"三热爱"和"三兼顾"教育的书籍，如何完善生产责任制的书籍，破除迷信和提倡新风尚的书籍。这类书要针对农村带有普遍性的为大家所关心的问题，深入浅出，以事喻理，形式生动，有说服力，避免板起面孔空洞说教。有同志建议，可以出讲文明礼貌的《三字经》，可以出《算命的秘密》，可以出《如何处好婆媳关系》和《如何办好婚事》等书。

三

几年来，出版社编辑出版了一定数量的农村读物，新华书店在发行上也做了很大努力，这些成绩必须充分肯定。但是，究竟有多少读物真正发到农村社员手里，谁也说不清楚。平常，一般是把区以下供销社发行的图书数量，统统作为农村读物的发行量，这是不准确的。所谓农村人平均购买图书的钱有多少，实际也是神仙数字。因为供销社发行的图书，有相当大一部分是当地机关、厂矿、学校、部队以及城镇居民所购买，供销社也不可能分别统计。如果不具体分析，会使我们对当前农村读物发行的实际情况作过高估计。

我们访问了两个生产队，逐户调查了每个社员所有图书的情况，发现真正到农民手里的，与前年我们在彭山一个生产队调查的情况基本相同。发行多的主要是门画、年画、年历画和对联，其次是给孩子买的连环画和少量学习辅助读物。其他书籍微乎其微。即使有点书，也集中在少数人家。究其原因，目前农民的购买力，除了优先解决农具、肥料、饲料等生产用品外，主要花在修房、购买穿着和家具等方面，文化生活主要是看电影，看书基本上还没有排上队。同时，由于各种原因，多数社员还没有看书的习惯。看书的人说："买书不如租书，租书不如借书。"乐山市五通桥区委书记黄玉林同志估计：再经过七八年努力，衣食住才会有进一步改善；随着农村文化的进一步提高，大多数农民才会形成读书风气。这个估计有一定的道理。

有了比较接近实际的估计，才能充满信心，不会为一些表面数字所迷惑，也不会因一些实际情况而气馁。农村社会主义建设，既需要物质文明，又需要精神文明。随着农村经济发展，文化生活也会相应发展，这方面的潜力是很大的。目前已有少数有眼光、钻研技术的社员愿意买书。眉山有一个社员花11.50元买了一本《中国农作物病虫害》（上）。我们有义不容辞的责任，把农村读物出版发行好。眉山的同志提得好：两个文明一起抓，图书发行怎么办？大家的意见是：

（一）加强调查研究，使农村读物对路。既要切合农民需要，又要不断提高图书的质量。

（二）要加强对农村读物的宣传和指导，提高农民读书的兴趣。

（三）书店要改进发行，采取多种渠道，力争把更多的图书发行到社员手里。

（四）要与有关方面配合，帮助农村文化站和团支部建立图书室。

1982年3月10日

我省1988年出版新武侠小说情况^①

1988年，我省二十一家出版社中，有四家出版香港新武侠小说，共二十种六十七卷，仅版权页印数即达六百四十八万册，实际印数还难以掌握。其中，四川文艺出版社出版十种二十八卷二百四十四万册，四川民族出版社出版六种三十卷三百三十万册，四川美术出版社出版三种七卷五十四万册，四川省社会科学院出版社出版一种二卷二十万册（详见附页）。这二十种图书，从内容看，虽多系描写中国古、近代一些江湖豪杰剪除邪恶、揭露官场黑暗等错综复杂的斗争，尚无淫秽色情描写，但确有格调不高的问题。这样大量出版香港新武侠小说，已在社会上引起了不良反响。有的说："出版部门究竟要给青少年提供什么精神食粮？"有的说："难怪有价值的著作难以出版，大量的纸张和印刷力都用在新武侠小说上了。"有的说："几家出版社利润虽高，但有'不义之财'。"

国家出版局早对出版新武侠小说有明文规定。1985年3月10日文化部《关于当前文学作品出版工作中若干问题的请示报告》中指出："内容健康，具有一定影响的代表作品，包括港台的新武侠小说，可以择优出版。"同年6月18日文化部《重申从严控制新武侠

---

① 本文载中共四川省委宣传部于1989年4月1日《宣传动态》增刊（一）。

小说的通知》，除重申3月10日的通知精神外，还规定："新武侠小说、旧小说和据此改编的连环画，未经批准，擅自出版或在批准印数之外擅自追加印数的，以及非出版单位滥编滥印这类图书的，都要实行经济制裁。"以上出版社大量出版新武侠小说，主要原因是单纯追求经济效益。我部在去年初即有察觉。同年6月7日全省新闻出版改革工作会议强调指出，对港台新武侠小说的出版要注意研究，目前出版的这类书种类和印数都偏大，要作必要调整。但这个提醒未能引起应有的注意，以致造成以上情况。

在去年申报的十八种武侠小说中：有的申报的是历史小说，而实际出版的是武侠小说；有的批准的是连环画，而出版的名曰"配图故事"，实际也是武侠小说；有的宣称获得"口头批准"，根本就未申报。以上种种现象，说明管理制度混乱，有令不行，有禁不止。

根据以上情况，我们再一次要求端正出版指导思想，优化选题，把社会效益真正放在首位。对新武侠小说的出版一定要严格申报手续，从严把关，控制数量，切忌一哄而上。鉴于去年新武侠小说出版过多的情况，今后一段时期可否不再批准此类图书出版？对违反出版规定的，应视情给予严肃处理。

新闻出版处

1989年3月31日

附

全省1988年新武侠小说一览表

出版社	书名	册数	作者	版权页印数	出版年月
四川文艺出版社	瀚海雄风	上中下	梁羽生	30万册	88.3
四川文艺出版社	弹指惊雷	上中下	梁羽生	30万册	88.2
四川文艺出版社	剑花烟雨江南	1	古 龙	10万册	88.3
四川文艺出版社	剑上光华	1	古 龙	10万册	88.2
四川文艺出版社	月魄追魂	1～4	雪 雁	32万册	88.5
四川文艺出版社	金刀情侠	上下	古 龙	20万册	88.2
四川文艺出版社	游剑江湖	1～4	梁羽生	28万册	88.6
四川文艺出版社	鹿鼎记	1～5	金 庸	40万册	88.6
四川文艺出版社	散花女侠	上下	梁羽生	20万册	88.3
四川文艺出版社	风云第一剑	上中下	古 龙	24万册	88.2
四川民族出版社	风云雷电	1～5	梁羽生	50万册	88.2
四川民族出版社	丑剑客	上中下	陈青云	60万册	88.5
四川民族出版社	鬼堡	1～4	陈青云	40万册	88.5
四川民族出版社	无影神捕	上中下	司马紫烟	30万册	88.1
四川民族出版社	鸣镝风云录	1～8	梁羽生	80万册	88.6
四川民族出版社	狂侠天骄魔女	1～7	梁羽生	70万册	87.12
四川美术出版社	流星蝴蝶剑	上下	古 龙	20万册	88.8
四川美术出版社	邪剑魔星	上中下	雪 雁	24万册	88.5
四川美术出版社	多情环碧玉刀	上下	古 龙	10万册	88.6
社科院出版社	血旗震山河	上下	秋梦痕	20万册	88.6

合计　　20种　　648万册

报：汝岱、皓若、金池、许川、邦彦，本部各部长、巡视员、顾问，中宣部出版局。（共印30份）

附　记

1987年，四川省出版总社改为四川省新闻出版局，我不再兼任出版总社社长，但在省委宣传部仍分管出版工作。其时发现四川出版违反规定，大量出版武侠小说，特请宣传部新闻出版处写了这份情况反映。

弘扬红岩革命精神[①]

　　安排我讲话，因为在几位老同志中，我最年轻。其实，我也是"八〇后"了，今年八十有二，讲话往往讲了上一句，忘了下一句。只好写在纸上照念，以免遗漏。

　　《红岩》这部小说和版画插图，歌颂了上世纪40年代党的地下斗争，颂扬了革命先烈和革命志士的有信仰、不怕牺牲的革命精神，发行量高达八百多万册，多于小说《家》和《红楼梦》。《红岩》对人民群众（特别是广大青年）产生过巨大的影响，在日本和东南亚也拥有许多读者。1964年秋，我在共青团中央工作时，曾陪同日本民主青年联合会（相当于日共领导的共青团）代表团，专程从北京到重庆访问《红岩》的作者，参观渣滓洞和白公馆。

　　在座的几位老同志，40年代都在重庆做过党的地下工作。解放初期，共青团重庆市委多次组织罗广斌向青年学生作报告，反应极为强烈，这才引发写书。从纪实文学《烈火中的永生》到小说《红岩》，我们接受过作者的采访，给初稿提过建议。我们与《红岩版画》的艺术家，不仅相识，有的还是朋友。《红岩》的小说写得很好，版画插图也很好。鲁迅早年曾大力倡导木刻艺术。四川的版画在全国居于首位。正是以李少言同志为首的八位在全国有影响的木

---

　　① 本文系在《红岩版画》首发式上的讲话。

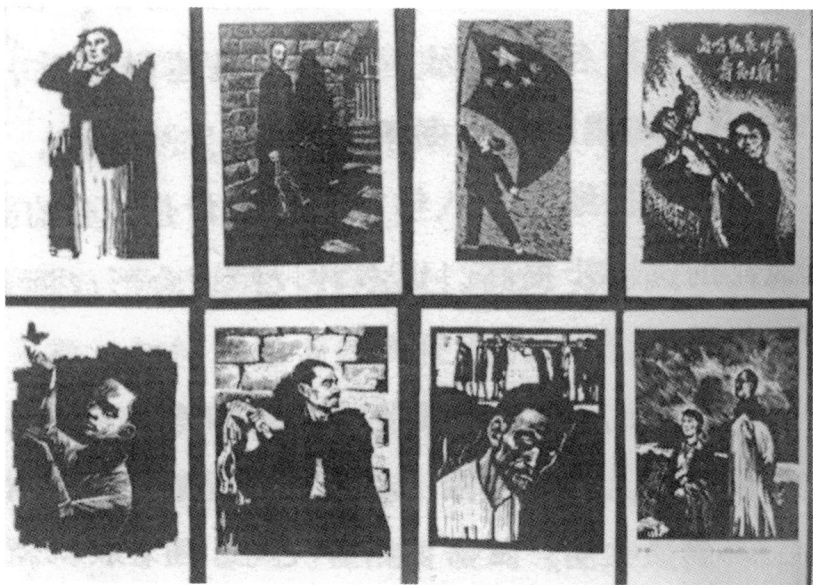

《红岩版画》，李少言、牛文、吴凡、徐匡、李焕民、吴强年、正威、宋广训等作，四川美术出版社2011年版

刻艺术家，以饱满的革命热情，把创作过程当作"学习革命先烈的过程，净化自己灵魂的过程"，为小说创作出精美的版画插图。这些插图，既吸引了读者，帮助读者更好地理解小说中的人物，又是独立的艺术作品。我不轻言精品。因为精品必须群众喜爱和专家肯定，并经过较长时间检验。《红岩版画》，经过近半个世纪检验，专家推崇，群众喜爱，至今仍令人爱不释手。这就是精品！有极大的收藏价值。

通过出版发行《红岩版画》，更主要的是弘扬"红岩精神"。"文化大革命"把人们的思想搞乱了。党的十一届三中全会以后，做了一系列拨乱反正的工作，但经济转型期间，不少人只追求金钱，失去信仰，把为人民服务变成为人民"币"服务，缺乏献身精神。有的人丧失道德底线，损人利己，戕害人民。党和政府的有关部门，正在加强这方面的思想工作和管理工作，犯罪的要绳之以法。这一次，四川省美协、四川美术出版社、新华文轩出版传媒股份有限公司、四川出版集团、四川省文联，在党的九十岁生日之际，及时出版《红岩版画》这本书，弘扬红岩革命精神，值得赞扬，值得祝贺！

目前，全国一年出版三十多万种图书，但产生重大影响的图书不多。一般的图书多，品位低下和垃圾图书也不少，原有的好书也难买到。"文革"后闹过书荒，从某种意义上讲，目前也有"书荒"——是好书荒。作为一个老出版人，我希望四川出版界看准时机，"控制数量，提高质量"，多出有质量有影响的好书，原有的好书也尽可能再版！

今天，几位《红岩版画》的艺术家到场，几位艺术家的家属到场。感谢艺术家们所做出的无愧于时代、无愧于人民的贡献。读者不会忘记你们。我深知，读者不会忘记你们，是对你们的最好的回报！

2011年6月30日

知己知彼

李致文存·我与出版

LI ZHI WEN CUN

1985年率四川省出版代表团访日日记

1985年4月，四川省出版代表团，应日中留学生·研修生援护协会代表上原信夫之邀，去日本参观访问。成员有我（团长）、袁明阮（顾问）、钱铃、梁燕、王伟、宋文咏、邱季生（翻译）。

以下是我在访日期间十九天的日记。

4月17日

六时起床。上午主要在收拾东西。

下午一时半，从饭店出发。上海市出版局刘副局长和外事处傅育连来送行。海关出境手续顺利。三时零五分从上海起飞去日本。

从上海到东京，共两千公里，预计飞两个半小时。起飞不久，即看见大海。大约五时十分，看见日本的本州，机场在千叶县。海关入境手续很顺利。出关后没看见上原信夫先生。同行人有些着急，正准备打电话，见一位年轻人用纸写着"四川省出版总社李致先生"，是上原信夫先生派的代表来迎接，他说上原先生在北京，明晚回东京。这位年轻人叫增子季喜。

乘高速公路汽车去东京。与增子君交谈。他刚从大学毕业不久，学经济，现在上原先生的援护协会工作，今年9月将去北京学中文。他表示很热爱中国，我也表扬他为促进中日友好所做的努力。

我们住在东阳饭店。一人一间房，我住802号房间。每天房费

285

五千五百日元，符合我们报销的标准。房间不大，大约有十平方米，但有床有桌，有洗手间，有电视电话，很实用。

陪增子君在附近一家小饭店吃饭。他说，明天将由幸治小姐为我们导游。我们就访问日程交换了意见。他说，目前日本有些地方的工人在开展"春斗"（即罢工），如讲谈社（日本最大的出版社，与四川人民出版社有过交往）就无法接待。

刚到东京，印象是清洁，繁华。

4月18日　小雨

六时起床。七时出外散步，街上行人不多，多数商店没开门。穿一件毛背心感到冷，不久即回饭店。

九时半，幸治小姐来。今天主要是参观神保町街。几乎全是书店，有点像40年代成都的祠堂街，只是更繁华和现代化。先后看了内山书店、山本书店、东方书店，这几家都是经营中国书刊的。日本注重文化积累，《中国古典文学大系》就有六十册，《书道全集》也有二十六册，大开本，装帧设计好，均由平凡社出版。后参观了三省堂书店，我们重点看了少年儿童读物。该店在日本仅次于八重洲图书中心，为世界第五大书店。许多书店都有这样一条标语："一日不读书，三日说话都无味。"

中午在扬子江料理吃大碗面。

下午去目黑区援护会办公处。我们休息，幸治忙着与有关单位联系。我们提出参观八重洲、东贩、平凡社等单位，前两者已落实。还提出去奈良，在大阪多住一天，仅电话联系，旅馆也解决了。办事效率很高。

在中国料理店吃炒饭。

幸治带我们参观东京最繁华的商业区银座。尽管我早已听闻，但百闻不如一见。色彩缤纷的大型广告，组成各式各样的图案，真是"目不暇接，美不胜收"。许多欧美旅游者抢着拍照或录像。这是我所见到最美丽、繁华的商业区。

4月19日　晴

十时，乘地铁去我驻日大使馆，会见文化参赞蔡子民同志，向他汇报了我们代表团的情况，并转述了耀邦同志最近有关文艺的讲话。他谈了一些意见，主要是希望我们抓重点。从他那儿得知，王丰玉在使馆工作，文迟任驻大阪的总领事，王达祥将调使馆（可能接任文化参赞）。这都是我原在共青团中央工作的同事。

邱季生和幸治去航空公司确认返回机票的时间，原定5月1日离日返国，但没有机票，要5号才有。因为怕别人说我们找借口旅游，我问蔡子民可否请使馆写个证明？他说不必了，你们都是负责同志，互相证明一下就行了。这一来带来不少问题。主要是经费不够，马上打电话给周继尧，请他报批并寄钱（三十万日元）来。此外，整个日程也要调整。

1985年4月20日，四川省出版代表团访问日本东京印书馆。前排左起：梁燕、袁明阮、下中直人、李致、钱铃、邱季生；后排左一王伟，左三宋文咏

中午饭在中华料理店吃回锅肉。

参观东京电视塔。这是为电视和广播造的，高333米。从一楼乘电梯，一分钟能到高150米的大展望台，可以看到东京的全貌。

与正在日本的冯振伍（中共四川省委前组织部部长）同志通话，他们也因机票紧张，将延期回国。

4月20日　阵雨转晴

上午去东京印书馆参观。为节约经费，改乘地铁。幸治不认识路，迟到一小时。大门插了中日两国国旗，还有"欢迎四川省出版总社社长李致先生和御同事"的立幅。常务取缔役下中直人致欢迎词，我致答词。我们参观了有关车间，由下中直人的儿子下中直也讲解。工厂有几处挂有"充满信心，充满活力"的标语。与我国台湾合作印制的宋徽宗的画、赵子昂画的马，印工极好（由三十几点画点组成），裱工也很好。平凡社的百科全书十五卷（还加一卷索引），共

1985年4月20日，四川省出版代表团访问日本八重洲图书中心。左起为袁明阮、河相全次郎、李致、邱季生、梁燕

六千多万字，一年零六个月出齐。下中直人也再三强调人的技术和作用，说没技术和活力，只凭先进的设备也不行。下中直人请我们在中国料理店吃中饭。取缔役近川先生把我们送到地铁站口。

下午三时，参观八重洲图书中心。

"中心"为世界第四大书店，大楼有八层高，营业楼有五层，面积二千四百平方米。代表取缔役会长（董事长兼会长）河相全次郎、取缔役社长（董事兼社长）石桥长久、常务取缔役田岛幸夫诸位先生在书店门口欢迎我们，陪同我们参观了五层营业楼，并作详细解说。在参观过程中，专为我们播放了中国古乐和民乐《绣荷包》，但声音很轻。总的印象是这里是书的海洋，装帧艺术的展览。有关中国的书籍颇多。河相全次郎先生强调说，不了解中国五千年的文化，就不能了解日本两千年的历史，还语重心长地说："中国有些人不如日本人了解中国的历史。"我听了，既震动，又很难受。

"中心"的一个走廊，陈列了中国一些"要人"参观八重洲时的照片。有华国锋主席，有李一氓、符浩、宋之光，有曾彦修、曹建飞，还有我们的崔之富和薛钟英，有些不认识。河相全次郎先生对崔之富逝世表示难过，我转交了崔之富夫人翁季常对他的感谢信。这说明日本人重友情。

参观完后座谈，实际是摆"龙门阵"。由河相全次郎先生提头，谈川菜、小吃、名胜古迹。还提到中国童话《熊家婆》，我讲了这个故事，他非常有兴趣。我说我四岁的小外孙也会讲《熊家婆》，他开玩笑说我和小外孙与故事里的大姑娘一样聪明。崔之富曾邀请河相先生访问四川，我申明邀请有效，欢迎他在金秋10月来川访问。后合影留念。

4月21日　去京都

九时四十分出发，乘新干线高速铁路去京都。

东京去京都，全长五百二十公里，时速为一百二十公里。车厢宽敞，清洁，舒适。服务员进出车厢，都向乘客鞠躬，很有礼貌。乘客也很安静，或看书报，或用耳机收听，交谈细声细语，无人大声喊叫。我睡了半小时，醒来不久即可望见富士山，真像日本诗人所说"倒悬的玉扇"，很美。又想起鲁迅形容清朝留学生盘辫子戴学生帽，像顶着富士山，暗自好笑。沿途看见许多平房和二层楼房，房顶有红、蓝、灰、绿各种颜色，显示日本农村房屋的特色。

我身边坐着一位约三十岁的妇女，她一直用耳机收听，没有交谈。过了名古屋，她拿出小点心请我吃。我不会日语，只能笔谈，其间插几句英语。她叫藤重光枝，是搞电脑的，去神户休假。这也反映了日本妇女大方，有礼貌。

到了京都，在中国料理店吃饭，每份四百日元。

乘统一旅游车参观。先去三十二间堂（供有千手观音、雷神、风神），金阁寺，平安神宫案，清水寺等地。总的印象是日本的文物保护好，许多地方必须穿塑料鞋套才能步入。参观者有秩序有文化，中学生也如此。如我们照相，中学生要站在一旁，等照完了才走过。不知我国人民的素质，何时能达到这种水平？

4月22日

今早看电视，彭真同志率团访问日本。

九时半，大日本钢板厂派车来接我们。这是因为四川省新华印刷厂买了这个厂生产的电子分色机，目前该厂还有技术员在成都帮助安装。据介绍：1984年4月到1985年5月，营业额一亿九千万日元，海外部分占百分之三十二点三（中国又占这部分的百分之三十一）。接着去久御山工场，并在工场吃了日本盒饭。工场主要生产电子分色机，1981年建成，打算在五年内为全世界造六千台分色机。目前年产四百台。去年，中国有一百六十五人来参观；今年，四个月已有三十位（包括我们在内）中国人来参观。我们看了不少先进设备，但我不太懂。场内有不少标语："当社信条：奉仕、确实、迅速、节约、研究！"过去，我们"突出政治"，空喊口号，而现在有些地方走向另一个极端，只说钱。人总要有一点精神！资本主义国家的工场也不例外，何况我们。

三时半，去著名的岚山公园。早年，周恩来同志曾三次来过这里，写过两首游岚山公园的诗。这两首诗均收入四川人民出版社出版的《周总理诗十七首》。我们先到了日本友好人士立的刻有《游岚山》的诗碑。碑前有鲜花。我们事先不知道安排，没有带鲜花，但我们有热爱总理的赤诚的心。天色渐晚，且有小雨，更使我们想起总理写的游岚山公园的诗。幸治小姐不认识路，幸有司机导游。坐车观景，或有成片高直的竹林，或有各种葱郁的高树。沿途多是中国唐代式的房屋，屋外挂有红色或白色的纸灯笼，古香古色，幽雅安宁，令人流连忘返。

晚，幸治小姐约我们去看望她在京都的中文老师。除我以外，同行的还有钱铃、王伟同志。遇大雨，乘公共汽车。这是一个日本式的小院。幸治的老师黄当时（华侨），他的父亲叫黄济清先生，不仅是教授，还是京都华侨总会的副会长。母亲林柳烟亦是大学教授，讲中国现代文学。她说日本人喜欢鲁迅，我很高兴。主人请我们喝啤酒，吃点心。黄济清先生说，京都有一千多名华侨，九百多人赞成祖国统一。告别时，他表示可以为留日学生提供条件。

4月23日

游奈良。

九时半去奈良，约十时到达。

步行到春山大社。松树和枫叶茂盛。主要参观了鹿苑。这里的鹿完全敞放：或坐下休息，或散步兼吃青草，或跟人步行等吃点心。人可以随意摸鹿的头或背，和谐相处。幸治买了类似饼干的饲料，喂鹿吃。鹿还上街，钻进饭店门内。人人爱护鹿，连小学生在内。再去东大寺，大殿的大佛造型甚美，像是铜铸的。中午饭后去唐招提寺，这是供奉中国鉴真和尚的，可惜今天供奉中国鉴真部分不开放，令人失望。我开玩笑说："鉴真年纪大了，要缩短工作日，以便休息。"下午四时抵京都，七时后回到东京。

仍住东阳饭店，801号。与上原先生取得联系。

4月24日

上午去日本著名的出版社之一——小学馆访问。

该馆第五出版部部长岩井昭见和第三出版部大泽昇接待。大泽昇是年轻人，能讲一些中国话。他说，该馆工人正开展"春斗"，罢工了。我们先访问了中国语辞典编辑部。送给我们新出版的《最新中国情报辞典》，共一千两百页。执笔约一百人，特约编辑几人。我随手翻了一下，除突出的人物和事件外，竟有"周克芹""钟水饺"等词条，引起我的兴趣。该书已发行四万五千册。

接着看了幼儿和少儿读物。时间紧张，看得不仔细。好在送了我们一套《少年百科辞典》，共十二本。请我们吃了便饭。

下午二时，去日本书籍出版协会，与二十多位东京出版界人士会面。由于双方意图不明，没有什么收获。这是教训。该会工人也在"春斗"。

上原信夫先生在见面中赶来看望我们。

四时，去平凡社，这是日本有影响的出版社之一。编辑局长取缔役大泽正道先生，按我们的提纲作了介绍，并回答了提问。如地方出版社如何根据自己的特点出书等。这次访问已请梁燕同志整理一份材料。

4月25日

十时，参观大日本印刷公司。広报室长青山敦夫先生介绍情况：该公司建立于1873年，已有一百零九年的历史。1950年只印刷书籍，现在书刊印刷只占百分之二十，商业印刷占百分之四十七，包装建材印刷占百分之三十三。公司有二十个事业部，二十个工厂，一万多名工人（女工八百五十一人），平均年龄三十三岁，工人每月平均收入三十万日元。然后，由田中先生陪同，参观各个车间，很多设备令人感到先进。车间也有标语，如"误字 脱字 扑减"等。还有一张表，公布"改善提案实施情况"，来不及询问，估计是合理化建议的实行情况。幸治说大开眼界，我也同感。

午饭后，去帝国书院参观。

帝国书院是干什么的，没有人介绍。幸治小姐说，"帝国"这两个字不好听。经社长后藤先生介绍，该院主要是出中小学用的地理图册和地理教科书的。中小学教科书由文部省审定，有七八家出版社出教科书，出地理教科书的只有两家，该院出的地理教科书，小学采用的占百分之九十六，中学采用的占百分之九十九，高中采用的占百分之七十，在中小学占很大的优势。重视青少年的地理教育，这是很好的，值得学习。

四时，拜访上原信夫先生和夫人刘女士，刘女士是成都人，普通话和四川话都讲得不错。商定了后期的日程，还谈了几点建议：一、明年下半年，拟再派一个出版代表团来日本访问，上原先生表示赞同；二、出版社、书店、印刷厂派人来实习，上原先生表示有一定困难，但他可以与一些中小型厂联系；三、与有关出版社合作出版，上原先生建议要抓特点，如四川搞有关熊猫的。此外，他建议四川派的团最好专业化，否则不便于接待，我表示赞同。

4月26日

全天参观小森印刷公司。

上午参观取手工厂，由松泽先生接待；下午参观关宿工厂，由近藤先生接待。两个厂都是生产胶印印刷机的，不仅在日本有名，生意已做到各大洲。取手工厂的人说，他们是全世界第二大印刷机制造厂，第一大印刷机制造厂在联邦德国。自动化程度高，注意安全生产，七年无事故。我们特别感兴趣的是带电脑的四色胶印机、双色带上光的胶印机、双色单色全开印刷机（一小时可印一万一千张）。两个厂的接待工作很认真，升中、日两国国旗，贴欢迎标语。新东邦公司营业部小松先生一直陪同我们。我请钱铃同志与他建立经常性的联系。

梁燕、宋文咏和邱季生去向阳商店，幸治小姐为我们翻译。

4月27日

今天参观日本两大发行中心之一，即东京出版贩卖公司。

该公司与七千三百多家书店，三千多家出版社（其中关系密切的约三百家）有工作关系。寄销占百分之九十五，包销占百分之五。退货比例，杂志占百分之二十，图书占百分之四十。杂志代销，月刊在六十天以内，周刊在十五天以内，过期不退，自行负责。图书寄销时间为半年。其中，书店退"东贩"的在三个月内，"东贩"退出版社的在一个月内。目前，周刊、月刊销售量很大，这影响到图书的价格。公司共五层楼，其中一层工作人员有八百多人，一天要发二十三万份征订单，人多工作量大，但秩序井然。对读者宣传，由出版社负责；对书店宣传，由"东贩"负责。"东贩"编有七种刊物。库房有八万八千多种书，约三百七十多万册。由于畅销，周转快，书籍都很干净。

我们参观了用电脑检查各种图书情况，大开眼界！

整个参观访问时间约两小时，时间不长，但收获很大。"东贩"的情况，我们原来也知道一些，有书面材料。但百闻不如一见，这里的工作的确很先进。

到今天为止，安排参观访问的主要项目（出版、印刷、发行、书店）已结束。与大家商议：所剩几天，一是补充了解平凡社和八重洲图书中心；一是开展一些友谊活动，拜访一些原来认识的日本朋友。此外，代表团成员把工作放在首位，也有些累了，可以放松一点。

4月28日

今天休息。

上午，在东京地下商场买东西。大家有的日元不多，加以我购物是外行。我被放在商店之间的玩具吸引，我买了几样儿童玩具。

中午吃了一顿日本炒饭，不习惯，有不舒服的感觉。乘地铁回旅馆，在车上睡着了。下午，从三点睡到六点，被钱铃叫醒。很多天没午睡了，我一直有午睡的习惯。

在一家中国料理店吃晚饭。炒饭或汤面，一般只需四百日元，这算比较便宜的。饭后，我们几人在街上散步。日本人工作和生活很紧张，几乎看不见像我们这样散步的。

顺便说一下，因为经费不足，我们在日本出行，主要乘地铁。日本人乘地铁，不少人在自动电梯上，也是跑上跑下。上了地铁，如路段稍长，有的看书报，有的用耳机听什么。遇下雨，日本人很注意公德，一般把伞立放在自己身前，不让雨水沾在别人身上。乘地铁，使我们能了解日本人的生活。我在50年代两次访问苏联，日程（包括晚上）全由官方安排，与苏联人民接触并不多。

4月29日

今天是日本裕仁天皇的生日。

裕仁在位六十年，今年是日本昭和六十年。政府机关和许多单位放假，皇宫开放，许多人去参观。幸治小姐的恋人从香港来，今天她休息。增子季喜安排我们两个团去参观皇宫，另一个团是冯振伍同志率领的。九时半到皇宫，沿途戒备森严，海陆空军都出动了，还有不少警车。首先碰到的是，每个参观者都被派发了一面小的日本国旗。中国人因受日本侵略，对太阳旗有很大的反感，王伟同志尤甚，他老家曾被日本军占领。这事我也不知如何处理。经大家商量，既然来参观，拒不要日本国旗也不礼貌，拿着就是。九时半，裕仁在宫殿二楼（装有防弹玻璃）与国民见面，讲了几句话。

大意是感谢国民对他生日祝贺，祝国民幸福愉快。皇后因感冒没有出来。不少日本人举国旗欢呼。我们仅是参观者，日本皇宫建筑比中国故宫差远了，但植被甚好。

冯振伍同志借了一些日元给我们，令我们放心了。

难得有一个午睡，睡了一个半小时。

梁燕发现一个"大处分"（即大减价）的商店，与电影《林家铺子》类似。所有商品每件只卖一百日元。我们都各买了一些小商品，准备作为礼物送人。

在地铁上，看见一个胖娃娃。我、钱铃、王伟都说像我的小外孙齐齐。我老看这个娃娃。王伟说我想家了。

4月30日

今天没有日方陪同，我们乘地铁去神保町街东方书店，拜望店长安井正幸先生。

主人多数懂中国话。翻译冈田先生在成都住过三十年，普通话和四川话都讲得很好。我主动介绍了四川出版界的情况，并说明这次来访的目的：一、看望老朋友安井先生；二、听取安井先生对中国书籍的意见；三、了解川版书在日本的情况。

安井先生说，川版书在日本反映较好，举例说到《华阳国志》等书。接着从全国改革谈到出版界要改革。不仅书的质量要提高、印数要增多，发行渠道也要多样化。他说，自己在书店干了这么多年，深知其中甘苦，书少了不够，多了又怕卖不出去。中国幅员辽阔，人口众多，光靠新华书店这一条渠道是"理想"，实际上是办不到的。他在中国想买书，新华书店没有；找出版社，说只印了这么多，没有办法。国外来订书如何减少流通环节，降低书价，是件大事。还说，向中国订书，第一次预订有保证，要第二、第三次增加订数，很困难，令人头痛。日本出版的书，有好有坏，但流通环节畅通。日本经济起飞与此有很大关系。他说，中国和四川的书，

李致文存·我与出版

296

《华阳国志校注》，（晋）常璩
撰、刘琳校注，巴蜀书社1984年版

《四川植被》，《四川植被》协
作组编，四川人民出版社1980年版

大有可为。某些书的读者有限，《新华字典》这类书可以订成百上千。科技书受欢迎，如《四川植被》。文艺书销量有限。

安井先生在银座一家日本饭店请我们吃饭。完全是日本式的，只是不用盘脚，可以把脚放在桌下的坑内，较为舒适。席间，安井先生对《汉语大字典》极感兴趣。

晚，看日本报纸，知我国作家张天翼逝世。

5月1日

今天是国际劳动节，但没有节日气氛。

上午访问学研公司。该公司主要生产电脑照排字，是先进的印刷技术。活字排版是我国发明的，有过重要影响，但现在已经落后。我省出版系统（成都片）一年要排一亿多字，相当紧张——当然也有管理问题。营业部主任伊东律夫陪同参观并作介绍。看了上海新华印刷厂来该公司实习的电视录像片。实习时间两个月，还有来学维修的。掌握技术后，一分钟可排三千六百字，是一场大革命。钱铃、梁燕都表示应进行这场革命。公司有六十年历史。三十年前开始研究电脑照排，二十年前商业化，一年可产大的（上海买的）和小的（人民日报社买的）二百台。参观后，主人请我们吃了一餐日本饭。

下午四时，应萨伊马尔出版会社长田村胜夫先生邀请，到该会访问。社长派秘书丁野女士来接我们。该社橱窗摆了不少中国书籍，如《人间周恩来》《彭德怀自述》。进入出版社，全体同事起立鼓掌欢迎。田村胜夫夫人田村雅子，穿着她访问中国的着装出面接待。翻译尾形裕子，普通话讲得好，漂亮大方。会面充满友好气氛。

田村胜夫先生在1981年以团长身份，参加中日出版合作会议。他很健谈，表示热爱四川。说他过去只知道重庆，到了成都才知道四川。夫人是"中国迷"，每天打太极拳，听北京广播。谈到上次出版合作会议，认为尽管实际成果不大，但其意义远远超过合作出书。那次会后，他们决心出版有关中国的书。他说，萨伊马尔出版会虽小，但对日本领导人的影响大。当前日本出版界出杂志多，印刷技术很先进。田村胜夫先生从事出版工作三十年，对日本社会、文化的未来深感不安。他认为中国是日本文化的源头，想了解我们对日本出版界的观感。作为出版家，对世界潮流应该很敏感，为未来而工作。

日本联合代理公司宫田界先生（曾任访四川团的秘书长），主要谈了中国有关的立法——著作权和参加国际版权公约的问题，并表示如果中国参加国际版权公约，日中合作出版会得到更有利的发展。

袁明阮同志代表我们讲了话。

田村胜夫先生请我们在"狗不理"餐厅吃饭。席间，既谈出版，又谈友谊，也说笑话。我谈话时间较多，没有吃饱，但很高兴。我们这次访日，一般只谈业务，只有河相先生、安井先生和田村先生几处谈了心，而且心是相通的。餐后，田村夫妇把我们送到宾馆，热情告别。

冈田先生电话，约我和梁燕再去东方书店谈一次。八重洲书店亦有电话联系。

5月2日

十时半，第二次到平凡社。

由藤原、福冈女士和山本先生接待。主要通过该社编辑的《中国古典文学大系》（六十册），解剖一只麻雀学习平凡社的经验。该社编辑这一套书有两个目的：一是介绍中国的历史和文化艺术；二是用日本当代的语言重新翻译。选题由该社的编辑和监修人（专家）共同商定。负责这套书的编辑共五人。1964年开始编辑，1965年着手翻译，1967年出版第一卷，1984年（共十七年）出齐。每一卷重新翻译以后，编辑用两个月时间，印刷要四个月时间，共半年。这以前要请专家审定。既分卷发行，又成套发行。单卷发行最高达五万册，成套发行约两万套。每卷书定稿由编辑负责，不搞三审制。山本先生介绍了书籍成本结构。

王伟同志探索了合作出版的可能性。

中午由平凡社请吃饭。社长下中邦彦先生到饭厅送别。

邱季生去民航办好航班误期证明。又去大使馆，王达祥（原团中央同事）已就任文化参赞，表示要打电话给我。

下午，再去东方书店。安井正奇先生与我们进一步讨论了《汉语大字典》在日本发行问题。幸治小姐已回来，今天由她陪同并翻译。

5月3日

今天，我们去筑波参加国际科技博览会。

陪同人员是幸治小姐。她身着中国旗袍，这是她在北京学中文时做的，都说漂亮。她已两次参观博览会，所以一切行动听她指挥。

途中，认识一位台湾同胞，姓陈，交谈不少。

首先看到讲谈社展馆。讲谈社是日本最大的出版社，我们曾在成都接待过他们的摄影代表团。本来打算访问他们，但据说他们那儿有"春斗"没成。馆前排长队。我们向上野馆长、牧野副馆长作

1985年5月3日，四川出版代表团参观筑波国际科技博览会，在讲谈社馆外合影

了说明。两位馆长很热情，把我们一行（包括台湾同胞）请进去，喝过咖啡，送了有关资料，优先安排我们观看类似苏联全景电影的影片《脑的世界》（人间·宇宙·未来）。我请馆长代我们向社长致意。

接着看了三菱未来馆。进馆即乘21世纪的"汽车"，先后看了生命的诞生和进化、人间的朋友、宇宙世界、地球等影像。特别是后两部分，使人感到在作宇宙飞行，游行世界，令人兴奋。

就友馆是大型立体电影。

日本的主题馆，主要看机器人。机器人不仅能说话，还能按观众的要求弹钢琴。弹了两首曲子，观众为它鼓掌。

集英社馆的内容是古代遗迹和人间。

抱着很大热情看了中国馆。馆内布置有民族特色，虽有火箭之类模型，但多为工艺品，不像前几个馆那样吸引人。北京大学试制的激光照排机，引起我们的兴趣。以后四川排字，究竟用"写研"

公司的，还是采用国内研发的，值得研究。

顺便看了苏联馆和南朝鲜馆。不知什么原因，我总感到苏联馆的人有些盛气凌人。

星丸儿童乐园非常好。

整个参观过程，台湾陈先生都与我们同行。在讲谈社受到的接待，使他感到中华人民共和国的地位。我们虽第一次与台胞接触，但落落大方，热情友好。他为我们拍了不少照片，一起吃午饭。与他交换硬币，我敢接受有蒋介石头像的，他却不敢接受我们送的。我讲了"三通"政策，他说如果台湾当局允许"三通"，他要大大方方地到大陆。

5月4日

上午去大使馆，访新任文化参赞王达祥。他原在共青团中央工作。1964年，我陪同日本民主青年代表团在国内参观访问，他任翻译，我们相处很好。昨天他打电话向我问好，所以我特意去看望他。

中午在神保町四川饭店请上原夫妇、幸治小姐吃饭，以表答谢。大家都讲中国话，不拘束。上原先生颇能喝酒，又健谈。他再一次主张组团到日本访问要专业化，人员不要太杂。还讲了日本社会一些复杂情况，供我们参考。

下午，全团成员上街购物。

这次访日活动，到今天就算结束了。

5月5日

幸治小姐来为我们送行。

今天是日本男孩子节。许多房屋挂着鲤鱼旗。旗的彩色飘带表示江河。黑鲤鱼是爸爸，红鲤鱼是妈妈，其他几条小鲤鱼代表有几个小男孩。飘带和鲤鱼都是很薄的塑料做的。一吹风，鲤鱼旗不仅飘扬，而且胀满气，很好看。据说，日本人一般不吃鲤鱼，鲤鱼象征吉祥；鲤鱼能跳龙门，鼓励孩子上进。3月3日是女孩子节，不挂鲤鱼旗，而是做布娃娃（日本叫"人形"）。日本没有统一的儿童节，但5月5日全国放假，这表现了重男轻女。

十时去机场，海关检查较简单。北京时间下午三时四十五分抵达上海。上海市出版局刘副局长和沈询澧来接。海关检查顺利。我们送了一个大挂钟给上海市出版局。

我到武康路看望巴老。巴老很高兴，放弃看电视，听我讲了一些日本的情况。家里为我在巴老书房安了一张行军床。巴老多次问我为什么急着明上午就回成都，并一再说，明早六时半起床，还可以再谈谈。

附　记

重翻这份日记，已是二十七年后的事了。这份日记，可以让有兴趣的朋友对我们那次访日活动有所了解。但日记仅凭我当时记忆所写，事后没加核对，地名人名特别是某些数字，可能有误。参加访问的宋文咏、袁明阮、梁燕三位同志已先后逝世，借此对他们表示缅怀。

2012年5月5日

知己知彼

——从一部日本辞书谈起

四川省出版代表团首次访问日本，在1985年春。4月25日，我们访问了日本著名的出版社之一——小学馆。该馆主要出版少年儿童读物，但也出版一些面对成人的读物，例如各类辞书。

主人岩井君首先陪同我们参观了中国语辞书编辑室。一见面，接待我们的日本朋友首先送了一本厚书给我，说："这是我们刚出版的"

接过这本沉甸甸的书，背脊上印着八个大字：《最新中国情报辞典》。

20世纪80年代日本小学馆出版的《最新中国情报辞典》

主人风趣地说："日本所说的'情报'，就是中国人所说的'信息'，不是别的意思。"

大家都笑了，表示理解。

随便一翻，辞典一共两千页，定价是四千三百日元。装帧设计大方，纸张和印刷的质量也很好。还发现有两个词条：一是川剧的剧目【拉郎配】，一是四川的名小吃【钟水饺】。我立即把这个发现告诉代表团的成员，引起了他们的兴趣。

"这部辞典，既不是单纯地收集汉语词汇加以解释的学汉语的工具书，也不是一般的全面介绍中国情况的百科全书，它是介乎两者之间的形式新颖、内容丰富的辞典。"编辑室的主人给我们介绍，"目前中国正处于巨大的变革时期，各方面都日新月异，新生事物层出不穷。我们希望读者在掌握汉语词汇的词义的同时，对现代中国的各个方面能有进一步的了解，以增进友谊。"

我说："你们做了一件很有意义的工作。发行量有多大？"

"第一版发行四万五千册。"

这部辞典引起了我很大的兴趣。晚上没有活动，我反复翻阅。我不懂日文，但单从汉字来看，内容的确很丰富，包括政治、经济、科技、文化、人物等。汉语就分时事语、惯用语、俗语、文革语。小学馆动员了专家、执笔者一百多人，真下了功夫。

仅"文革"语言的词条，我看见的就有：【戴高帽儿】【陪斗】【风派】【早请示，晚汇报】【知青】【臭老九】【五七干校】、【五七一工程纪要】【三突出】【五种人】等。

俗语的词条，我看见的就有：【二百五】【老油条】【第三者】【老外】【业余华侨】【万金油干部】【小金库】【走后门】【高知楼】【高干门诊】【气（妻）管炎】【大参考】等。

与四川有关的词条，我看见单讲吃的就有：【担担面】【麻婆豆腐】【夫妻肺片】【赖汤圆】【钟水饺】【五粮液】【泸州特曲】【剑南春】等。

我不再一一列举了。

翻累了，想睡觉，但睡不着。与其说老想着这部辞典，不如说老想着日本人和日本民族。到日本访问的时间并不长，但我已感到日本人做事认真、节奏快、效率高。要和中国打交道，他们就力求把中国情况搞清楚。过去听说日本人注意学中国的《孙子兵法》，单就这部辞典来说，不就是"知己知彼，百战不殆"的一种表现吗？我们与日本打交道，对日本的了解是否很深呢？应该说不是。这几年有不少代表团来日本访问，但其中有些人是来观光旅游的，仿佛是某种政治待遇，并没有认真了解情况和研究问题。这次我就听说，有个代表团来访问，因为目的性不强，主人介绍情况时，有的团员打瞌睡。联想到来日本之前，路过上海，去看望巴金。巴老听说我去日本，高兴地说："日本这个民族、国民性，很值得研究。"我要按照巴老的期望，利用这次机会，对日本多做些了解。……什么时候入睡的，我不知道。

1998年8月20日摘自访日笔记

附　记

以下是该辞典中的一个词条

【拉郎配】1. 传统川戏中剧目之一。戏中描述了古代一民妇为使自己的女儿逃避皇帝选美，强行把街上一年轻男子拉到家中，并让其同自己的女儿成亲的故事。2. 比喻：无理组合。（1）把品质差的肉藏匿在品质好的肉下面，推销给消费者；（2）在卖时令新鲜蔬菜时，要搭上已败市的蔬菜一起卖（搭卖）。（邱季生译）

他 人 评 说

李致文存·我与出版

LIZHIWENCUN

回望那段不平凡的岁月

——访原四川省出版总社社长李致[①]

◎ 姚　红[②]

三十年潮起潮落，

风云回首，

总有一些人，注定要站在潮流的前端，

总有常人没走过的路，需要勇者去开拓。

2008年11月23日《出版商务周报》改革开放三十周年特稿

---

①　本文原载《出版商务周报》2008年11月23日。

②　姚红：时为《出版商务周报》记者。

当我们梳理改革开放三十年来中国出版业出现的重要的人和事时，原四川出版总社社长李致进入我们的视野。屈指算来，李致离开出版岗位已经二十年了。之前，他先后任四川人民出版社总编辑、四川省出版局副局长和四川出版总社社长。这期间，出版界川军崛起，影响和带动了全国出版业的变革，而李致则是四川出版业变革中一位举足轻重的人物。

由四川出版集团管委会副主任张京引见，我们采访了已是耄耋之年的李老。之前和李致通电话，他说要用香茗一杯迎接我们。于是，在李致的成都寓所，一壶香茗，我们与这位四川出版界的老人摆起了龙门阵……

破"三化"坚冰

1979年12月在长沙召开的全国出版工作座谈会在中国当代出版史中无疑具有里程碑式的作用，这个会议被认为是"文革"后中国出版改革的另一个起点。然而谈到那次会议，时任四川人民出版社总编辑的李致回忆，去长沙之前，他和社里几位领导碰头商量参加这次会议要低调，因为"恐怕会上要挨骂"。

李致的这种担心来自"文革"结束后四川人民出版社"违例"出的一系列图书。

走过十年疯狂而干涸的年代，人们如饥似渴地寻觅图书。然而，历经"十年浩劫"，哪里都是一片书荒，通宵排长队购书的场面屡见不鲜。形势的发展和现实的困难，使担任四川人民出版社总编辑的李致着手探索地方出版工作发展的新思路。以50万册《周总理诗十七首》为开端，四川人民出版社陆续出版了《人民的怀念》《罗瑞卿诗选》《在彭总身边》，以及郭沫若、巴金、茅盾、夏衍等老作家的近作和曹禺的剧本《王昭君》等一系列图书，这些图书在读者中产生了极大的轰动。突破禁锢需要勇气，也要承担压力。李致至今依然记得为了是否出版《周总理诗十七首》与同事反复研究；也依然记得《人民的怀念》刚刚发行，就接到上级主管部门一位负责人的电话责问这本书是谁主编的，刚刚粉碎"四人帮"，这些作者的政治面貌都没查清楚。……可以说每前行一步都是一波三折、如履薄冰。虽然他们都顶住压力，一步步走了过来，然而，毕竟"三化"的紧箍还套在头上，所以，在去长沙开会之前，他们就做好了"挨骂"的准备。

然而事态的发展往往不以人的意志为转移。在长沙会议上，各地出版社对突破"三化"的呼声非常高，坐在下面的李致本来要"保持低调"，但此刻也忍不住向会议组织者要求"讲几句话"。就在前面几位同志发言的时候，李致在下面匆匆拟就了简短的讲话稿。他在发言中立场鲜明地阐述了自己所在的出版社为什么要突破"三化"的束缚，取得了怎样的效果，并以事实为依据打消了一些人对这样做的顾虑。发言结束，众多参会人员纷纷上前和李致握手："你说出了我们的心里话。"后来这个发言被印在了国家出版局的简报上。

也就是在这次会议上，国家出版局代局长陈翰伯最后做出了结论："地方出版社要求立足本省，面向全国或兼顾全国，可以试行。"至此，"三化"的坚冰被打破了。

在当时，湖南、吉林等不少地方出版社都意识到"三化"束缚了出版社的发展，无法满足群众日益增长的读书的需求，并在实践中有所突破。"立足本省，面向全国"的方针则是四川首先提出的。1980年2月15日，陈翰伯同志在给四川人民出版工作的邓星盈的信上说："在长沙开会时我曾约四川代表详谈一次。我对你社出书面向全国这点，极为赞赏。正是从四川得到启发，我们把这个方针推及到全国地方出版社去了。"李致认为，现在总结起来，当时那样做并不是什么先知先觉的人在那里号召，而是顺应了时代的发展。

一本书的风波

有人戏言李致是出书狂人，为理想而生。在"左"的思想还没有完全消退时，想做一个"出书狂人"何其不易。

报告文学《在彭总身边》由四川人民出版社出版后引起了极大的反响。后来本书的作者又根据掌握的材料写了一本《最后的年月》，这本记述彭德怀在"文革"中蒙冤而死之前最后的岁月的作品感人至深，李致和出版社的工作人员流着眼泪读完书稿，甚至连捡字工人都是一边对着书稿捡字一边流泪。首印40万册，9天出版。在那个拨乱反正、全面否定"文革"的时代，书刚刚印出来，书店就排起了购买的长队。

但天有不测风云，新书刚刚面世一天，上级就打来电话要求立即停止发行《最后的年月》。一个原因是作者当时为彭德怀传记组成员，违背了个人不能发表文章的规定，当然还有另外一些现在看

《在彭总身边》，景希珍讲述，丁隆炎记录整理，四川人民出版社1979年版

《最后的年月——续〈在彭总身边〉》，丁隆炎著，四川人民出版社1980年版

来不是理由的理由。一部《最后的年月》不仅在出版界，而且在中央有关部门、军队都弄得沸沸扬扬，甚至一度有一位领导提出要开除作者的党籍。李致又一次成为了矛盾的焦点。李致没有躲避，他亲自登门拜访四川省军区的司令员和政委，说："我是总编辑，你们要追究就追究我和出版社的责任。把关的是我和出版社，是我们鼓励和动员作者出书的。"

作者的党籍保住了，李致又给时任中宣部部长写了一封信，意思是这本书内容很好，不应该叫停。虽然几经周折，但禁止发行的禁令依然没有解除，李致没有放弃，他想到了胡耀邦。

李致曾在共青团中央工作，是胡耀邦的老部下，"文革"时曾经一起被关过"牛棚"。李致到出版社工作后曾经给胡耀邦送过书，胡耀邦委托秘书写信给李致："书收到了，耀邦同志要我给你写一封信，向你表示感谢。如来京办事，欢迎来家说话。"为了一本书的命运，李致找上了胡耀邦的家门。他知道胡耀邦不喜欢唯唯诺诺的人，面对"文革"后曾经兼任过中宣部部长的胡耀邦，李致开门见山："耀邦同志，您号召我们出好书，现在出了好书又被禁，禁又没有正当的理由。我们该怎么办？"面对错综复杂的关系，胡耀邦也很为难，他想了想对李致说："我给你出个主意。"他看着李致，左手向外一扬，右手又向外一扬。李致看不明白，问是什么意思，胡耀邦带着浓浓的湖南口音说道："你们自己拿去发嘛。"胡耀邦给李致出了这样的主意。不过几十万册书怎么能发得完呢？好在经过一年的奔走，中宣部终于来了通知，同意《最后的年月》可以内部发行，由这本书引发的风波也算尘埃落定了。

在那个思想刚刚解放的年代，类似的事件只是李致出版生涯中许许多多磨难中的一个小插曲。

作为一个有争议的作家，沈从文多年不被主流文化认可。但是李致认识到他的作品蕴含的巨大价值，出版了《沈从文文集》，这在全国出版界是第一例。为此，出版社也受到过批评。

出版《李劼人选集》也受到一些阻碍，因为作者的版权在人民文学出版社。但当时人文社出的是单行本，而且出书速度暂时赶不上四川。当时的国家出版局副局长许力以在会后对李致说："我支持你们出版《李劼人选集》。"许力以同志一贯关心和指导四川出版工作，这让李致感到很欣慰。

攻书先攻心

地方出版社的图书要面向全国发行，就要有丰富的选题和面向全国的内容，因此走出去找选题、找作者就很现实地摆在了出版社的面前。

李致过去在北京工作时与剧作家曹禺有过交往。当他在1978年10月看见《王昭君》的剧本时，为剧本中性格鲜明的人物形象和充满诗意的美学追求所感动，决心要把《王昭君》变成书。可是怎样说服曹禺放心地把作品交给四川人民出版社呢？对于这样的老作家，书自然是最好的敲门砖。于是提着四川人民出版社出版的《周总理诗十七首》《在彭总身边》《巴金近作》《东风第一枝》等一系列图书，踩着缤纷的落叶，李致来到北京，敲开了曹禺的家门。李致对曹禺的作品烂熟于心，他告诉老作家"我是你最忠实的读者和观众"，并且成段成段地背诵曹禺的剧本。老作家翻看着这些品种丰富、有品位、有质量的图书，面对着如此了解自己作品的出版人，还有什么理由不把书交给李致呢？他只提了一个要求，希望速度不要太慢。

受"三化"的束缚，对出版《王昭君》许多人持反对意见。北京的一位领导甚至明确表态："四川怎么能出《王昭君》呢？"李致要求自己和出版社不论在装帧设计上还是图书质量上都要做到最好，以"感谢支持我们的人和回答指责我们的人"。剧本制作非常用心，封面采用了现在依然很流行的勒口设计，内文请专业画家作了插图。

20世纪80年代，相声演员马季、唐杰忠在四川人民出版社与部分领导和编辑合影。马季曾在四川人民出版社出版《马季相声选》。

左起：闵蔚儒、马季、聂运华、李致、唐杰忠、刘令蒙、蒋牧丛

在排版上，或横排，或断句，出版社都和作者充分沟通。为了改剧本中的一个字，还特意拨打长途电话和曹禺商量。1979年2月，定价一元四角九的《王昭君》出版，这是曹禺"文革"后出版的第一本书。从组稿到成品书出版，四川人民出版社只用了一百二十天的时间，这在当时已经是极快的速度了。当带着油墨香的《王昭君》送到曹禺手中后，他写信表扬了李致一句话："李致同志，你说话是算数的。"这是对李致和出版社工作成绩的肯定。曹禺又表示："以前的、现在的、今后的书全给你们四川人民（出版社）出"。这更让李致有了意外之喜。以后，四川人民出版社又出版了《曹禺戏剧集》。至今，李致还保留着曹禺给他的38封信的原件，它们见证了一个老作家和四川人民出版社的"生死恋"。曹禺去世后，曹禺的夫人李玉茹依然和李致保持着联系，几个月前，李玉茹老人不幸去世，离世前她还叮嘱女儿把家里保存的人参寄给李致补养身体。

李致与张爱萍将军的结识更具戏剧性。

20世纪80年代，英籍华人作家韩素音参观四川人民出版社，李致、傅庚仲（左一）、李郁生（后右一）等陪同

听说张爱萍在戎马倥偬中和"文革"被囚禁时写了很多诗，李致就萌生了给这位老将军出诗集的想法。张爱萍将军也是四川人，虽然是四川老乡，但张爱萍却不认识李致。打听到张爱萍将军在北京什刹海附近的住处，李致拎着书守在了张家门口，正巧赶上张将军外出开会准备上车。李致快步走上前去："您是爱萍同志吧？我是家乡出版社的，我来找您，想出您的诗集。"张爱萍先是一诧，接着哈哈大笑，用四川方言幽默地说："我那是啥子诗哟，都是豆豉、萝卜丝。"禁不住李致的硬磨，张将军让他去找夫人商量。张将军的夫人李又兰大姐认为这些诗还需要推敲，没有答应李致的要求，但留下一句话："以后出书就找你们。"直到1987年，四川人民出版社才出版了张爱萍的《纪事篇》，李致说这是"放长线钓'大鱼'"。李致还记得张将军的书出版后，李致请他在书上签名以作纪念，张将军没有按一般题赠书的格式和内容，而是谦虚地题写了"承蒙关照"，这四个字给李致留下了极深的印象。

由书及人，文人李致和将军张爱萍结下了忘年之交。张爱萍喜爱川剧，回四川大多是李致陪着观看。李致最后一次见到张爱萍将军是到北京开会去将军家探望，临别时，年近九旬的张将军把李致送到门外，拉着李致的手不舍地说："不要走，你明天再来。"还是夫人李又兰出来解围说："等你明年过生时再让李致来。"没想到那次离别竟然是李致和张将军的最后一次见面。每每回忆起当时的场景，李致都动情不已。

没有广泛的作者资源，出版业就成了无米之炊。"投我以桃，报之以李。"在出版社工作十几年，李致和作家认真交朋友，以认真的工作作风赢得了作家的稿件，更以自己的人品赢得了作家的心。"出版社和作家的关系就是为作家服务的关系。"这样的认识也许对今天的出版业也有启发吧。

分社有利于调动积极性

在1986年4月举办的第一届全国图书博览会上，四川参加展出的图书达到一千五百多种，其中成套丛书有二十二种之多。新闻媒体纷纷报道川版书"名牌多、成系列、有重点"。中央领导杨尚昆在川版书座谈会上对四川的出版工作作了高度评价。短短几年，四川出版有了飞速的发展。如果说顺应潮流，改变旧的观念，突破"三化"的束缚使四川出版迈开了发展的第一步，那么抓住机遇，逐步分社则使四川出版得到了更快的提升。

1978年10月，国家出版局在江西庐山召开了全国少年儿童出版工作座谈会。这次"庐山会议"制定了1978年至1980年三年重点少儿读物的出版规划。为了繁荣少儿读物的出版，会议决定在每一个大区成立一个少儿出版社。曾担任过《红领巾》杂志总编辑和《辅导员》杂志总编辑的李致敏锐地捕捉到这个信息，意识到这是一个很好的发展机会。在他的积极支持下，1980年，四川少年儿童出版社成立，这是当时全国仅有的4家少儿出版社之一。以后，又分别组建了四川文艺出版社、四川美术出版社、巴蜀书社等多个出版社。这样的举动当时在全国是屈指可数的。事业发展了，规模就要扩大，发展模式就要调整。用李致的话说，正是敏锐的头脑、开阔的视野、前瞻性的眼光，使四川出版获得了飞跃式的成长。但是，无论怎样发展，李致一直认为："没有好书，开那么多窗口又有什么用呢？"出版社重要的是要考虑怎样出好书，要给四川留下几百本"保留节目"。

做出版家　不做出版商

出版面向全国，要出好书，快出书，就少不了竞争。怎样对待竞争，李致也有自己的做法。在出版《冯玉祥诗选》时，冯玉祥的一个女儿将诗稿给了四川，另一个女儿又将诗稿给了北方一家出版社。那家出版社的编辑不了解实情，以为是四川出版社挖墙脚，甚至写信指责李致。当时四川人民出版社已经刊登了征订通知并收到了一部分书款。李致了解情况后立即和出版社的同志商量决定将这本书的出版权连同已收到的书款全部转给那家兄弟出版社，并登报告知读者不要再向四川人民出版社预订。

还有一次，四川人民出版社和天津百花文艺出版社都准备出版老舍的长篇小说《四世同堂》，后来经过协商，划分发行范围，双方互利共赢，矛盾解决了，四川人民出版社和百花文艺出版社的关系更密切了。谈到竞争，李致认为，出版社之间要有一点竞赛，主要应从策划好选题、缩短出书周期、搞好装帧设计、提高出版质量等方面努力，而不能去搞恶性竞争。

"出书先做人，做好人才能出好书"，这是李致一贯的原则。谈起这些往事，陪同记者一起去采访的张京对李致等老领导当年经常给大家讲的"经济观"记忆犹新："君子爱财，取之有道，用之有方。该赚就赚，该赔就赔。赚，不是越多越好，而是薄利多销。赔，能不赔就不赔，能少赔就不多赔。统一核算，以盈补亏。"由于没有单纯去追逐利润，编辑们能够安下心来编好书，经济上不仅没有亏损，利润还逐年增加，事业不断发展，还盖了办公大楼和职工宿舍。

说到"用之有方"，李致有些感叹。在担任四川出版总社社长时，他认为再版书因为成本降低了，有条件，也应该降价出售，让读者真正享受到实惠，如果把握好了，对出版社也是很好的商机。这种观点和现在国外的一些做法不谋而合。国外的许多图书都是先出精装本，再出平装本，最后出简装本，价格逐渐降低。后来李致离开了出版岗位，据说这件事情也就不了了之了。这使李致心中留下些许遗憾。

现代作家、文学翻译家冯至曾经评说李致："你不是出版商，不是出版官，你是出版家。"这种评价放在李致身上再合适不过了。

向巴金学习

新中国成立前，巴金曾主持过一个文化生活出版社，这个出版社总部设在上海，成都、重庆都有分支机构。这是一个面向全国的出版社，出版了诸如鲁迅的《故事新编》、老舍的《骆驼祥子》等许多现代作家的作品，并扶植了很多青年作家，在三四十年代，几乎国内著名的作家都与文化生活出版社有过联系。受新文化影响的李致在上学的空闲常到成都、重庆的文化生活出版社看书；他还知道巴金为了能够找到好的作者，经常把报纸上刊登的好文章剪下来，再想方设法联系作者出书。

新中国成立后，文化生活出版社公私合营，但李致在从事出版工作时勇于创新，敢讲真话、面向全国的主张、真诚服务作者的做法，多多少少都得益于他年轻时所受的耳濡目染的熏陶。而从1955年到1994年巴金写给李致的三百多封信，更让人感受到了叔侄俩心灵的沟通。

有一次李致和巴金谈到自己退休以后做什么的话题。巴金说："我六十六岁才进干校学习，你还早呢。你退下来就写文章吧。"诚如巴金所嘱，李致离开出版岗位后，虽担任了三届省文联的主席，依然笔耕不辍，还在七十岁时学会用电脑写作。读书写作成为他生活的主要内容，十几年来，他以"往事随笔"为总题，出版了多种书。上网冲浪则是他的业余爱好。

八十岁的李致，除了步履有些蹒跚之外，思维敏捷，声音洪亮。他把我们送到电梯口。电梯门关闭的一刹那，老人面带笑容向我们挥手告别的形象印在了我的脑海。正是这样的一些人，他们所做的点点滴滴的事，让我们体会到了这三十年的厚重与不平凡。

李致：毕竟是书生

——《中华儿女》杂志访谈

◎ 李肖含[1]

做出版家，不做出版商

1973年，李致奉调回川，在四川人民出版社工作。粉碎"四人帮"以后，任四川人民出版社总编辑。

1976年10月，"四人帮"被粉碎，"文革"结束。全国各地"书荒"严重，书店门口经常有读者通宵排队买书，但各地方出版社却由于当时出版"地方化、群众化、通俗化"的政策限制，"这也不敢出，那也不敢出"。这常常让李致感到难过和内疚。

四川人民出版社在征得邓颖超同志同意后，迅速出版了《周总理诗十七首》，受到读者热烈欢迎，全国发行近百万册，率先突破了出版"地方化"的禁区。

接下来，他们又顺势出版了郭沫若、茅盾、巴金、丁玲等一批在"文革"中被打倒的老作家的近作，形成了"近作丛书"和"现代作家选集"丛书。曾任国家新闻出版总署副署长的刘杲称赞他们"为作家的平反胜过红头文件"。

---

① 李肖含：时为《中华儿女》杂志记者。

敢为天下先的气魄与改革开放的意识，使得"川版书"声名鹊起。当时不少名家、大家甚至指定要在四川人民出版社出版自己的作品，被人们戏称为"孔雀西南飞"。

上世纪80年代，国门初开，各领域的改革开放方兴未艾。李致敏锐地意识到："一个思想启蒙的时代即将到来！"不久，时任中国社科院青少年研究所所长的张黎群建议四川人民出版社出版《走向未来》丛书。李致接受张黎群的建议。

这套丛书共出了74本，系统地介绍了当时国外社会科学与自然科学领域的新思想、新观念，"集中了当时中国最优秀的一批知识分子，代表了当时中国思想解放最前沿的思考，构成了80年代的思想运动之一。"

"为人作嫁心甘愿，种字砚田气象舒"，在四川人民出版社，李致的才华、胆识与书生意气得到充分的展现。

老舍先生《四世同堂》1949年前的版本，解放后一直没有出版，四川人民出版社却大胆拿来再版。

当时，出版徐志摩、戴望舒等"新月派"诗人的作品要冒一定的风险，李致却看准了读者的需求，拍板印行。而省外一家书店拿来《慈禧太后演义》等五本书要求出版，并许诺了一笔可观的经济收入，却被四川人民出版社断然拒绝。

十一届三中全会召开前夕，四川人民出版社约请部队作家丁隆炎写了彭德怀《最后的年月》一书，在全国引起强烈反响。

尽管当时彭德怀同志已经平反，但由于某些方面的原因，丁隆炎还是被控违反组织纪律，某高级领导甚至提出开除丁隆炎的党籍。

李致当即向有关领导提出："稿子是我们审核的，我是总编辑，要承担责任就由我来担。"随后，出版社党委又直接致信中央书记处，陈明事由，据理力争，最终使丁隆炎躲过一劫。

事后，朋友们都为李致捏了一把汗。他却说，关键时刻领导要在第一线，该管的要管，不怕挨骂，出版社必须有这种担当的勇气。

1980年，著名诗人冯至参观四川人民出版社后，称赞李致"不是出版商，也不是出版官，而是出版家"。李致把这句话当作出版社的奋斗目标，并公之于众。

1982年底，李致调任中共四川省委宣传部副部长，但出版界的朋友仍以书生目之。作家王诚德曾为他写过一首诗："《家》学渊源有秉承，不饰铅华唯写真。情结难解文与戏，部长原来是书生。"

如今，这位历经沧桑的老人早已离休在家。2012年，他被授予"巴蜀文艺奖终身成就奖"——这是一个时代向另外一个时代的致敬了。

"我早年参加革命工作，做过官员也做过多年的出版工作。"李致说，"如果非要让我定义自己的身份，我只会写四个词：读书人、藏书人、出书人和写书人。"

对话李致："人各有志，最要紧的是做人"

记　者：我们应该如何理解"不是出版商，也不是出版官，而是出版家"这句话？

李　致：这是著名诗人冯至1980年参观四川人民出版社后说的一句话，后来成了四川人民出版社的奋斗目标。这句话很形象地说出了出版工作要把社会效益而不是其他方面的效益放在首位。后来，有些同志不赞成这种提法，认为它不适应商品经济发展的需要。但我始终认为，书籍虽然是以商品的形式进入市场，却还承担了精神文明建设的任务，我们不能把它当作一般的商品，更不能把它当作营利的主要手段。

记　者： 当年的川版书一纸风行，深深影响了一代人，其原因何在？

李　致： 上世纪80年代，我们出版的图书受到了全国读者的欢迎，这是令人自豪的。这与当时的时代背景有关。地方出版社长期奉行"地方化、群众化、通俗化"的方针，束缚了生产力。"文革"期间，又造成了严重的"书荒"。到了80年代，国门洞开，改革开放快速推进，读者们压抑已久的热情被释放了出来。而我们则抓住时机，率先突破了"三化"的限制，"立足本省，面向全国"，推出了一批精品图书，事业取得了不错的发展。

记　者： 作为巴金先生的侄子，这种身份对您当年约稿、组稿的工作是否有帮助？

李　致： 我是巴老的侄子，他对我的影响很大，但我从没有打他的旗号去活动。过去有人说，四川人民出版社搞得火就是因为我跑过去跟别人行个礼，叫声叔叔伯伯就把别人的稿子拿走了。这完全不是事实。巴老对我的影响更多的是精神上的。他当年教育我，人各有志，最要紧的是做人，这些话我始终铭记在心。

记　者： 您早年参加革命，当过官员也做过出版，"文革"期间也曾饱受摧残，却为什么能一直保持书生本色？

李　致： 这可能与我的性格和成长经历有关。我从小爱读书、藏书、学习作文，后来从事宣传出版工作，与很多文化界人士意气相投，成了终生的好朋友。我早年受到新文化运动的影响，钟爱鲁迅和巴金的作品，怀着纯真的理想与信念走上革命道路。后来虽然遭受过一些挫折与磨难，但这些信念并不曾改变。

2005年，破晓社成立六十周年之际，马识途老人为我们写下了一副"风雨如晦盼天明，鸡鸣不已迎破晓"的对联和一个"只有度过沉沉黑夜的人，才配享受天将破晓的欢乐"的条幅，就是希望我们这批人能够始终砥砺品格，保持"两头真"。

一个人的记忆

◎ 字　心[1]

　　我的记忆里，李致调来四川人民出版社，大抵是"文革"中后期的一个暑天，他穿一件洗旧了的短袖衫，发白的经纬间还留有他在河南潢川团中央"五七"干校干活时未曾洗尽的泥迹。其时正值"批林批孔"，身为分管文艺读物的社领导，李致显得忧心忡忡，不堪重负的样子。不久患上眼疾，三天两头跑医院，遇上棘手的诸如"写走资派还在走"一类选题，便聚众讨论，讨来论去，好像推磨，转过了三百六十度又转三百六十度，反正原地兜圈子。

　　这位新来的领导真会走群众路线，我当时实在赞赏他的领导艺术！

　　打倒"四人帮"之后，他的眼疾大为好转，会上会下大谈十年书荒，一反过去的疑虑不决，看好的选题还挺牛，而运作的策略却依旧集思广益，也免不了兜圈子，以致有人戏言他善于"曲线救国"，也有说他很会"弯弯绕"的。

　　记得《在彭总身边》的编辑前后，李致的"曲线"也有所展示。这本书组稿于中央十一届三中全会之前，成稿于中央十一届三

　　① 字心：杨字心。作家，编审，曾任四川文艺出版社总编辑。

中全会之后。由彭德怀警卫参谋景希珍讲述，军队作者丁隆炎记录整理。这是1978年岁末，"两个凡是"还有市场，李致十分慎重。去眉山三苏祠审读书稿时，我与李致住一间屋，他有打呼噜的习惯，而且确实是"呼不惊人誓不休"。有次去玉门油田，半道在一个荒郊野店歇晌，乍然传来屋瓦震动之声，原来他酣然入梦了。夜深人静，他特别自律，让我先行入眠，他声称有个习惯，"睡前要看看书"。我心里也惦记着书稿，略一迷怔便醒来，见他不是看书，在斟酌稿子。他坐起身，取下自做的灯罩对我说："丁隆炎写得好，我读来心里淌血，彭总冤了这么久，不能让这个书稿迟迟出不来。"他说明天就回去，"我签字，先发稿。"以后的事情由他来对付。

　　清样很快出来了。先请省出版局的几位领导过目。有位领导提出，彭老总住在北京西郊，朱老总去看他，两个老帅下棋，朱老总居然耍赖偷棋子，"咋会有这样的事？"有位领导又提出，叶帅请彭总吃狗肉，"真有这回事吗？"李致一转话我就笑了，困难年间，下边部队给成都军区首长送狗肉就确有其事，"将军可以吃狗肉，难道元帅吃了就损军威？"李致说吃什么是个人的口味，下棋偷子属于生活情趣，可以不管，"只是有个硬伤却不能不注意。"他说的硬伤是1965年中央决定彭德怀到成都任三线建委副主任，毛泽东找彭德怀谈话，毛泽东与他谈话时说，"真理可能在你那一边。"景希珍跟丁隆炎讲述这一段，我在一旁，景希珍说他当年"亲眼得见主席跟首长握手""亲耳听见主席说了这样的话"，后来在牵肠挂肚的日子里他还和彭总"经常回味这话"。李致说景希珍的讲述不假，问题在于没有见诸文字，口口相传算不了数的。不过他又宽慰我，"不要因小失大"，实在不行，删去这句话就罢了（出版后这句话并未删去）。隔天他告诉我，新华书店的征订数字已经回来，他见了在省文化局主持工作的陈杰，陈杰希望出版社尽快出书，说她读了两遍清样，感动得不行，想起很多政治风云，揩湿了几张手绢。

陈杰的丈夫时任四川省委宣传部部长。一本书稿她读了两遍，并且揩湿了几张手绢，朝夕相处的丈夫不可能不知情。那么，李致的"弯弯绕"在四川"就算通了天了"——非正式地让四川分管这方面工作的最高职能部门的领导知道并很有可能看过这本书稿了。陈杰没有意见，也就是说在正儿八经送审时不便正式表态的最高职能部门实际上已经表态了。

当时胡耀邦主管中宣部，李致在团中央是他的下属，"文革"中一起住过几个月"牛棚"。书出版后，李致寄去一本。"耀邦同志连夜看了。"接近胡的人告诉李致，耀邦说此书"写得非常感人"。

这里还有一个小插曲。过了几年清除"精神污染"，成都军区党委在听取创作人员的汇报时，有人介绍丁隆炎写了《在彭总身边》，军区司令员傅全有拍案而起，与会者骇然一惊，傅全有却笑逐颜开地说，他在进川前读过这本书，"踏破铁鞋无觅处，原来作者在我们军区！"他提议给丁隆炎记功，记一等功。全军搞创作的未有先例，军区上报总政，为了平衡，给丁隆炎一个二等功。

功归功，过归过，在此之前，他却因写彭德怀差点被开除党籍。

彭德怀平反后，军委成立了"彭德怀传记编写小组"，丁隆炎调入这个小组。丁隆炎接触了更多的材料，还随浦安修（彭总遗孀）到过湖南，去过太行，感触极深，于是写了彭德怀悲绝人寰的《最后的年月》。这本书稿到出版社后，流水作业，打乱了过去的"三审制"，由总编李致审读初稿，责编则当了"二传手"，读罢送社长崔之富，连夜看完，没意见，就签了。这在当时可能是四川出版史上出得最快的一本本版书。李致和几个编辑去新华印刷厂，边校边改，一个星期见书。发行前一天，位于成都人民南路的市新华书店出了通知，次日书店未开门便排了长队。李致遗憾地说太保守了，首印四十万册，他预测再加三十万也不够。

出人意料，三日后突如其来地来了通知：此书停发。请示为什 327

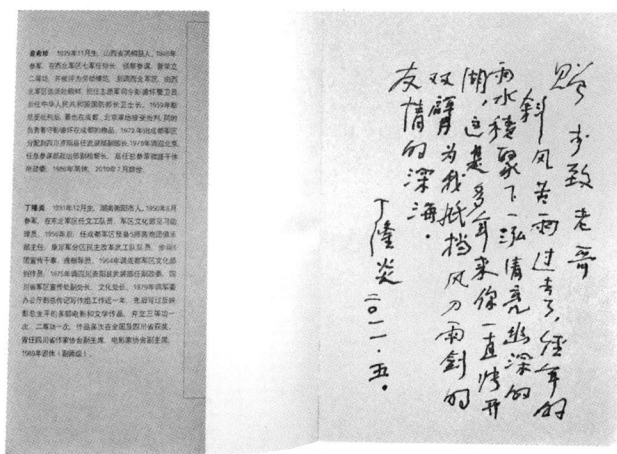

丁隆炎赠李致《在彭总身边·最后的年月》（广东人民出版社2011年版）扉页题签："赠李致老哥　斜风苦雨过去了，经年的雨水积聚下一泓清亮幽深的湖，这是多年来你一直张开双臂为我挡风刀雨剑的友情的深海。"

么，说"×××有意见"；经出版社力争，又说"丁隆炎写此稿，未经彭总写作组同意。"接下来的，不是这本书放行与否的问题，而是丁隆炎能否保住党籍的问题，当时一位主管意识形态的最高官员发话了："这样的党员不能要。"

李致去丁隆炎所在部队说明情况，部队领导说他们是保护丁隆炎的，"问题的严重在于上面未松口"。上面指的就是那个权威，于是出版社一个报告一个报告地往上递。负责起草的人已经记不得当时写了多少检查和报告了，但李致最近称他记得，因为每次都存了底，加起来的数字"至少是个小长篇"。

报告从政治形势，出版方针，乃至具体的描写和细节，条分缕析地作出解释，可谓有理有据，实况实情。但偏偏忽略了一点：法治抵不过人治！道理千篇抵不过权威一言！何况出版法那时还没有，时至今日我也不悉是否出来。但"那个小长篇"也没有白写，不然丁隆炎就没有立功的"后福"，开除党籍也就不了了之了。

对作者的负责和宽厚，李致的行事还出现在另一部作品和另一个作者身上。后来获首届茅盾文学奖的周克芹，当时在简阳农村劳动。他"文革"前发表过几个短篇小说。"文革"中也在练笔，写作的潜力是有的。文艺编室对本省年轻作者摸底时，一个编辑提出："不妨去看看周克芹。"李致很支持。这位编辑到了周克芹家，快过旧历年了，"过年货准备得怎么样了？"她问周克芹夫妇，两人都没有应声。她走进厨房，抬头一看，快活地拍拍手，"你们还保密，腊肉都挂了几大块！"周克芹凄然一笑，"是腊肉么？仔细看看。"这是一个四川盆地在严冬岁尾难得的好晴天，从瓦隙里筛下来的白花花的太阳光照着梁上从地里收割回家的向日葵。再看，猪圈里没有猪，羊圈里没有羊，倾斜的院坝里，只有两只还啾啾叫着的小鸡以及倚着门栏嗷嗷待哺的几个儿女……这位女编辑揪着心回到出版社，她忧虑农家的生计，更同情一个农村作者的境遇。她提出"给周克芹一个机会"，商议的结果，将周克芹从农村借出来。当时简阳还没有实行农村生产责任制，社员靠工分吃饭，便由出版社付给工分款，让周克芹"安安心心写两个月小说"，给他出个短篇集子。

事情就这样定下来了。李致过问很细，"周克芹吃饭怎么办？"住在出版社的客房，按干部出差每日报销六角，一日三餐差强够了。"吸烟怎么办？"李致知道周克芹吸烟，烟瘾还大。"这就要从饭里边抠了。"我看出李致不放心的样子就又说："吃饭问题你不用管了，反正饿不着。"后来，每当晚饭，周克芹不是在那位编辑家，就在我家，酷暑难当，喝粥，多一把米少一把米的事，饿不着周克芹，也穷不着请吃饭的人。

短篇集的作品很快凑齐了。我们寄希望于周克芹的，是盯上了他农村生活的积累，他不是挤出而是可望喷出一部有含金量的大部头。周克芹也有这样的创作欲望，他写了一个《岭上人家》的长篇小说提纲，离开出版社之前讨论过几次。

年底他的第一本书——《石家兄妹》（短篇小说集）出来了。担任责编的这位编辑早已舆论先行，说上一个春节作者家里就没有吃上腊肉，借出来写作又带了账，终于打动了李致，开出了当时的顶级稿酬。周克芹离开出版社时，在给他一摞摞写长篇的稿笺的同时，让他留下在生活上、创作上能给他开绿灯的"关系户"，责任编辑按照户头（简阳有关单位）一一寄去样书，并附上出版社言辞恳切的致谢信，用心良苦地希望他们"今后继续给周克芹以支持"。

李致的动作则是跨越式的，他和省作协一个负责人磋商，由这个负责人出面，一竿子插到简阳县，动员其人际资源，给周克芹争得一个二十五级的干部指标，并在跳出"农门"之后，在县川剧团有了一间睡觉和写作两用的小屋子。

周克芹的长篇顺利上路了。他写完一章，就给经手这部作品的编辑寄来一章。时过半年，在后来更名为《许茂和他的女儿们》脱稿后，周克芹却没有按约定时间带上完整的书稿来出版社。他被一位延安时代的老文化人"绑架"去了重庆，并将书稿改出后刊发在新近创刊的一个大型文学刊物上。

李致很生气。他有一个准则，据说来自巴金，凡约定的书稿未出版前，作者不得交刊物登载。更为气恼的是经手此稿的责编，连经营短篇算起一年有余，如今小鸡破壳而出了，长上翅膀飞走了。接着百花文艺出版社又出版了《许茂和他的女儿们》，而文艺界的两个老头子（周扬和沙汀）又有了《关于〈许茂和他的女儿们〉的通信》，在《文艺报》发表后，颇具中国特色的评论界，跟风而来，喧嚣不已，于是首届茅盾文学奖的桂冠便顺风顺水地落到周克芹头上。

本来奖就奖吧，拿奖的不一定顶好，未得奖的不一定不好。但说不清楚的某种惯性使然，"捉在自己手上的雀子怎么跑了？"一时闲言碎语很多，社内社外责备之声不绝于耳。李致倒沉得住气，他说书稿跑走了，但培养了一个作者，这也是"得可偿失"。

20世纪80年代，简阳县罗淑纪念堂落成仪式。
前排：左五艾芜、右三周克芹、右四李致

何况一城一池的得失并不重要。1986年全国首届诗歌评选，获奖十本，四川人民出版社占了4本。四川是"诗歌之国"，李致很重视。长时间以来只有两个诗歌编辑，他们推出了好几套诗丛，涵盖面极广，其影响也很大。难组的诗稿，李致往往亲自前往。在出版了《周总理诗十七首》《陈毅诗选》《罗瑞卿诗选》之后，他闯到了时任国防部长的张爱萍家。张爱萍在家乡人面前喜欢开玩笑，"我写的是什么诗哟，豆豉、萝卜丝，这都能出版哟！"但在李致"弯弯绕"的"蘑菇"下，终于把"萝卜丝"拿到了手。

曹禺的书稿不易给人，似乎是戏剧出版社的专利。他的《王昭君》在刊物上发表后，李致很想在四川出版这个剧本。李致是巴金的胞侄，巴金和曹禺本是通家之好。他拎了个大包，满头大汗地走进三里屯曹禺的家。包里全是书，有《巴金近作》《丁玲近作》《艾青近作》……还有尚未出全的鲁、郭、茅、老等人的"现代作家选集"，曹禺看了，明白李致的用意，他为朋友们的作品能重见天日而高兴，却没有吐出自己要出版什么的口风，反而在脸上挂着笑说："你们的出版重点，是不是全盯着我们这些老古董了？"他还是没有出版他的《王昭君》的意思。

李致又使出了他惯用的"弯弯绕"。他暂不谈出版的事，却说起了曹禺的几个戏。李致十七岁入党，做地下工作那些艰难岁月里也是曹禺的戏迷。他最喜爱的是《日出》，谈起这个戏，曹禺也有了兴致，从沙发上站起来，情不自禁地在客厅里踱着步子，"露露，你今天晚上真美，真美，我一看到你，我就闻到了你身上的香味。"这是《日出》里乔治张的台词，李致接下来，"露露，我闻到你身上的香味，我就想起了巴黎的夜晚和夜晚的巴黎……"两人大笑起来，《王昭君》的出版就在笑声中徐徐拉开帷幕。

但还没有最后敲定，曹禺提出时间问题，"希望在三个月内见书。"李致没有贸然答应，回到住地，他与远在成都的社长崔之富通了话，次日又马不停蹄地去到曹禺家，"三个月见书，只提前不赶后。"曹禺听了李致的回话，见他满头大汗，递过去一张毛巾，"你做事很实在，太像老巴了。"老巴是巴金，曹禺一直这样称呼他，两人的友谊也一直持续到人生的终点。

《王昭君》由一个严谨的老编辑精心操作，装帧精美，找不出一点瑕疵，曹禺收到样书后，放心地将《曹禺戏剧集》交由四川人民出版社出版。后来我出差去北京，这时曹禺已迁居木樨地。他询问了李致的近况，突如其来地叹息起来，我好生不解，他说李致在出版界"声名远播"，这不是一件好事，"我想，我想你们出版社留不住他了，难道这不是损失么？"

曹禺可有预见，后来李致调省委宣传部，虽然兼了一段出版总社社长，但时间不长，继后又任省政协秘书长，在宣传部他管的事也多，一个人的精力毕竟有限，还免不了人事的纷杂，于出版他就渐行渐远了。

但周克芹后来调到省作协搞专业创作，据我所知，周克芹和他的作品，还是经常挂在李致心上。此前，周克芹《许茂和他的女儿们》溜走了，对四川出版毕竟是个遗憾。一次作协开会，周克芹在座，他招呼我去会议室外，特地让我给出版社捎回三句话："我是农民。农民最重恩情。我不会忘记出版社对我的帮助。"说得很动情。他当时并不乐意随那位文化人去重庆，可是人家向他打了包票："李致跟我很熟，一切由我疏通，一切由我负责。"再说他家里很拮据，能在刊物上先行发出，多拿一次稿费，亦可补贴家计。李致听了，宽厚地说："实在情有可原。"不知李致的"词典"里如何注释"解铃还须系铃人"，他在当时却出了一个叫责任编辑哭笑不得的"点子"，让她做一顿饭，请周克芹"赏光"，李致和我作陪。李致坚持的理由是："我们不讲作家是出版社的衣食父母，但出版社要兴旺，我们就应该广泛地团结各路作家。"

　　记得浩然在最困难的时候，我们就答应并且出版了他的小说集。李致在出版社，不看门户，广纳百川，这样的景象，今天在出版界似乎难以见到了。

　　周克芹吃了这顿"团结饭"不久，出版社的疙瘩解开了，他却结上了另外的疙瘩。"人怕出名猪怕壮"，这时很多眼睛盯着他，于是"作风问题"出来了。越刮越厉害，妻子闹到了作协，又告上了妇联。新华社写了内参。这下惊动了某位高层，要查一查获取茅盾文学奖的"当代陈世美"。

　　李致在宣传部任上，这是他的分内工作。他"认真地查了"，确实"事出有因"，又难免"查无实据"，最后追究不出什么也就不追究了，历经一番风雨还是保住了周克芹。但"内损外伤"太大，周克芹几近一蹶不振，他一个人住进了成都北郊天回镇的一家医院。适逢韦君宜来川，李致约我去看她，在途中他再三叮嘱我——出版社应该去看看周克芹，并让我也带去三句话。一句我已忘记，另一句是毁一个人的只能是自己，别人是打不垮你的；还有一句是一个作家就要写作，只有写出作品才能证明你的存在。

一个阴雨的下午，已是冬令，天气奇冷，雨中夹着雪粒子，我和周克芹曾经的责编，还有编室主任吴大姐，三人一起去到天回镇，陆军总医院不见周克芹，在医院附近一个民居找到了他。他不是治病，是在一个堂妹家养病，其实是养心，调整心态和情绪。可他的情绪恶劣到了极点，头发蓬乱，胡子好些天未刮，披一件半新不旧的军大衣，失魂落魄地坐在一个冷火悄烟的小火炉边上。

人言可畏，人言杀人，我心里很不是滋味。

我们问候了他的身体，问候了他的起居，问候了他的心绪。他指着条桌上一张摊开的稿笺，"我在写……写一封信，三天了，就只写……写了几行……"他平时就寡言少语，此时此刻就像嘴巴不属于自己。

我将李致的话转告了他。

"谢谢李部长，他还想到了我。"说罢又无声了，他的情绪始终很低落。

李致知道这次见面的情况后，沉思地询问我们有什么应对之策，"总不能让他就此趴下去吧？"他期许周克芹能跳出沉疴。曾经的责编有个主意，"给周克芹出一本书。"她说用这本书给周克芹"打一针强心剂"。

这就是后来出版的《周克芹短篇小说集》，收入了在《许茂和他的女儿们》之后他相继写出的包括《山月不知心里事》等几篇在当时颇有影响的作品。

李致一直称许这件事，也赞赏这位编辑以人为重，以出版为重的宽厚情怀。

这大抵也算李致在四川出版界带队征战留下的一束余光了。

2006年10月改定

书生李致

◎ 崔　桦[①]

　　李致长期担任四川省文联主席、省委宣传部副部长，几乎没有人称呼他"李主席"，很少人称呼他"李部长"。多数人称呼"李致同志"，文艺圈内多直呼"李致"。我知道"李致"是由"理智"而来，就喊"理智"，音同字不同，别人听起来就是"李致"。他的年龄比我大几岁，反而对我戏称"老兄"。其实，大家都把他看成是一个文友，聊天聊到他的时候，往往会随意说上一句，"他是个书生。"作家王诚德曾经写过一首打油诗："《家》学渊源有秉承，不饰铅华唯写真。情结难解文与戏，部长原来是书生。"

　　李致在学生时代参加地下党活动，就发表过一百多篇"书生意气，挥斥方遒"的文章。不仅爱读书，尤其爱读鲁迅和巴老的书，坚持一生。近二十多年，还出版了多本独具特色的"往事随笔"，秉承了鲁迅和巴金"有骨气说真话"的品性，好评如潮。也许这就是人们尊重他、亲近他、说他是个书生的原因。

　　书生，在中国人眼里泛指读书人，或者指有良知的知识分子。读书人历来复杂，有些从政以后，"身入荣华境，得意便忘形"，

---

① 崔桦：作家，中共成都市委宣传部原副部长。

渐渐异化成了学阀和政客。有些从政以后，依然保持着杜甫说的"甲卒身虽贵，书生固道殊"的气节。这类书生不多，我想李致就是其中的一个。

我还是叙述一些亲身感受过的故事吧。

1981年前后，我曾经同省委书记谭启龙的夫人、省委宣传部副部长严永洁同志共事两年。我作为她的助手，参与了大型藏族舞剧《卓瓦桑姆》的修改、排练和到广州、香港的演出。这期间，我陪严永洁同志到各单位办事的时候，有一个非常突出的感受，就是一定会受到格外的热情接待，按照我们社会的潜规则，谁都知道这是对省委领导感情投资的好机会，因而表现出种种媚态。只有一次，我感受到另一种"格外"。

1982年7月一天上午，严永洁同志对我说，"下午我们到出版社去一趟，找李致说一下出书宣传《卓瓦桑姆》的事情。省委宣传部已经告诉他了，他始终没有给我来电话……"

下午我们如约到了四川人民出版社。当时还没有建造现在的出版大厦，是在一个很旧的院落里。意外的是没有人接待，听说李致在开会，我们自己坐在一个编辑室的两把旧椅子上等待。一会儿李致来了，同我们握握手也坐了下来。他坐下来第一个动作是抬起手腕看了看手表，让人心里有点不舒服。

我连忙介绍，"这是省委宣传部严部长。"

李致点一下头说："知道。"

接着严永洁同志说明来意，介绍舞剧《卓瓦桑姆》的思想内容和艺术成就，将代表四川到香港演出。正说到兴头上，李致又看一看手表，打断严永洁的话说，"你们什么时候要书？"

严永洁回答，"10月下旬。"

李致思考一下说，"可以。你们把资料留给责任编辑就行了。"说完，李致就站起来了。

这时一位女同志给我们端来两杯茶，我们没有喝就告辞了。

这是我第一次见到李致的印象。有点"反常"，他身上竟然没有一点献媚的影子。很干练，很洒脱！（其实不到10月下旬，《花仙——卓瓦桑姆》就印出来了。）而当着客人的面看表，却给人一种冷漠的感觉，"格外"地不习惯。

后来同李致接触多了，也就慢慢地习惯了。每次开会，他从不迟到。有时他主持开会，只见他一个人孤零零地坐在"主席"的位子上，对迟到的人，先看看手表，再瞟对方一眼，表示批评。有一次他去开会，站在家门口等车子，过了五分钟，车子还没有来，他急急忙忙打的走了。有一次我到省委宣传部开会，他坐在主持人的位子上，从提包中取出一个小闹钟摆在面前对大家说，"我们开个四十分钟的会。"会议结束时，我看看手表，正好是四十分钟。

李致对下面是如此，对上面也是如此。他向省委领导汇报工作，进门坐下就把手表取下来，放在面前说，"我只耽搁您十分钟。"到了十分钟，起身就走。

后来我才知道李致这样做，是把鲁迅说过的，浪费时间是最大的"谋财害命"，作为自己生活的信条。

这是一个书生的习惯，也是一个现代人应有的意识。

1983年春天，有天早晨我去上班，刚刚走到市委宣传部门口桂花树前，忽然看见李致从市委大门口进来，我连忙迎上前去，想问一问他来市委办什么事情。出人意料的是他从提包中取出一本新书给我，说："崔桦同志，你的小说集《紫红的蔷薇》印出来了，我给你送来一本样书。"

我感到十分惊喜，不敢相信出版社的老总给一个业余作者送书来了。我连忙看看著名美术家戴卫设计的封面和插画，闻着书页中散发出来的芳香……当我从梦似的惊喜中清醒过来的时候，李致已经匆匆地走了，我只好望着他的背影说了声谢谢！

文友们都知道，在当时要出版一本书是很难的，业余作者就更难了。出版社的编辑是爷爷，总编辑是爷爷的爷爷，作家是孙子，业余作者是孙子的孙子。这本小说集怎么了？孙子还没有给爷爷作揖，没有给爷爷的爷爷磕头，样书就飞到自己手里来了。

后来同作家朋友聊起这件事，才知道他们都有过类似的经历和感受，都在李致手里出版过自己的著作，从李致手里接到样书……李致一直坚持，两本样书一本出版社保留，一本应及时送到作家手中，这是出版社对作家的尊重。

著名诗人冯至非常推崇这种做法，说"李致不是出版商，不是出版官，是出版家"。李致主持的四川人民出版社，颠覆了过去"爷爷"和"孙子"的关系，坚持出版社要全心全意为读者服务，为作家服务。从培养作家、繁荣创作的角度来说，四川有个李致，真是一种幸运！

李致调省委宣传部任副部长以后，分管文化艺术，我们在工作上的联系就更多了。

这时发生了一件出人意料的事情：市文联有同志联名向上级写了一封信，说我写的反映党政机关生活的小说是反党反社会主义的，这封信转到了李致和文艺处长邢秀田手里。

这里我不得不多交代几句。尊敬的沙汀同志调北京工作前夕，我参加省作家协会一个会议。会后沙汀同志拉我坐在他的身边，对我说："今后要写几篇像样的小说。一个宣传部长好找，一个作家不好找啊！在机关生活，就要把机关的肠肠肚肚摸清楚，写出来。写的时候要注意细节，小说的架子好搭，写好细节不容易……"

沙汀同志的教诲让我感动，一直铭记在心里。粉碎"四人帮"以后，我以现实主义的创作方法，在北京、上海和本省文学刊物上，发表了一系列反映党政机关生活的中短篇小说，引起了社会上的关注和评论。这个时期，我担任市委宣传部副部长兼市文联党组书记。可能在处理一些问题的时候，或者是坚持原则，或者是思考不周，或者是存在缺点，引起了一些同志的不满，再加上文联盘根错节的关系和矛盾，一些同志就向上级写了一封很尖锐的信。其实，这封信的酝酿、起草、发出的过程，我大体上都知道，没有太在意。在极左思潮还普遍存在的情况下，这类事情是常有的，所谓"一封检举信，让你永远洗不干净裤裆里的黄泥巴！"

让我感动的是，李致看了这封信，立即找邢秀田大姐商量，他们采取了保护作家的态度。邢秀田大姐还把我写的一系列反映党政机关生活的小说，认认真真读了一遍，对李致说"不存在反党反社会主义的问题"。他们在非常繁忙的日程中，约请写信的同志到省委宣传部来交谈、沟通，第二天我就知道了他们交谈的情况。可是，李致和邢秀田大姐至今没有给我提起过这件事。我一直把对他们的感激，珍藏在心底。

1991年我写的反映党政机关生活的小说集《生活拒绝叹息》正式出版。尊敬的马识途同志写了一篇近五千字的序言，主要内容是为现实主义正名。在序言中，马老鼓励说，"崔桦的独具特色的'机关文学'，的确为我们开辟了一个新的创作园地。""清醒的现实主义比迷糊梦呓好得多，不管别人说什么，走你自己的路……"记得我第一次读马老序言的时候，眼睛湿润了。

李致保护作家的事情是很多的。

有一次在北京开会，我和周克芹住一个房间。会后我俩躺在床上交谈，从晚上十一点谈到第二天凌晨三点半。主要是他向我倾诉社会上传得沸沸扬扬的他的"桃色新闻"，妻子告状，妇联干预，新华社还出了"内参"，社会上议论纷纷，说他是"当代陈世美"。当时，周克芹几乎到了精神崩溃的地步，不停地叹息，甚至抽泣，反复说"人言可畏"啊！

后来，我的朋友杨字心两次对我讲，李致"很仗义"，一再说周克芹的问题"事出有因"，又的确"查无实据"，不要再追究了。李致对杨字心说"总不能让他就此趴下去吧！"

李致爱说一句话："成就一个作家是很难的，毁掉一个作家是很容易的。"他听说妇联一个刊物，要发表批判周克芹的文章，亲自跑到妇联，劝说不要发表。妇联有同志说，省委宣传部包庇周克芹。李致也不生气，坚持耐心说服，不要发表这篇文章。几年以后，刊物的主编在会上公开说，"幸好没有发表，发表了就把周克芹的家拆散了……"

李致发现周克芹依然萎靡不振，促成"给周克芹出一本书"，给他打一针"强心剂"，让他站起来！这就是后来出版的《周克芹短篇小说集》。

还有众所周知的，部队作家丁隆炎写彭总的《最后的年月》，印出四十万册，被上级部门封杀，有位领导甚至说要开除丁隆炎的党籍。李致却坚持应当发行，把"官司"打到中央书记处，终于争取到了一个"内部发行"。

我想说的是，在我们身上遍体都是"阶级斗争"的伤痕，极左思潮的迷雾还没有散去的年月，李致能义无反顾地保护作家，真是难得！真是"万事莫贵于义"啊！

我继续叙述这位书生的故事。

1987年各个报刊上的杂文出现了繁荣的景象，受到广大读者的欢迎。这时杂文作家希望顺应时势成立一个杂文学会，进一步推动杂文创作。但是这个学会却是一个难产儿，只有怀孕的苦楚，没有分娩的喜悦。只听雷声响，不见春雨来。

杂文作家非常着急，四川民族学院教授、杂文作家邵建华，骑辆自行车八方奔跑，没有结果。大家认为，现在政治环境这么好，为什么成立一个民间性质的学会这么困难？

按理说，一点也不难。只要领导表个态，说一句话，或者点一下头就行了。俗话说，说得轻巧，吃根灯草。谁当领导谁知道，杂文这根"灯草"是铁丝做的，是很难吃下去的。

邵建华是个教授，对官场政治生态比较陌生。他找到了省委主管意识形态的一位领导，这位领导同志态度很好，规劝邵建华说，

"不要急躁。全国杂文学会尚未成立，西南地区也没有一个杂文学会，我们又何必赶在前头呢？杂文啦！惹是生非，容易闯祸。我看还是等全国有了杂文学会，我们再赶个末班车……"听了这番高论，气得邵建华教授脑子里一阵眩晕。

真是痴人只知玫瑰红，不识"乖刺"会伤人。

似乎在走投无路的时候，文友们劝邵建华不要乱串门了，去找马识途和李致吧！邵建华找到马老，马老开口就说"这是件好事情"，自己年龄大了，当个名誉会长，推荐李致担任会长。

邵建华兴致冲冲地跑到省委宣传部李致办公室。李致听了邵建华的来意，笑了笑说，"马老担任名誉会长，众望所归。我知道你们的难处，写杂文嘛！要针砭时弊，有人难免要对号入座，麻烦和是非在所难免。好嘛！我答应你们……"

同样是领导官员，面对同样的问题，却有两种截然不同的态度，不同的回答！

邵建华那个高兴劲，有点像"老夫聊发少年狂"，离开省委宣传部骑上自行车疯跑。

后来李致推荐我担任学会副会长，话说得更直截了当："老兄，我们一起来干。出了麻烦，我来担着。"

马老和李致敢冲破官场政治生态的樊篱，"不以富贵妨其道，不以隐约易其心"，表现了中国知识分子的良知、正直和勇气！

在以后的十几年里，我和李致经常在杂文学会开会时见面、听他讲话。渐渐地我发现一个带规律性的现象，李致论述学会工作时必谈鲁迅，鲁迅对杂文的见解，鲁迅杂文的特色，发扬鲁迅精神，批判对鲁迅的诋毁，沿着鲁迅的足迹往前走。

去年我偶然读到一篇文章才恍然醒悟，李致一生追寻鲁迅，敬爱鲁迅。他三十岁生日的时候，母亲送给他的礼物，是一套精装的《鲁迅全集》。"文革"期间被关在牛棚里，借"检查思想"为

1959年李致母亲送给李致三十岁的生日礼物——《鲁迅全集》

名，他重读《鲁迅全集》。他女儿十四岁生日，李致送的礼物，依然是一套《鲁迅全集》……李致担任杂文学会会长，实际上是要把鲁迅的遗风延续下去。

杂文作家都知道，李致的爱人丁秀涓大姐长期在家养病，需要李致照料。我们每次见面，我都要问候丁大姐。因为我也曾经长期照料过病中的爱人，有一次我对李致说，"照料病人是非常辛苦的，我知道……"我以为他会笑一笑回答"是呀"。出乎意料的是他很认真地对我说："现在正在考验在谈恋爱时发过的誓言。"

在这种情况下，李致还时时牵挂着杂文学会，特别牵挂学会的《当代杂文》报。尤其是每次开始"整顿报刊"的时候，有些人的眼睛老是盯着这张小报，"欲先除之……"这时候李致就"紧张"起来了，不得不为《当代杂文》报说话。

有许多次，李致到杂文学会开会，讲完话以后，对大家说，"对不起，我要早退了。家里有病人，需要照料。"每次，我都是望着他离开会场的背影，直到消失。心里涌起一种感动，一种钦敬。

我再叙述另一个故事。

去年6月，我收到李致一本新作《终于盼到了这一天》。封面是黛绿色的天空，下方是两抹乱云，上方是悠游的白云，白云中间泛起一片淡淡的红晕，红晕中隐隐可见一轮丽日喷薄欲出。这本著作的内容全是李致在"文化大革命"中的遭遇，反映那个年代的混乱、荒诞和残酷……我有点吃惊，众所周知，这是文学创作和出版中的一个"禁区"。

记得1986年，巴老提出建立"文革博物馆"的建议。他说"只有牢记'文革'的人才能防止历史的重演、阻止'文革'的再来。"这个建议得到了广泛的赞同，张爱萍将军曾多次表示支持。这件事情已经过去二十多年了。

我们不能忘掉这段历史。我始终相信，一个对历史无知的人，必然被历史淘汰。一个对历史朦胧的人，对未来的认识必然是模糊的。一个民族、一个国家也是如此。

然而，在现实生活中可以明显地看到，这段历史正在被淡忘。有些人不相信"文革"中发生的事情，反对对"文革"的反省，甚至留恋、肯定那段历史。李致说《终于盼到了这一天》是他个人的一个小小的"文革博物馆"。李致的新作表现出了反省历史的勇气，表现出了对历史负责的使命感，表现出了"人生不满百，常怀千岁忧"的书生的率真和执着。

过去，我一直认为这是李致的性格。

现在，我改变了看法：主要是信仰。是他对信仰的坚定和虔诚……

2008年3月

343

出版家李致印象

◎ 秦　川[①]

我与李致在四川人民出版社共事八年，在我印象中他是一位和善可亲、思想解放的领导。

1973年，李致由团中央调来四川人民出版社任革委会副主任，1982年底调任四川省委宣传部副部长，他和他的同事们几年间把一个默默无闻的地方出版社提升到全国出版界前列，新华社发通稿，《人民日报》报道，表扬四川人民出版社。

在出版社工作中，我深感李致是一位视野开阔，眼光敏锐，敢为天下先的领导。他对下属，识才重才，和善可亲；用人不疑，大胆放手。在他手下工作，让你有一种知遇之感，只有全力以赴，否则无以为报。

抓重点，"扔石头"，这是李致在团中央《辅导员》杂志任总编辑时，亲聆胡耀邦同志关于做好出版工作的教导时体会出的精髓。回忆录首篇《我所知道的胡耀邦》中回忆道，耀邦同志说，每期报纸刊物都要有一两篇重头文章。这些文章应该是青年最关心的问题，写得又好，群众才有兴趣。不要脱离实际，不要不抓重点，

---

① 秦川：四川省社科院研究员，曾为四川人民出版社文艺编辑室编辑。

不要怕花大力气。一个季度，总要丢几个"石头"引起波澜。半年或一年，一定要丢几个大"石头"，引起轩然大波，才会有影响。四平八稳，平均使用力气，隔靴搔痒，谁会注意你这张报纸、这个刊物、这家出版社？李致将此奉为出版工作信条，短短数年间使四川人民出版社在全国崛起，谱写了四川出版史上辉煌的一页。

《周总理诗十七首》是四川人民出版社在粉碎"四人帮"后，根据国情民意，扔出的第一个大"石头"。这本书虽是一本小书，却一石激起千层浪，掀起出版界一个大波澜，成为四川出版界改革开放的先声，地方出版社勇闯禁区第一炮。当时出版这本书是冒有风险的——粉碎"四人帮"不到一年，因人民群众清明节悼念总理引发的"天安门事件"，压在人们心上的阴云还未完全散去，心有余悸。按常规出书是根本不可能的：中央有规定，地方出版社只能出版地方性图书。出版中央领导人的著作想都不敢想。敢不敢打破这一禁区，这是对出版社领导素质和魄力的考验。除首先思想要解放，敢于打破禁区，敢为天下先，具体操作也是对出版家领导艺术的考量。

经过一番筹划、运作，《周总理诗十七首》在1977年国庆节通过邓颖超同志同意正式出版，立即在全国引起轰动。出版社连出两版，印刷三次，发行近百万册。许多人，包括领导、思想文化界名人、作家、评论家，纷纷向出版社要书。有的地方（省）还自行翻印了《周总理诗稿》等，实际发行数难以统计。著名诗词曲大家、书法家赵朴初先生发表书评《真能参透生死关——读周总理遗诗志感》，对总理诗给予极高评价，说："周总理的遗诗，虽然只寥寥十七首，却为我们透露了总理青年时期内心世界的一些片断，从而使我们在总理的崇高形象上见到了过去不曾见到的另一个光辉方面。""对于我们——尤其是对于我们下一代的青少年们——认识总理，学习总理的典范人格，有很深的启发意义和教育意义。"总理诗有很高的艺术性，"五四"前的旧诗"风骨开张，才气横溢"，"五四"后的白话诗"卓有成就，不同凡响。"文末赋《调寄临江仙》词一首，赞曰："不负澄清天下志，生平事迹般般，真能参透生死关，生为民尽瘁，死有重于山。持荐轩辕多少血，词华和梦都捐。岂期身后见遗篇？吉光片羽，芳泽满人间。"

1979年出版社又推出了《在彭总身边》一书，以彭总警卫参谋亲闻亲见，口述了彭总在庐山会议前后的感人事迹，在全国反响强烈。一天，李致对我说，写一篇书评给《四川日报》。我写了《铁骨雄风——读〈在彭总身边〉》发表在同年11月2日《四川日报》三版。文章特别赞扬了彭总敢于面对现实，"为人民鼓与呼"及"庐山上书"所表现出的"刚风劲骨"。当时正值拨乱反正，平反昭雪历史重大冤案之际，引起高层注意。李致得知了时任中共中央秘书长兼中宣部部长胡耀邦在中宣部一次讲话中对这本书的评价："昨晚我躺在床上一口气读完《在彭总身边》，写得很好，很感人。"也许与此相关，许多报纸转载，许多电台广播，好评如潮。

其后，四川人民出版社又出版了景希珍口述，丁隆炎执笔的《最后的年月》。这本书忠实地记录了林彪、江青之流对彭总的残酷迫害，和彭总身处逆境时表现出的高贵品格，是否定"文化大革命"的铁证。李致回忆说，编辑流着泪审稿，工人流着泪排字，九天印四十万册。刚一发行，即在北京、上海、成都等地引起轰动。可是，却有人以"莫须有"的罪名指责作者，要开除作者党籍，以致暂停发行。对此，李致敢于承担责任，保护了作者，同时直接找耀邦同志申诉说："您叫我们出好书，现在好书出来了，又不许发行，而不准发行的理由又站不住脚。"耀邦同志开始有些犹豫，感到难办，最终表态："你们可以——自己发嘛！"经过一年多申诉，主管部门最终准予内部发行。

"文革"十年，文化荒芜；人们渴望精神食粮，嗷嗷待哺。为解决书荒，为老作家恢复名誉，四川人民出版社在李致领导下，编辑出版"近作系列"和"选集系列"两套丛书。一经推出，便受到广大读者欢迎。

1978年8月，"近作"丛书率先推出巴金的近作，收文十一篇，附录选译俄国作家赫尔岑回忆录《往事与沉思》。1980年9月，又出版《巴金近作》第二集，收文六十篇，发行六万二千册。为巴金正名恢复名誉起到很好作用。

1978年6月12日，郭沫若逝世。8月，出版社推出郭老有关四川的诗集《蜀道奇》，并影印了《蜀道奇》手迹。9月，又推出郭老近作《东风第一枝》，于立群作序，收诗二十五题二十九首，对联一副，文十篇，照片、手迹、题画等9幅。两书发行7万册，表达了家乡人民对郭老诚挚的怀念。

"近作"丛书内容丰富，有小说、诗歌、散文、评论、翻译、儿童文学等，又有如王朝闻《开心钥匙》美学欣赏评论集和艾青《归来的歌》诗集。正如唐弢在《唐弢近作·后记》中所言，近作是一种新创造的图书出版新样式，满足了特殊年代读者特殊的需求。近作还是沟通作者和读者的桥梁。丁玲在《丁玲近作·后记》中说："这些文章，自然很能说明我的心情，也可以告慰于许多好心读者对我的关切和鼓励，同时可以减轻一点一年多来我没有给一些读者及时复信或竟然没有复信而引起的内疚。"再如《萧军近作》是他1979年的诗文选集，"可算做几十年得以公开发表文字以来，所获得的一点成绩。"（萧军语）萧军是上世纪30年代左翼作家，一生坎坷，恢复名誉后勤奋写作，一年来写了四五十万字的作品，如《忆长春》《哈尔滨之歌三部曲》《我的文学生涯简述》等，真实地再现了一个时代的一角。他在前言中有《忆成都》七律一首，以志与成都的一段鸿雪因缘："当年漂泊忆蓉城，水碧山青尽有情。诸葛祠前千岁柏，薛涛井畔望江亭。"

《叶君健近作》《严文井近作》别开生面，是当时难得一见的翻译家和儿童文学作家近作，大受读者欢迎。《叶君健近作》收有三篇专给中国少年儿童改译的以欧洲民间文学为题材的童话故事，1979年

6月出版，第一版印刷发行达30万册，创造了"近作"丛书的奇迹，填补了儿童文学严重短缺的空白。严文井在庐山全国少年儿童读物出版工作会议上，要求大家像战士一样在少年儿童读物这座宝山上为两亿儿童找宝，满足孩子们迫切的需求。

数年间，出版近作20余种，如《王西彦近作》《艾芜近作》《茅盾近作》《周立波黎明文稿》《罗荪近作》《夏衍近作》《康濯近作》《碧野近作》《吴强近作》等，都发挥了丛书短、平、快的较好作用。

同样，选集系列也获得可喜成绩，满足了广大读者特别是文学爱好者、教师、研究工作者的需要。1979年8~12月，出版社接连推出一套三卷五册的《郭沫若选集》，120多万字，以应当时需要，第一次印刷发行都在二万册以上。四川人民出版社提出"立足四川，面向全国"的出版方针，接连出版了过世川籍作家何其芳、李劼人、周文、陈翔鹤、邵子南、林如稷、罗淑等的选集。接着又推出名作家选集，凡健在的全国著名作家多由作家自选或经作者同意专人编选，如《巴金选集》（十卷）、《沈从文选集》《冰心选集》《茅盾选集》《老舍选集》《陈白尘选集》《阳翰笙选集》《沙汀选集》《艾芜文集》等。而《鲁迅选集》是李致请曾彦修、戴文葆编选的。

李致和出版社编辑，诚心诚意与作家交朋友，为作家服务，受到他们夸奖。曾任国家出版局副局长的刘杲说："其作用绝不亚于组织部的红头文件。"有助老作家们迅速恢复了名誉。

"立足四川，面向全国"的方针，也得到了陈翰伯及边春光和许力以等的支持。上世纪70年代末和80年代初川版书有过一段辉煌时期，在全国颇有影响。1986年，时任四川省委宣传部副部长兼四川出版总社社长的李致，带队参加全国书展期间，在北京还举办了川版书展。老一辈革命家杨尚昆和张爱萍将军参观了书展和座谈会，充分肯定四川提出的"做出版家，不做出版商，也不做出版官"的指导思想。"做出版家，不做出版商，也不做出版官"原是诗人冯至赞美四川出版社的话，意在多出书，出好书，为人民服务，为社会主义服务，把社会效益放到第一位，最大限度地满足全国人民的需要，丰富精神文化生活。那时候改革开放下的经济大潮开始席卷全国。有同行非议，认为四川保守，不敢言商。杨尚昆同志指出：书籍不同于一般商品，既有商品属性，在市场流通，又有意识形态属性，能影响人的思想，不能因单纯追求利润出不好的书和坏书。事实证明，坚持把社会效益放在首位，做到社会效益与经济效益统一是对的。四川出版社的经济效益超过许多出版社，修了职工宿舍，建了十二层办公大楼，这在当时全国出版界少见。当时四川人民出版社执行统一核算，该赔就赔，该赚就赚，薄利多销。如前所述，"近作"丛书定价低廉，发行量大，受到读者热捧，一般都在一两万册以上。连成本高的大部头的选集，因出版及时，满足读者需要，发行也在两万册以上。

"文革"结束，百废待兴。文化出版基本建设任务极重。1977年以来，民间也先后有业余编纂的《鲁迅大辞典》和《中国文学家辞典》。在李致领导下，四川人民出版社文艺编辑室开拓进取，决定接手这两部辞书的组织和编纂出版工作，命我担任责编，并参加《鲁迅大辞典》编纂组。新中国成立以来，业余编纂大辞典尚属首次，在当时也是思想解放、突破禁区的一大举措。

《鲁迅大辞典》由北京大学、北京广播学院、中国人民大学、北京师范学院、北京第二外国语学院等单位教师和研究人员参与业余编纂，十分艰苦。出版社仅补助两千元印制专用稿笺，购置卡片、卡片盒。但编纂组一班人以找回被"文革"十年耽误的时间的精神相激励，不计报酬，夜以继日，在很短的时间内即完成了阅读、搜词等基础工作，制作了十数万张卡片，完成了词目普查，并编辑出版了《鲁迅佚文集》，初显业余编纂的优势与灵活。

虽然《鲁迅大辞典》是业余编纂，拟由地方出版社出版，但一开始就受到全国关注。鲁迅研究专家王士菁等始终关心、指导辞典的编纂；中国社科院十分重视，在1979年初由陈荒煤主持的昆明全国文学规划会上，该书被列为全国重点项目之一。其后，在全国二次人大会议期间，鲁迅研究专家李何林向大会提交了编纂《鲁迅大辞典》提案。由于1983年李致和我先后调离出版社等客观原因，后来辞典交由北京鲁迅博物馆、鲁迅研究室编纂，人民文学出版社于2009年出版。

《中国文学家辞典》由北京语言学院业余编纂，分古代四个分册，现代四个分册，后扩展为现代六个分册，共收文学家三千七百七十五人，其中有大量文学新人和海外华文文学家。中国是有五千年历史的文明古国，但一直没有一部完整的文学家辞书。长期受思想束缚，只有盖棺论定后的死人才能入典——"活人不入典"是首要要打破的思想和出版禁区，"活人入典"，是这部辞典的最大特色。其次内容翔实，材料多来自作家本人撰写或亲属提供。其三，坚持历史唯物主义指导，实事求是，不"以言废人，以人废言"。如现代一分册初编时，丁玲、艾青等著名作家尚未落实政策，仍然收录；陈独秀、胡适等历史人物，不因政治、见解不

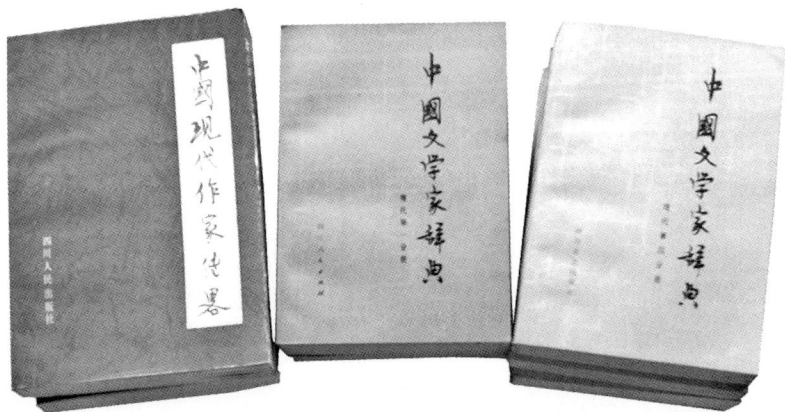

《中国文学家辞典》《中国现代作家传略》，四川人民出版社出版

同，任意贬抑。其四，校正错误，补充新材料。如胡适原名胡洪骍，闻一多入清华读书是1912年，而非过去文学史、年谱上讲的1913年等。

这部辞典一开始就得到全国和地方文联、作协等单位或组织的支持帮助。郭沫若在病中表示关切，希望早日出版；茅盾题写辞书书名。巴金等先后写信鼓励、指导。巴金在信中说：我支持你们。我早就主张有人来从事这一工作，可是没有人去做这于今人、后人有益的工作。人们害怕活人，出版社更怕；你们的思想也要更解放一些。趁老作家们在世的时候，"抢到"第一手材料，这本身就是一件极有意义和宝贵的事。

1979年12月《中国文学家辞典》现代第一分册出版，第一次发行十八万五千册。接着第二、三、四分册出版，发行均在四万册以上。

地方出版社立足本省、面向全国，出版中外古今著名作家作品，繁荣了我国出版事业，受到读者欢迎，但也惹来一些出版社的不满。因为这些书过去都是由他们垄断出版，是"看家书"——利润的稳定来源。地方出版社的做法，无异于抢了他们的饭碗，动了人家的奶酪，岂有不反对的。果然一次在长沙召开的全国出版工作会议上，有人对地方出版社提出批评：乱出书！此言一出，引来地方出版社不满。李致在会上发言，大意是说，那比如四部中国古典小说（《红楼梦》《西游记》《三国演义》《水浒传》），是老祖宗留下的遗产，大家都可以出版。开会回来后，李致与我商量出版四部古典名著的事。我们认为直接翻印虽然省事，但毕竟是人家的版权，也有损四川出版社的名誉。不如另起炉灶，重新校注，搞四川版新校注本。四川人民出版社为此发了文件，由我负责组织、出版。

新校注本《红楼梦》早已由李希凡、冯其庸组织进行，为避免重复，四川只出另外三部。方案确定后，重要的在组织力量，谁来校注，谁来审订，很费了些思考。思想解放给了我们大胆尝试的勇气，确定请北大中文系56级我的同窗担任新校注，北大老师担任审订。《西游记》的校注最难，由安徽师大朱彤和安徽大学周中明担任，北大教授吴小如担任审订。《三国演义》由中国人民大学吴小林担任校注，中国人民大学教授、人民文学出版社编审陈迩冬担任审订。《水浒传》由苏州大学李泉担任校注，北大教授王利器担任审订。他们都是古典文学研究的专家学者，堪称一流。新校注本注释条目均在两千条左右，而过去已出的书一般只有四五百条。新校注三部中国古典小说出版后，受到读者欢迎。后来天津百花文艺出版社出版新校注本时，还参考过人民文学出版社和四川版的校注。

三十年过去了，四川出版史上辉煌的一页早已翻过去，留下了更多的怀念。翻检记忆到此，出版家李致的印象在我心中更多鲜活，可亲，可敬。

李致与《红领巾》

◎ 梅 红[①]

　　说起李致，出版界的老同志都非常熟悉。他是我国出版界改革开放30年以来的重要人物之一。1979年的长沙会议上，李致以四川人民出版社总编辑的身份，在会上发言，阐述了自己所在的出版社

1958年夏，李致（后排右三）访问苏联莫斯科一少年之家，中国女留学生（中）为翻译

---

① 梅红：西南交通大学副教授。

为什么要突破"三化"，采取"立足本省，面向全国"的方针，以及突破"三化"后取得的效果。为推动四川出版业变革，促进全国地方出版业的变革做出了贡献。

但是不为众人所知的是，李致与期刊还有着很深的情结。他进入出版业，是从担任期刊主编开始的。1957年底，他担任共青团四川省委《红领巾》杂志总编辑。1964年，担任共青团中央《辅导员》杂志总编辑。更不为人所知的是，上世纪50年代末，神州大地掀起的"学习刘文学"的活动，就是李致任《红领巾》杂志总编辑时组织策划宣传的。

《红领巾》是上个世纪50年代西南团工委主办的少先队队刊，它在邓小平等老一辈无产阶级革命家的关怀下，1951年6月1日创刊于重庆，迄今已有59年的历史。

李致是四川成都人。在担任《红领巾》杂志总编辑之前，他在共青团重庆团市委担任大学部部长。1955年，肃清胡风"反革命"集团思想时，他被隔离审查，组织上在审查中并没有发现他有什么问题，却意外地发现他颇具写作才能，他在新中国成立前发表过近百篇习作，后曾在《少年报》上发表儿童文学作品，还在团重庆市委当过少年儿童部长。这件事带来的结果出乎他的意料，1957年《红领巾》的总编辑已被打成极右派，李致成为了《红领巾》杂志总编辑的人选。这个机会，也使他的办刊才能得到了施展。

李致是一位很有思想、很有干劲的人。来到《红领巾》后，他首先做的事就是把工作重心从反右斗争转到业务工作上来，动员全体人员将思想和精力放到把刊物办好上来。对右派的家属不搞株连，并注意发挥他们的业务才能。

办刊物需要的是人，加之此时的《红领巾》不少编辑已被打为右派或划为"中右"，人手极缺。李致首先做的就是支持组织部门广为网罗人才，调来了木斧、蓝星、赵世泉、郭廷萱，以充实编辑力量。木斧名叫杨莆，回族诗人，毕业于四川省立艺术专科学校（四川美术学院前身）。因为受"胡风案件"的影响受到迫害。李致顶着压力，要他做编辑组组长，推荐他参加省作家协会。蓝星以前是小学老师和少先队辅导员，《红领巾》的通讯员，因有写作才华，调到杂志社。后来，蓝星成为全国知名的少年儿童诗歌作家。赵世泉以前也是小学老师和少先队辅导员，在《红领巾》任编辑时兼《中国少年报》驻四川站记者，以后调团中央《中学生》杂志社工作。还有一位工人女诗人郭廷萱。这样，就为《红领巾》的发展提供了一个良好的小环境，在当时人人自危的大环境中，李致使所有的编辑不再感到风声鹤唳，而能够安心工作。这一时期成为《红领巾》杂志快速发展的时期，获得了较大的社会影响。尽管他的这些做法曾被人批评为"右倾重业务、轻政治"，但他不以为然。

在办刊思想上，李致主张刊物既要方向正确，又要适合少年儿童的特点，才能把少年儿童紧紧地团结在自己周围。为此，在办刊上，《红领巾》做了很多改革创新。首先在内容上，充分发挥杂志的特点，加强深度报道。《红领巾》是少先队队刊，属于时政类期刊。但它又是半月刊，通常，其新闻要在半个月后或是更长的时间才能发表，时效性上远远不能适应形势的发展。李致为此专门请教了《中国青年》杂志的总编辑方群。方群说："我们在时事新闻上搞不过报刊。但是各种武器有不同的特点。机关枪有机关枪的打法，大炮有大炮的打法。杂志可以抓住一个问题搞综论，也可以搞半个月的时事，不仅有消息，而且有分析，这样可以突出杂志的特点。"在新闻体裁的内容上多搞评论，搞综述，突破了时效性的难关，受到了用户的好评。另一个办法是办专刊。对报纸来讲，专刊是新闻版面的延伸和拓展，它的特点是集中、信息量大，比起单纯的新闻报道，专刊可以更深入地做新闻背后的新闻，在深度和广度上达到一个新的高度，形成对某一事物宣传的新闻强势。就发行上讲，专刊可以调动当地的团市委资源，扩大发行量。《红领巾》杂志对办专刊的探索一是办地方性的专刊。曾经办过重庆专刊、自贡专刊。另一个探索是办人物专刊。最成功的就是"刘文学专刊"。在形式上适应儿童的心理，增加刊物图片的使用量。不仅在杂志上增加图片，甚至在杂志社所用的信封、稿笺上都用了活泼鲜艳的儿童画。

《红领巾》受到少年儿童的欢迎和共青团中央的重视，1958年，共青团中央派出中国青少年报刊工作者代表团访问苏联，其中有两名少年报刊的成员：一名是《中国少年报》总编辑钟恕，一名是《红领巾》杂志总编辑李致。他们深入地专访了《少先队真理报》。李致在访问中开阔了视野，受到不少启发。其中特别是报刊要成为少年儿童活动的组织者，倡导者。钟恕和李致还应邀在莫斯科电视台介绍了《中国少年报》和《红领巾》杂志。

《红领巾》杂志在全国少年儿童类期刊中渐渐崭露头角，期发行量从七八万份节节向上攀升。宣传刘文学的活动，使《红领巾》杂志的发行量达到一百二十万册。《红领巾》不仅在经济上获得了很大的收获，也成了全国有影响力的少儿杂志。

刘文学是四川省合川县（现重庆市合川区）渠嘉乡双江村人。1959年11月18日晚，刘文学帮助队里干活回来，发现地主王荣学偷摘集体的海椒，他立刻冲上前去阻止。刘文学不顾个人安危，拒绝了王荣学的收买和威胁，与其展开了搏斗，终因年幼力薄，被王活活掐死，牺牲时年仅十四岁。刘文学牺牲后，合川体育场举行了万人参加的追悼会，共青团合川县委员会追认刘文学为"模范少先队员"；1960年初共青团江津地委追认刘文学为"模范少先队员"，中共江津地委和行署决定拨专款修建刘文学墓园，时任团中央第一书记的胡耀邦亲笔题写了碑文。当年，全国少年儿童开展了"学习刘文学，做毛主席的好孩子"的活动。1982年4月，1983年10月，合川县人民政府、国家民政部先后批准刘文学为烈士。事隔五十年后，2009年，刘文学入选"一百位新中国成立以来感动中国人物"。

在那个特殊的年代里，与地主搏斗而牺牲的孩子不仅仅是刘文学一人，据当时四川高级法院的领导回忆，解放初期，每年法院要遇到十几个这样牺牲的孩子。从新闻传播的角度来看，这么多孩子中，只有刘文学一个人成为了四川的英雄人物，成为了全国的英雄人物，成为了全国少年儿童的骄傲。这是什么原因呢？在推动刘文学事迹的宣传过程中，《红领巾》杂志起到了重要的作用。从某种意义上说，是《红领巾》杂志这一媒介的力量，掀起了全国少年儿童学习刘文学的运动。也可以说这是由一本杂志掀起的一场全国性的运动。

1959年11月，杂志社得到消息，一个合川少年在与地主斗争的过程中牺牲。根据团省委的指示，李致迅即带领蓝星、黄竹琴两位编辑前往采访。他们采访了刘文学的教师和同学、他的母亲和邻居家庭，还提审了地主，整理出的资料足有一张桌子那么高。当时，正值三年"困难时期"，又在农村小学，条件很艰苦：临江走一上午的鹅卵石路，吃的是只有少数米粒的稀饭加红苕，李致和蓝星晚上穿着衣服、背靠背地睡在通风教室的课桌上。

三位编辑不仅了解了整个事件的经过，而且还深入采访了刘文学的其他事迹。刘文学这个人物形象逐渐丰满起来。结合当时的政治形势，李致果断决定：改变原来只准备写一篇报道的策划，回去之后办一期人物专刊，全力宣传刘文学。

在当时，用全本杂志来宣传一个人物的做法还不曾有过。"人物专刊"整体设计策划，以及发行情况都是一个未知数。但是，决定已下，整个编辑部就开动起来。从刘文学遇害的故事，到对他同学、老师、家长的采访，刘文学的成长故事，等等，多角度多侧面地进行报道。李致在写到刘文学牺牲的场景时，正值年终深夜十二时，他完全投入到写作中，被刘文学的事迹感动得热泪盈眶。刘文学没有留下任何照片。杂志社又专门派遣美术编辑刘石父赶往合川，根据当地老百姓的描述画了刘文学像。这张少年刘文学的图像，至今仍被广泛采用。

李致与蓝星、黄韶合作采写的报告文学《毛主席的好孩子——刘文学》，四川人民出版社1960年版（李斧网上淘书），封面画及插图刘石父作

这种"人物专刊"形式的少儿类期刊在国内尚属首次。它的发行效果谁也不知道。杂志社先印了一本没有封面的小32开的杂志，通过各级团委在全国组织征订。结果大获成功，正式出刊那一期征订发行了一百二十万册。当时的团省委书记李培根开玩笑说："你们把我们团省委一年的纸都用完了（当时实行计划用纸）。"

随后，《四川日报》《中国青年报》《中国少年报》《人民画报》《中国青年》杂志等三十多家全国媒体都报道了刘文学的事迹，苏联、蒙古、越南、朝鲜的少年报刊，都刊登了他的事迹。上海少年儿童出版社出了书，接着四川人民出版社出书。刘文学的故事被改编成京剧、舞剧和话剧，中国少年儿童剧院把它改为儿童剧上演。刘文学的故事还被编进课本，包括英文课本和盲文版。全国各地少先队掀起了"学习刘文学，做毛主席的好孩子"热潮。在刘文学的家乡合川县，来扫墓、慰问刘文学母亲和访问刘文学母校的群众络绎不绝，来自各级机关、单位、学校、组织的吊唁函慰问信雪片一般飞来，仅1960年就收到全国各地来信四万五千多封。甚至苏联、朝鲜、罗马尼亚、南斯拉夫等国家的青少年儿童也寄来各种慰问信件。

在宣传刘文学事迹的整个过程中，《红领巾》杂志紧密结合当时的政治形势，充分发挥了杂志媒介的特长，那就是做深度报道，敢于打破常规，进行形式和发行的创新。李致敢于打破陈规、锐意进取的精神，在那时已初显锋芒。虽然李致在《红领巾》杂志工作的时间仅仅两年半，但他将《红领巾》推上了自身发展的一个高峰。他所创造的期发行量一百万册的数量和他所掀起的影响力至今还是《红领巾》后来者努力超越的高度。对他自己而言，正是在编辑《红领巾》杂志时期锻炼出来的业务能力，为他以后踏入出版业作出贡献奠定了基础。

附　记

当年有关刘文学的宣传，用现在的观点看，显然受了"以阶级斗争为纲"的思想影响。

书缘·人缘

——我说李致

◎ 周良沛[1]

不想，此事一晃，又是三十多年了。

上世纪70年代末，"十年动乱"结束不久，我将编好的《胡也频诗稿》《戴望舒诗集》《徐志摩诗集》请严文井（1915—2005）同志审阅，当然是希望得到他的肯定。此时，他是人民文学出版社的一把手，按照我当时的想法：这几本书此时要在国内出版，自然只有找他。因为，之前，胡也频（1903—1931）身为"左联五烈士"之一，无疑是被推崇的，对他的作品，多是推介《到莫斯科去光明在我们的前面》这类思想先进、倾向鲜明的小说，对他的诗则极少提及。他的诗也全是在他成为革命者之前，受李金发（1900—1976）的"象征主义"影响的产物，当年，直至今日，诗坛所移植西方的种种"主义"，多是对于这种种"主义"的哲学基础不顾，只是对它一些表面技法的模仿，不伦不类，可以一笔带过，但对于研究这么一位革命先烈来讲，却不是可以一笔带过的事。戴望舒（1905-1950）的诗，人民文学出版社1956年就出版过他的

---

① 周良沛：诗人，作家，编辑家。

《诗选》，但选得太"严"了，是本很薄的小册子，若以人选诗，他抗战时期在香港坐了日本人的牢，其不屈的爱国之情实可钦佩，但作为诗人，他是中国新诗之"现代派"的代表人物，既是介绍诗人，只见"人"不见"诗"之全貌，总是一大遗憾。其中的徐志摩（1896—1931），一直是位有争议的人物。时至今日，我也绝不赞同将他作为否定"五四"后新诗运动中许多进步诗人的赌注，那样对徐志摩本身也是一种伤害。但是对他笼统地否定，也缺乏起码的公平。

同时，"突破禁区"，也是此时"解放思想"的必然。我自己也是本着历史唯物主义，还新诗运动其运行的一个原貌，才来选编整理及评述的。但是，它的出版，它的"突破"，似乎又应该在北京这个权威的文学专业出版社更合适些。一般情况，稿子投去，它分到哪位编辑手上，他个人，或者还经过上级定下一个处理方案再回复给我，三月半载，那就是很快的了。我直接找了严文井同志，当然是心情有些急，希望我自己的历史唯物观可以得到认可，所以才直接找上门去。还是人民文学出版社筹备《当代》的创刊时，

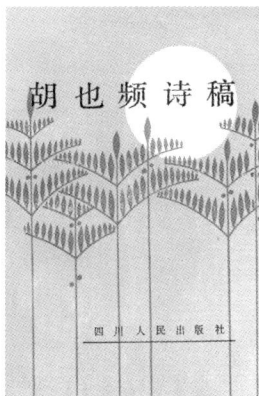

1980年四川人民出版社出版的现代作家诗集

从我这里拿了两首长诗《大路之歌》《击鼓》去，终审都是文井同志，他是战前的"京派"作家，不是一般的文化行政干部，这两首诗发稿刊印前，他都约过我去谈诗聊天，还有这么一点文缘，我也才敢直接闯去找他。对此，他很久都没吭声，看来，是处于很为难的境地。他当然不会对书稿本身发表什么意见，更不会像某些人那么简单、粗暴地否定这些诗集的作者。他颇费斟酌地用词遣句，才说了一句："我还看不出来现在是可以出徐志摩的时候！"

作为同是出版家的作家，是鉴赏水准、文学品位很高的行家里手。这句话是处于在此岗位的行政语言。这回，我要争什么，也不该同他去争，当知礼而退。

可是，现在还不是"可以出徐志摩的时候"这句话，对我也是颇费思量。三十年过去，事后想来，这些书一面市，就出现那些自己都没弄明白戴望舒、徐志摩就"吃"他们的，借此贩私，鼓吹"现代主义"（在此得特别声明，如此说并非笼统否定它，它涉及意识形态中诸多复杂、敏感的话题，似应另拟专题专论），导致许多热爱、初学写诗的年轻人之思想混乱、无视艺术规律的乱象看，影响是不好的。从这类受众接受它的水平看，说它还不是出版的时候，并不是没有道理的。但这种令人不愉快的情况，实际上也是对过去没有完全遵照艺术规律来对待艺术的报复。可是，它们出版的时候又该在哪年哪月呢？我只能那么干等着么？为什么不可以开始积极推动它们的出版呢？

出版社不在我手上，干着急也无用；我也很固执，仍然想方设法在扩大有关资料的搜集，在自己的能力和水平之内，完善诗集的编辑工作。

在上海，见到巴金老（1904—2005），我特别喜欢同他谈我所读过的他的小说，也特别喜欢他不形于色的热情。我们谈了他写的和曹禺改编的《家》，他谦虚地赞赏了曹禺的改编，并说到曹禺的戏剧语言是很值得学习时，巴老似乎看准了我在不务正业，问道：

362

"你这阵子还写诗么，在忙些啥子哟？"

我如实禀告了我上述的无奈。

"徐志摩？"他也跟文井同志那样单独提出"徐志摩"来，怔了一下，也是在想了一下吧，随着自言自语地说了一声"还是可以出的罢"，立即声调高昂，语速也快了：

"你去找李致，叫他出！"

这对我太突然，我懵了。孤陋寡闻，当时还确实不知"李致"为何许人也。不过，我相信，巴老介绍的人，总是有头有脸的人物，还怕找不到么？正因为是巴老所说，我凭口空说，还不当成打着巴老的牌子招摇撞骗？我只得央求道：

"巴老，您给我写个字条嘛！"

"什么都不用，就说是我说的就行了，我会同他打招呼的！"

我再说什么，便是对巴老的不敬了。

可是，"李致"这两个字整天在我脑中打转，"李致"到底是谁呢？是个什么样的人呢？我怎么这样孤陋寡闻呢？巴老不仅提到，而且是他那么可以信赖、托付的人，绝非一般人士。看到《辞海》，我拿到手上，准备在上面查找，一想不对，巴老托付解决问题的人，肯定是位能与巴老坐在一条板凳上的名人，也肯定是位大活人，怎么可能是《辞海》上作古的圣贤呢？说不定是个年轻人，小帅哥也可能的嘛。关起门来，比过去搞"运动"的准备阶段之"闭门思过"还难受。在这个圈内混了几十年，如此浅薄，自当思过。苦了自己两天，忽然想起一同访问各海港的徐靖姐、大同兄不都在成都么？何不问问呢？那时还没有直拨电话，到邮电局挂了长途。

"哎呀，良沛，你怎么搞的？"徐靖大姐快人快语，音质很好的长途，传来的声音也特别爽朗："李致李致，李致你都不晓得？是我顶头又顶头的上司……"

听此，难免有点委屈，我又不是万事通，不是太浅薄，才求问人嘛。"你晓得就好找他了！"

"你找他啥子事嘛？"

"巴老叫我找他……"

"哎呀，李致就是巴老大哥过继给他的儿子嘛——你还不趁机会来成都耍耍？"

耍耍，哪有这等心情？不过，有此一语，全盘通明，万事俱备，且有东风。一切的一切，都明白了，一切的一切，事情好办了。后来我知道，李致父亲就是《家》中的觉新的原型，连续生的都是女儿，生下幺儿李致，照过去的乡俗，怕养不活，就过继给当时还没有和萧珊结婚、单身未婚的巴金做儿子。后来巴老婚后有儿有女，更主要的，是李致也养活了，长大了，才改口叫巴老为"四爸"。但他们的父子之情，尤其共度"十年动乱"之后，是更深了。这自是后话。无怪才有巴老"你去找李致，叫他出"这样的口气。我急忙把稿子重翻一遍，那时邮局还没取消"航空"邮件，"航空挂号"寄出前后约一周的光景，有四川人民出版社文艺编辑室电话，当时我当然不认识，后来也成了合作的好伙伴、好朋友的张扬相告：书稿收到，同意出版，现在正在做发稿前的编务工作，请放心。电话的内容、说法都是事务性的，却像一把火将我的身心都燃烧起来了。

我来到成都盐道街三号，那时文艺社还没有分出来，只是四川人民出版社的"文艺编辑室"。办公室里很挤。编诗的戴安常、张扬，在办公室凸出去的一间小偏房，里面还加塞了徐靖姐与曹礼尧，四张办公桌横竖一摆，多进来一个人，连身子都转不开。编辑们一边在验"四川诗丛"的样书，还在整理我送来的诗稿，那边徐靖大姐正在忙乎她的"当代作家自选集"丛书，已见预告的十一家前辈作家的选集，也在进行着校样和稿子的事。看得出来，这是一项出版规划塑以成形的忙碌。照徐靖所说，李致是她"顶头又顶头的上司"，那么，此刻我看到的正是李致出版思想的工作蜂房，是一所以真正的文学艺术酿造蜜汁的车间。若是换另一个人，他可以有比李致更高的才能、热情，若无李致从巴老承续过来的人脉，像视巴老为"挚友、益友和畏友"的萧乾（1910—1990）、曹禺（1910—1996）等等这样同龄、同辈之友的人脉所提供的文化资源，这个蜂房不会有这么繁忙的劳作和奏响它酿蜜的音乐。这真是一种迷人的气氛，事隔多年，盐道街三号也不知怎么样了？记得后来王火接任总编，年轻编辑竟然不知抗战时就在四川，与老舍（1899—1966）长期密切合作的女作家赵清阁（1914—2011）是谁，把她写红楼梦的稿子压了很长时间。王火翻出来，即刻自己看了，编了，发了稿，并同编辑细心地讲赵清阁……回想起来，这是一个可以陶醉的工作环境。当年我一走进来，就被它吸引住了。过一阵，安常说"李局长会来看你"，我想自然是句顺水人情的客套话。

那天李致一进来，见我这陌生人很自然就想到我是谁便上来寒暄。出乎意料，他和巴老的瘦弱是完全相反的结实、健壮，说话也是和巴老相反的响亮、高亢，和巴老温和的平民风不同，他还是真像一位当"长"的，是他追问某些事由的进程、问责，和站在更高角度的指点，完全有他拿得下、镇得住的气度。他除了问安常安顿我住在哪里，嘱咐安常好好关照我后，又托我回北京见冯至，帮他催催他当面约好的多卷《冯至选集》的书稿就走了。我有些纳闷：他怎么知道我跟冯至有些关系呢？

冬日，天黑得早，也冷，那时我还年轻，能睡早觉和懒觉。准备上床时，有人敲门，一看，竟是李致。他在房里走一走，看一看。不是他问住得怎么样，我还无法告诉他，北京几大出版社改稿住的招待所，都是几个人一间的硬板床，住在后来美国领事馆都设在此处的，成都此时顶级的锦江宾馆待以贵宾，若无他对此一问，我这缺乏修养的人，还难补上两声道谢。

他也跟我说徐志摩，想来他和文井同志一样，也有行政职务所无法绕开的想法。不过，他显然翻过稿子，认为动脑子请卞之琳（1910—2000）写序的这个点子，就出得好。卞之琳与徐志摩原有师生之情，后来走的又是不同的人生路。在"改革开放"的旗帜下，由昔日的，又是革命者的学生来评说他的先生，不论说得怎么样，都是时代变化的文化形态。李致很赞赏序跋中认为过去对徐志摩缺乏历史唯物主义，看他"颇有一些诗，特别在艺术上，能令今日的我们觉得耐读，不难欣赏，而且大有可供我们琢磨一番的地方"。又再讲，不要"矫枉过正"，既用来"批评过去对徐志摩的评论走到了一个极端；也提醒今日的年轻人不要走到了另一个极端"的态度，正像对胡也频不提李金发对他的影响一样，这对那些以人论诗者，尤其是官员，是一个很好的交代。李致认为有了我们以上的说法，在"'开放'的时代，以'开放'的眼光，拿它当内部的《新诗资料》出版，以借鉴、拿来，总不会有啥子问题吧？"

哎呀，之前我们怎么就没有想到这一点呢？真该多敲几下自己的脑袋。我睁大眼睛看着李致，这还真不是一般人的智慧！我不禁想起从北京东单到东四那几间卖老书的铺子里面不乏内部的"资料"书。它在"内部"抢手，不看书的也把它看作一种"政治待遇"，不看也买。这一来，不是愁书是否出得来，而是等它洛阳纸贵了！这一想，我真服了他了。

然而，和李致在一起，怎么可能不说巴老呢？原来出这些书的事，巴老还未向李致作交代。李致一听转述巴老对我说的那两句话，完全深信无疑：只有巴老，也只是巴老对他，才这么说话。他俩，不论当称"叔侄"，还是"父子"，真是心有灵犀一点通。

其实，他过继去时，巴老单身未婚，不可能领他，婚后有了儿女，更不可能接他过去。倒是抗战胜利后，重庆血染较场口事件，毁了"新政协"，十几岁的李致，为避狂暴的白色恐怖，跑到重庆巴老主持的"文化生活出版社"，名义是自修，实际是读文学书，粗细之活都干，得以藏身。对李致的这段经历，我是特别感兴趣。

这个不营利、连上巴老才几个人的出版社，在中国出版史上，是很不简单的一座碑石。它出版的文学圈内称之"白皮书"的"文学丛刊"，扶持了多少还年轻的作家在"文学丛刊"中不寻常地亮相，成了中国现代文学史上矗立的塑像。上世纪三四十年代中国现代文学的精英和他们的代表作，几乎（是"几乎"，不可绝对化）囊括在内，如鲁迅（1881—1936）的《故事新编》、曹禺的《雷雨》《日出》《北京人》，何其芳（1912—1977）的《画梦录》，冯至（1905—1993）的《伍子胥》，艾芜（1904—1992）的《南行记》，等等。

巴老健在时，长期在华东医院住院。我有段时间在上海，周末必上华东医院看望，天气要好，还要推着轮椅让他出来晒晒太阳。太阳下的舒适，若能唤起他懒洋洋的睡意，自然是我所愿。否则，可谈的已经不只是他的小说，还有李致和"文化生活"了。我这年纪，解放前自然无法有加入到他作者群之幸，但做个编辑，且是军人出身，要能在那个行列编辑那样不是个别，而是普遍都有品位的

20世纪80年代初，李致在四川人民出版社文艺编室（周良沛拍摄）

书，真是我的英雄梦。真希望文化生活出版社还能挂出牌来。"我是看不到这样的奇迹！"巴老这句话，包含他对"文化生活"多深的感情，又有多少遗憾啊。上世纪80年代末，那时的出版，虽然还没有普遍卖书号所谓"合作出书"之事，也是迎合市场，开始泛滥"拳头、枕头"之际，它唤起我们对"文化生活"深深的怀想，也是此事本身赋予今日的一种境界吧。后来，李致遇到柯岩，柯岩（1929—2012）也加入到这个行列，共同来促进文化生活出版社重新挂牌。李致更为有此共识者的同志受到鼓舞。对此，一时看来有些"不切实际"的想法，有些超前，未必是出版改革可以回避的话题。"生活书店"在邹韬奋（1895—1944）的亲人努力下，虽然还挂靠"三联"，总走出第一步，挂牌出来了。之前，我们怎么没有想到这么办呢？

李致过去在"文化生活"的磨砺，不仅增长了才能，从看稿到书的发行之整个流程，都很熟悉，这不仅是一种能力，也养成了他某种职业性的习惯，也像演员出身的文化领导干部喜欢"泡"剧团一样，李致也喜欢"泡"出版社。话一投机，天南地北，我们已经不是出版和作家的关系，是知音好友了。

往后，四川新诗资料出得也多，闻一多（1899—1946）、朱湘（1904—1933）、李金发，等等，还有一套《台湾香港诗窗》，忙得一塌糊涂，我也来得更勤。一时间，成都盐道街三号，已成我的半个家了。李致不时来看我，总要叫我上他家坐坐，吃饭、聊天。他夫人丁大姐，热情之至，贤德之至。丁大姐虽然不是直接搞出版的，李致若无她揽下整个家的烦恼和琐碎，出版是干不了这么顺的。丁大姐总把我当作一个还是小孩子的小弟弟，把好吃的留给我吃。在锦江宾馆住，对我已经很奢侈了，她还担心我这方便那不顺的，出门时还得往我袋里塞上点什么、手上给提上点什么才让走。几年之间，完全成了一家人。三十几年，一直如此，直到孩子长大。有次李斧出差回国，要从香港返回美国，他从爸爸那里知道此时我在深圳，竟然过了罗浮桥找来请我吃了顿饭，聊了一阵天，才赶回启德机场返美。在世风的人情冷落中，想到李家这三代人，无法不心动……

如今，年过八十，来日不多，对先走了一步的巴老、丁大姐，除了献上鲜花，洒杯清酒，趁自己健在，还让我有个梦吧，若有来生，我们——不仅是我个人，还能让我也加入到"文化生活"之列，跟李致一道，为读者编辑、印制、出版些好书吧！

2013年9月8日晨为《李致与出版》作

附　记

《李致与出版》——原计划在去年庆祝四川人民出版社成立六十周年之际出版，诸多原因延后至今。这个月正好收到诗人周良沛新作《往世·往事》，其中有一段编辑《徐志摩诗集》的往事，我打电话给良沛聊起往事，说到我这本正要出版的新书，他说要写写"李致同志哥"，故有了这篇《书缘·人缘——我说李致》。

2013年9月10日

为传承文化出好书

——写在《曹禺致李致书信》出版之际

◎ 梅　红

李老又出新书了。

这次是《曹禺致李致书信》，由四川教育出版社出版。听到这个消息我非常高兴，李老的一个夙愿终于达成了。他一直珍藏着与曹禺交往的三十八封书信，包括曹禺留给他的便条。这些珍贵的书信，在《曹禺全集》中没有收入。它们真实地记录了曹禺晚年的思想状况，是研究曹禺的重要史料，其意义自不待言。李老一直想出这本书，他知道现在的出版不景气，打算自费出版。

没想到四川教育出版社社长安庆国看中了这个选题，派出了牟薇和邹小工等一支精干的团队来编辑这本书。作为出版研究者，我也对此非常感兴趣。当我和李老谈到此事时，他说："是安社长有眼光。他听说我这里有这样一些材料，第二天就派责任编辑小牟来，并聘请邹小工设计封面。"

安庆国是这本书的总策划。为什么要出版这样一本书？安社长自有他的看法，一个出版人可以与曹禺这样的大家就出版图书结成"生死恋"，这是基本价值观有契合，是两颗真诚的心的融合，是崇高文化理想的共同追求。在当下这是值得学习的！今年适逢曹禺诞辰一百周年，出版李老收藏的这些信件，既是四川出版对曹禺诞辰献上的厚礼，也记载了四川出版在上世纪80年代与作者深切的关系。出版社不仅要出有市场价值的书，还要为发展文化、传承文明作出贡献。三十年前，著名诗人、学者冯至与曹禺一样，曾称赞李致是"出版家"，不单纯追求经济效益。三十年后，在出版已深度市场化的大背景下，四川教育出版社有这样的眼光和勇气来出这样一本书，实在是一件出版的幸事。

李老说的小牟是责任编辑牟薇。安社长通知她担任本书的责任编辑时她正在外地。当她回来看到李老珍藏的书信时，不由得惊叫起来，连说："太珍贵了，太珍贵了!"

这是今年8月的事情，正是成都气温近三十八度的桑拿天，此时距曹禺先生诞辰仅仅只有一个多月的时间了。所有工作人员都在和时间赛跑。邹小工的封面设计几易其稿，力求完美。开头几天牟薇几乎以李老的家为办公室，一封封的信件和相关材料拍照，编号，核对。……这个团队的每一位成员围绕着日程表在高速运转，安社长几次到排制设计工作室指导工作。他们仅用了几天时间就完成了对资料的梳理，仅用了二十几天，就完成了三审三校、装帧设计、排版印刷。终于，在曹禺先生诞辰一百周年前赶印出版了。这个编辑团队为曹禺先生百年诞辰交出了一份满意的答卷。

时间的紧张并不意味着做书的仓促与粗漏。恰恰相反，这本书在设计上处处扣着书信和曹禺先生的创作，处处弥漫着曹禺先生与四川出版珍贵的友谊。封面设计简朴大方，有书卷味。为了再现曹禺先生这些珍贵的书信和手迹，书中一一呈现了三十八封书信原件，甚至还有部分信封的正面反面。对于E时代的人们来说，这种纸质的信封文化，已是一个时代的记忆和象征。那扉页设计中选用的实寄封上的邮票邮戳，不仅指向"书信"二字，更从视觉上给人一种美感。在书眉上那精美的篆刻设计，不仅增加了本书雅趣，也用一抹红色点亮了书中的色彩。书中选用了很多四川人民出版社当年

《王昭君》插图，徐恒瑜作

出版曹禺先生著作的图片。《王昭君》《胆剑篇》《曹禺戏剧集》
（全八册），曹禺与巴金、李致等人的合影……书中所用的插图是
戴卫、徐恒瑜等为曹禺的剧本所创作的作品。关于插图，曹禺先生
曾致信李致："可否由你社请人做些插图。最好请画家仔细读了剧
本再画，如画得不满意，便不做插图也可。"当时年轻的戴卫和徐
恒瑜、李延声创作的插图令曹禺先生非常满意。

　　1979年，曹禺给李致的信中写道："李致同志：《王昭君》
新本收到，此书印的十分精致，见到的都说'好'。这要感谢组织
工作者，印刷工人师傅、校对、设计、插图艺术家，以及所有的工
作者们。这样迅速刊印出来，足见你社工作效率高，团结、合作
好。"在曹禺先生诞辰一百周年之际，四川出版再次高效的表现，
当足以告慰曹公。

李致先生的出版人生涯

◎ 卢泽明[1]

　　李致先生头衔很多，但他在意的是出版人这一称谓，其实他称得上是著名出版家。他曾担任四川人民出版社总编辑，在其任上，他亲自组织策划了一批高质量的、极具影响力的书籍，使上世纪80年代的四川出版业异军突起，成为新启蒙时期重要的参与者，中国出版界之重镇。李致贡献其巨。

　　李致从事出版工作时间不算很长，但与出版的缘分很深。1957年在青年团重庆市委当大学部部长的他，不久调任团省委，成了《红领巾》杂志的总编辑。虽说办刊物还不能算是十足的出版人，但至少是编辑人，距出版业也就是半步之遥。期刊是出版物之一种，办刊能使人对读者的需求更敏感，办刊能使人的知识变得更广博。哪怕就是《红领巾》杂志这样相对读者面较窄的刊物，要办好，也要求总编辑要有大视野和综合知识。这无疑都在为他后来成为优秀的出版人做准备。只是，年轻的李致尚不知道这一点而已。《红领巾》杂志曾经有一期发行了一百二十万份，放在今天，绝对是期刊界的天文数字！尽管那是阶级斗争的年月，有着特殊的价值

---

　　① 卢泽明：时为《成都晚报》副刊部副主任。

观，但一百二十万份，仍然是一个奇迹！那一期，刊有李致和他人合写的《毛主席的好孩子——刘文学》，李致既是作者，也是编者，两方面的眼光和能力，决定了一个刊物的成败。李致先生年轻时就能写能编，是一颗好出版人种子！

因为办《红领巾》杂志在全国有影响，1958年，团中央组织中国青少年报刊工作者代表团访问苏联，少年报刊选中两个人，其中一个就是《红领巾》杂志总编辑李致，时年二十九岁。

1964年，李致调共青团中央《辅导员》杂志社任总编辑，使他有了面向全国的视野；可惜不久爆发了史无前例的"文革"，先靠边站，后被夺权。

假若当年李致这个少年儿童的有缘人，不是从事编辑出版期刊，而是从事别的工作，或许他和四川出版，就没有关联，也不会有80年代赫赫有名的四川人民出版社的总编辑李致了。当然这只是一种推测，但纵观一个人的一生，还是能够看到类似命运那样的线索和轨迹。李致先生本质上是一个文化人，他的事业，他的命运，都和文化有关。"文革"时期，不能正常工作，甚至挨整，关"牛棚"，但从小受良好的家教，即使恶劣的环境中，也不会让他彻底断绝文化的缘，在"牛棚"中李致又重读了《鲁迅全集》。所以，那段艰苦的岁月一结束，他就迎来新的广阔天地。70年代后期，李致出任四川人民出版社总编辑。

出版业对于李致来说，仿佛是一个全新的行业，其实，他了然于心，他又回到了自己熟悉热爱的行业中，他深受鲁迅、巴金的影响，喜欢书，喜欢写作。"文革"的结束，人民更渴望文化的滋养。70年代末，全中国呈现出"书荒"状态，根本满足不了全国市场的需求；像四川人民出版社这样的地方出版社，按当时的政策规定，地方出版社有一个"三化"的方针：地方化、群众化、通俗化。地方出版社只能出配合运动的"字大、图多、本薄、价廉"的一类书。李致与他的同事出手了，他要干的事情，第一个就是打破出版界的所谓"三化"方针。

　　四川出版社开始在全国组稿了。先出版了《周总理诗十七首》，发行量上百万册。继又出版了《在彭总身边》，既受到广大读者热烈欢迎，又受到胡耀邦同志的表扬。针对读者对老作家的关怀，四川及时出版了老作家的近作丛书。根据巴金的建议，四川又出版了"现代作家选集"丛书，把当代著名的中国作家中大多数囊括进来。人们戏称"孔雀西南飞"。这套"现代作家选集"丛书，先从川内的作家做起，逐步放开，最后面向全国。其意义远不止是出一套作家丛书那么简单。后任新闻出版署副署长的刘杲说：这套书出版为作家的平反胜过于发红头文件。这套书在以后相当长的时期都有着很大的影响，全国和国际书展中，都展出了这套书。当法国总统在上海给巴金授予骑士勋章的时候，巴金回赠的就是"现代作家选集"丛书中的《巴金选集》（十卷本）。

　　80年代，一个新时代刚刚开始，刚从"文革"噩梦醒来的人们，往往心有余悸，文化出版领域更是敏感之地。要发展、要突破，非有大气魄、大眼光的人不行。李致先生居于四川出版界的领导位置，他所承受的压力亦非一般人可以想见。一般见诸报刊图书的文字在介绍李致先生的出版"功业"时，往往痛快淋漓，给人感觉李致先生做事大刀阔斧，几乎毫无阻碍。其实不然，有从《李致与出版》一书中抽调的故事，可以反映出那个时代李致的超前眼光和他所承受的巨大压力。

　　1978年12月底，中共中央给彭德怀元帅平反。作家丁隆炎撰写了彭德怀的《最后的年月》。四川出版社加班加点，排字工用了九天，四十万册的图书就出来。这本书名为《最后的年月》，发行那天，新华书店排起了长队。但第二天该书被叫停售了。因为尽管彭德怀已经平反，但关于他的种种说法，还没有公开化，还有许多的禁区，有统一口径的要求，不是随便什么人都可以写他。丁隆炎是部队作家，也是彭德怀传记写作组的成员，但他却被写作组控告违反组织纪律，"损害了党和国家的名誉，沽名钓誉"，等等，上纲上线，问题很严重。眼见数十万册图书要被化成纸浆，李致的牛劲上来了。首先他到有关方面说明，稿子是出版社邀约的，不是丁隆炎自作主张，"稿子是我们审核的，我是总编辑，要承担责任我来承担责任"，主动把责任揽在自己身上。不久，国家出版局召开会议，李致到北京，通过中宣部的有关同志，上书中宣部部长王任重说明情况，恳求准予发行。王任重重视他的来信，表示同意发行。李致非常高兴，又写信给王任重，表示谢意。但新情况发生了，又说不能发行了。丁隆炎的问题被升级，写作组上告中宣部，当时主管意识形态的最高官员批示要开除丁隆炎的党籍。问题一下子就复杂化了。

李致心绪不宁，也不服气，心想凭什么开除丁隆炎的党籍？开除党籍这样重要的决定应该通过支部大会讨论，本人参加，并报上级党委批准才能决定，哪能一个人说了算？于是他想到老上级胡耀邦。胡耀邦是一个喜欢听真话的人。李致说：耀邦同志，你号召我们出好书，我们出了好书又不准发行，又没得正当理由。胡耀邦没有正面回答他，但默许了这本书的发行。同时，出版社党委给中央书记处写了份报告。出版社是一个处级单位，就这样为一本书，越级给中央书记处写信了，现在看来是相当大胆的举动。报告里面逐条逐条地把他们告状的理由（违反纪律、沽名钓誉，等等）列出来，给予反驳。表示不让该书停售，组织上服从，但是思想上不同意。一年以后，《最后的年月》终于被批准内部发行了，也算是一个不太完美的收尾。

一套由四川人民出版社推出的"走向未来"丛书也引起争议。由于"文革"的错误，中国闭关锁国，对世界完全不了解。80年代的中国百废待兴，一个思想启蒙的时代必然要到来。李致先生对此有着清醒的认识，介绍国外新思想、新思维、新观念、新潮流的丛书出版计划在他脑海中酝酿。80年代初，四川出版界因其果敢，已经树立了思想解放的形象。中国社科院青少年研究所所长张黎群直接建议李致推出"走向未来"丛书。他认定四川思想解放，有胆识，给李致写信，获得的答复完全印证了他的判断。就这样，这套最具影响力的思想启蒙读物从四川走向了全国。这就是后来影响了整整一代知识人的"走向未来"丛书！在这个过程中，有关领导几次给李致打"招呼"，李致不改初衷。

改革开放三十年后，人们回望过去，评价这三十年最重要的、具有影响力的东西，几十位学者向《南方周末》推荐"走向未来"丛书是改革开放三十年最具影响力的丛书，并排名第一。

80年代，四川出版成为了中国出版业的重镇，这是因为四川出版有敢为天下先的气魄、有开放意识，作为总编辑的李致先生功不可没。李致原本熟悉的是文艺方面，而其他方面并不是他的所长，但四川在那个时代却出了许多思想锐利的书籍，这和李致这个胆大的总编辑是分不开的。比如陈独秀这样至今在党内都有争议的人物，四川人民出版社政治编室就有眼光和胆识，能够编辑出版陈独秀后期文选。老舍的《四世同堂》，1949年以前出版的，新中国成立一直没有出版，但四川人民出版社一样拿来再版。当时还属于"负面"人物的张大千的画册，当时还比较忌讳的新月派诗人徐志摩、戴望舒的诗歌，四川人民出版社一律出版。

从今天的图书市场角度看，那时候，四川人民出版社就有抢书稿的动作，带头这样干的就是总编辑李致、社长崔之富和众多同事。前面讲到他要突破出版界的"三化"，他的眼光是全国，而不是一个四川省。他又盯上了曹禺的剧本《王昭君》。李致亲自跑到北京，找到曹禺，表示要出版《王昭君》。李致说自己背书背不好，但背剧本还可以，于是面对曹禺背诵了剧本《雷雨》《日出》，曹禺感到十分惊讶，被他的诚意打动，答应了李致出书的要求。但当时有人表示怀疑，说一个地方出版社能做好这种书吗？李致将随身携带的川版图书给他看，其装帧和选题都没得说。为了打消对方的顾虑，李致承诺只要三个月，该书就面世。结果，装帧漂亮的《王昭君》在三个月后真的出版了。不说曹禺很高兴，当初有疑心的人也大感开心。但《王昭君》还是惹了麻烦，核心问题是这本书该不该四川出，当时计划经济思维在出版界还很盛行。后来在长沙开全国的出版会议，考虑到当时的情形以及被人的提醒，李致决定低调与会，并且尽可能少发言，估计还免不了要挨骂。当时，买不到书是客观现实，流行一个说法："为了买《一千零一夜》，排了一天一夜"。中国古典四大名著，北京的出版社出版后，分给四川三万册，但四川是一个拥有一亿人口的大省，这些书进入四川，无异于杯水车薪。其他地方的出版社也面临相似的问题。故而川版图书一出，数量都很大，当时还是担心其他地方出版社对此有意见，不满意四川，以为他们要批评四川，但是却没有发生这样的事儿。大会进行到最后，李致忍不住要求发言。他在发言中描述的全国"书荒"的客观现实，是北京、上海两地不能解决的，解决办法是地方出版社也要面向全国出版，至于大家担心会不会忽视地方特点、忽视青少年的需要、会不会忽视农村读物、会不会把好质量的关、会不会搞乱出版市场，李致都用四川实际出书的情况，对这些问题一个一个予以仔细的回答。后来出版局的代局长陈翰伯，给四川人民出版社的邓星盈写信谈道，他是根据四川的实践，提出要逐步推广地方出版社"立足本省，面向全国"的。改革开放二十多年的时候，出版界认为这是出版界的一个重大改革。新闻出版署和全国出版工作者协会开会，邀请四川的李致和湖南的胡真参加。李致没有亲自到场，作了书面发言，大会上宣读了这个书面发言，北京的四家有关出版的报刊也摘登了发言，大家认为四川最大的一个贡献，是突破了"三化"。

李致和出版结缘，看起来始于70年代末期，实际是在少年时代，巴金就给他树立了榜样。巴金在三四十年代搞了文化生活出版社，这个出版社在民国期间很有名。鲁迅、茅盾、老舍、曹禺、艾青、何其芳、沙汀、艾芜等人的作品在那里出版。应该说，巴金不但是一个优秀的作家，也是一个杰出的出版家，很多作家有影响的作品都经过他的手而出版。成都也有文化生活出版社，少年李致在成都的时候就爱在文化生活出版社里看书。巴金本身是作家，面很宽。跟作家的关系也很密切，他在报纸上看到哪个作家的文章好就收集起来，出书的面就很宽。这些对日后李致成为一个出版人，都有很深的潜在的影响。

当然，在和作家的合作过程中，也有失误。但这种失误仅仅属于工作层面。再跳开一点来看，其中蕴涵的温情与怜惜，更让人对李致先生心生感动。这里要说一说周克芹的故事。周克芹原本是内江地区简阳县的一位农民作者，在大队当会计。四川人民出版社将其作品汇集成一本小册子，名为《石家兄妹》出版。想到他家住农村，家庭条件不是很好，不利于写作，爱才的李致就支持文艺编辑室的同志出面，把他请到出版社住，管一日三餐，给各种补贴。当时周克芹正在创作的长篇小说《许茂和他的女儿们》是四川人民出版社的预约，出版社还提供稿笺纸让他拿回家写。但周克芹写出来之后，想多挣点稿费，先拿给了内江一个期刊发表。对此，李致表示理解。后来这部稿子传来传去，让沙汀关注了，一下子就把稿子的身价抬高了。周克芹就拿给百花文艺出版社出版了。这当然让李致很失望，省委分管书记也要他解释该书让百花文艺出版社出版的前因后果。后来李致到上海去，巴金老人说不管怎样说，这本书放掉了是你们的失误。四川人民出版社以后有了个规定：凡是有质量的书跑到外省去了，自己必须总结教训。《许茂和他的女儿们》获得了第一届茅盾文学奖，为四川文学挣得了荣誉，却成了四川出版的遗憾。有意思的是，后来李致担任省委分管文艺工作的宣传部长，非但没有给周克芹难堪，还在周克芹绯闻缠身时，出手相助，为之解围，尽显仁者之风。四川人民出版社文艺编辑室后来又把周克芹的短、中篇小说出版；周克芹去世之后，《许茂和他的女儿们》热情劲儿过了，四川文艺出版社又出版了周克芹的三本选集，其中一本就是《许茂和他的女儿们》，出版社把稿费给了他的夫人，因为他家庭困难。李致和文艺出版社能这样做，有巴老的影响，因为巴老看到作家困难，书没有出版就会提前把稿费给作家。

对李致在出版界工作期间的评介，最让他感到欣慰的是来自著名翻译家冯至的一句话："你不是出版商，也不是出版官，你是出版家。"但是，身为出版业的领军人物，做出版家是相当困难的，因为，随着时代的变化，经济效益越来越成为衡量业绩的标准，你不得不考虑商业利益，这样，就很难不去成为一个纯粹的出版商。

出版家是一种理想，李致先生曾为之努力，而且在出版商和出版官的夹击中，他却真实地呈现出出版家的风貌，这拜一个时代所赐，也是李致本性使然。

2014年2月15日

从这面镜子里看到的

——解读李致新作《李致与出版》

◎ 字 心[①]

《李致与出版》是四川教育出版社出版的一本新作，与其说是一本书，不如说是一面镜子。从这面镜子里，不仅可以望见四川出版在粉碎"四人帮"后长达十余年的兴旺景象，同时亦可看到当年的出版人崔之富、袁明阮、江明等的远见卓识和劳累辛勤。当然，四川出版人中的主角离不开李致，因为他是当年巴蜀大地独有的一家出版社——四川人民出版社的总编辑，而编（编辑）、印（印发）、发（发行）这一条龙的龙头是出版社的编，而出版社的诸多业务部门中，编辑部门又是龙头，李致自然就是龙头的龙头了。

所以在这面镜子里，映现的既有四川出版曾经的辉煌，也有李致的一段难以磨灭的人生。

当年四川出版的图书，获得过高层胡耀邦、杨尚昆、张爱萍等领导的肯定，更博得了众多学者、作家和广大读者的赞誉。只要翻开《李致与出版》，便可在这面镜子的屏幕上清晰地看到、读到他们的劳绩，甚至在看到和读到的背面联想或臆想到尚未吐露的一些

---

① 字心：杨字心。作家，编审，曾任四川文艺出版社总编辑。

心结和心绪。

在一定意义上说，这本著作完全称得上是四川出版的一段宝贵的历史。"观今宜鉴古，无古不成今"，假如有心人能认真触摸和仔细解读这面镜子，对于今天的出版也许并非过时的烟云。

这本著作的"经"是李致有关出版的经历，它的"纬"却涉及出版的各个层面。但从宏观上检视，这样几点给人印象最深。

一是突破过去地方出版社出书只能围绕中心，配合运动，必须遵循"地方化、群众化、通俗化"的规定。"三化"捆住了手脚，群众对出版社很有意见。改革开放之初，四川人民出版社"摸着石头过河"，跟湖南人民出版社、吉林人民出版社等共同努力，终于争取到上层同意的"立足本省，面向全国"的出版方针。方针有了，路子就有了，局面便打开了。这从根本上改变了"文化大革命"酿成的"书荒"，从各个层面不断满足了群众如饥似渴的阅读需求。

二是识见。出版便要出产，但其产出的是精神食粮，所以出版人理应具有一定的卓识和预见。在这方面，四川出版是比较敏锐的。早在上边说的力争突破"三化"的过程中，他们便编辑出版了当时要国家一级出版社才能出版的领导人著作的周恩来总理的《周总理诗十七首》。接着在彭德怀元帅平反之前，他们便组织了关于彭德怀的书稿，并在1978年11月党的三中全会结束不久，很快推出了《在彭总身边》，当时引起很大震撼，无疑在"实践是检验真理的唯一标准"的讨论中抛出"一块大石头"，对顽固不化的"两个凡是"则是一个实实在在的冲击。后来，有鉴于中国社会关闭已久，在改革开放的新形势下，各行各业的群众都渴求接触国门外的新思潮和接纳为我所用的新知识，四川出版调动比较大的力量——作者、编辑、编委横跨十几个省市，都是当时涌现出的包括王岐山等人在内的中青年理论精英，组织编辑出版了"走向未来"丛书。反对自由化时，有人提出非议，出版社经过反思，顶住压力，继续为丛书一百册的出版呕心沥血。至今这套丛书好评不断，仍有旺盛的生命力。

三是包容。无论书稿的内容和作者，只要能提供知识和积累文化，传承文明，便应海纳百川，认真对待。本着这一理念，四川出版不惜工本与四川大学古籍所编纂了三千多万字的《全宋文》，更与中华书局合作重印全书一万部，字数多达一亿六千万的《古今图书集成》。在文学书籍出版上，他们相继推出了"现代作家选集"和"当代作家自选集"丛书；特别是诗歌方面，有近十套诗丛出版，活跃在中国诗坛的作者，当时几乎囊括以尽，以至1986年全国首届诗歌评选，获奖的作者几乎都在四川出过诗集，而评出的十本诗集，四川出版的占四本，四川被誉为"诗歌大国"。尤其值得一说的，徐志摩、李金发等上世纪三四十年代极有影响的诗人，由于种种原因，新中国建立后尘封了他们的著作，四川出版巧用"新诗资料丛书"的名义出版了这类诗作。于右任是国民党元老，担任过监察院长，后来定居台湾，但他的书法自成一格，很有特色，四川也没有让这样的佳作埋没。还有浩然，他是所谓"文革"中"八个样板戏，一个作家"的那位作家，粉碎"四人帮"后，处境十分艰难，他寄来了他"文革"前的短篇。作者生长在农村，又长期生活在农村，作为捧在手里便可嗅到泥土的芬芳的作品，四川毅然接受并在他回归文坛前与读者见了面。

四是队伍。四川出版这支队伍是好的，很能战斗的。他们具有蜡烛的奉献精神，情愿为人作嫁衣裳。他们中有的就是知名的作家和诗人，但忠于职守，始终将组好稿，编好稿，审好稿，出好书，出精品放在第一位。像后来获茅盾文学奖的王火，为了做好本职工作，便将《战争与人》三部曲的写作往后推了又推。更为主要的是龙头的作用，作为总编辑，李致的作风很踏实，很深入，他亲自参与组稿，常常一竿子插到印刷厂和新华书店，使编、印、发这一条龙更具活力地转动起来。这里特别称道的是李致的民主作风，他身上绝无官气，人们可以直呼其名，会上会下都可提意见、提建议，看不见门槛，也不设门槛。这样的民主氛围，极有利于独立的思考和思想的活跃，从而增强了团结奋进的创新活力。

　　在当前进一步深化改革的攻坚战中，这样的集思广益、群策群力的民主氛围，其实十分适用于各行各业，只要是不故步自封，谋求发展，便不能缺少"民主这个好东西"。

从《巴金近作》到《讲真话的书》

◎ 周立民[1]

一

四川是巴金的家乡，巴金的侄子（大哥之子）李致上世纪80年代又在出版界工作，这让四川出版巴金的书便享有了"外省"不具备的"特权"。如一印再印的十卷本《巴金选集》《讲真话的书》，所收内容都是在有了其他版本的情况下，另有一个别具特色的"四川版"。巴金不是一个让自己的书漫天飞的作家，对于授权他是很谨慎的，但天下人都可以理解：家乡，对于每一个人的人生规则而言永远都是一个例外。据说有位领袖，革命成功后再未回过家乡，主要是顾忌家乡人提出要求，他办不到。领袖人物尚且如此，何况向来重情谊的文人？

不过，巴金还是非常认真地提醒侄子，注意照顾其他出版者的权益。如："我在京的发言稿收到没有？那篇发言将在《文艺报》第一期上发表，因此你们的书，不能在8月前出版。"（巴金1978年6月9日致李致，《巴金的内心世界——给李致的200封信》第107页，四川人民出版社2006年11月版）"关于《近作》我的看法和你

---

① 周立民：巴金研究会常务副会长，巴金故居常务副馆长。

的不同。《随想录》第二集《探索集》已写成编好，将在人文和香港三联出版，我不好意思让你们明年就以《近作》的名义重印。这样做人文会有意见。"（巴金1980年11月1日致李致，同前第195页）在这之外，巴金还有一条非常明确的原则，在四川出版的多种著译都不要稿酬。后来，因为这不符合财务制度，巴金就让出版社将稿费直接捐出去，最初捐给出版社，后来捐给草创之初的中国现代文学馆。对此，在与李致的通信中也多有涉及：1980年12月19日给李致的信："以后出书，不用寄稿费给我。我不要。"（同前书，第201页）12月21日李致答复："从前年起，我就向编辑部的同志说明您不要稿费，但他们一直觉得这样不符合政策。有同志建议，把您的稿费存起来，将来设一项'巴金文学奖'。我估计您不会同意，没赞成这样做。这样，他们就把稿费寄给您了。收到您上封信后，我把信给有关同志看了。本已签发《近作》（二）的稿费，按您的意见不再寄出。"（同前书，第201页）对于稿费及其使用，在随后的1981年1月22日致李致的信中巴金再次明确："我所有的旧作（除了在人民文学出版社外）都不取稿费，王尔德童话集也不要。我反对搞'巴金奖金'。我看有两个用途，一、作为你社职工福利；二、不然就捐赠四川作协创作基金（不用我的名义）。我最近建议在北京创办一个中国现代文学（资料）馆，倘使办起来，我今后全部稿费都赠给这个资料馆。"（同前书，第207页）这位一辈子没有拿过国家工资的老作家，从踏入文坛的那一天起，就认为写作不是为了钱。他这么说的，也是这么做的。1982年7月21日巴金致信李致："下午就收到中国现代文学馆筹委会来信，说《探索与回忆》稿费一千五百九十元零五角汇到北京了。所以再发一信告知你，并向出版社的同志们表示谢意。《选集》的稿费以后仍请寄北京。《黑桃皇后及其他》就不要稿费了。"（同前书，第291页）

从《巴金近作》到《讲真话的书》，随着巴金写作的步伐，这套书涵盖了巴金新时期恢复写作后的所有作品，这是一部越出越厚的大书。从出版行为而言，从1978年到2006年，三十年来，如此持续、不中断的出版行为，是非常值得赞赏的。中国出版界不是很重视孵化和养育自己的招牌书、看家书，一本书出版后，便如弃儿，不闻不问。其实一本好书，版本可以多样化，在出版以后相当长的时间里重版、增补和修订是极其重要的事情。它能够让一本书真正成为你的独家书，也是踏踏实实的文化积累和贡献。而中国很多出版者似乎不屑于此，忙着开发"新品种"，让书成为流浪儿，换了一家出版社又一家出版社。这对于原初的出版者本身，岂不也是资源流失？我也听到过有出版者抱怨，作者见异思迁，自己总是换出版社。他没有反思一下，作者调换出版社，是不是原来的合作基础不牢固，甚至有不愉快的地方？特别是，一本书出版后，出版社便与作者劳燕分飞，如果这样，有新的出版者暗送秋波，作者自不必扭扭捏捏……当然，中国的出版社是看人的，一任领导一个思路一种做法，这也常常是他们摇摆不定、方向不明确的重要原因，如此看来，我们更应该为四川出版界持久、持续出版巴金的作品点赞。

二

《巴金近作》是一本只有薄薄一百五十八页的绿封面的小册子，四川人民出版社1978年8月出版，是巴金新时期恢复写作权利一年后所出的新书，内容很杂，散文、发言稿、序跋、小说，还有巴金翻译的赫尔岑的《往事与随想》的片段（当时书名译作《往事与深思》）……从这本书，还看不出出版者有什么统一的规划，就是一本老作家的近作集，它对于很多期望读到老作家新作的人，倒是一场及时雨。当时，《随想录》尚未写作，没有收入这一集，从1980年9月出版的第二集起才开始收入《随想录》。这时，书的封底已经打出"近作丛书"的字样，前勒口上也开列了一长串书目名单，有丁玲、王西彦、艾芜、叶君健、严文井、萧军、茅盾、罗荪、夏衍、康濯等多人加盟。久别文坛，读者关注老作家的劫后新作，这套书应时而生，得佩服出版者的敏锐。巴金这本，完整的书名是《巴金近作》第二集，封面上，还有一个"1980年"的字样。出版说明中宣称："1978年8月我社出版了深受群众喜爱的《巴金近作》。在迎接80年代到来的时刻，我们怀着喜悦的心情又编辑了《巴金近作》第二集。收在本集中的作品，是作者1978年8月以后写的。这里有对亡友、亡妻的深切怀念；有对自己创作生活的追忆；有记述他重访法国的感受；有他对当前关于文艺问题的争论的独特见解。作品有感而发，应兴而写，思想既深刻而又平易，感情既浓烈而朴实，读来感人至深。"这一集除了巴金正在写作的创作回忆录等文章外，《随想录》收入的是第一篇《谈〈望乡〉》到第三十五篇《大镜子》，还包括《总序》、第一集后记等，共计有三十七篇文章。

《巴金近作》第二集因为包含有《随想录》第一集、《创作回忆录》等内容，而这两本书人民文学出版社也有单行本出版，担心内容上重复，巴金给李致信上说："《近作》到（二）为止，再编下去就没有人买了……"（巴金1980年9月19日致李致，同前书，第189页）李致不断在争取这套书的生存权，他说："《近作》（二）出版后，很受欢迎。……《近作》第三集，我建议以《探索集》为主，加上今年所发表和所写的，明年上半年出书。"（李致1980年10月27日致巴金，同前书，第193页）"您表示愿意支持我们出版社的工作，同志们都很高兴。我们对您的要求：一、把《近作》出下去。您老说继续出下去没人看，实际情况并非如此。如明年初不行，下半年再编。"（李致1980年12月19日致巴金，同前书，第201页）此情难却，巴金同意了要求，并谈了自己的计划："近作三可以给你，但必须在下半年出版，早了不行。内容有《随想录》二十五篇，回忆录五篇，讲稿两篇，其他序文、后记、短文几篇，今年的文章全在这里了。回忆录刚写完，估计最快也要明年四五月出书，所以我说'早了不行'。"（巴金1980年12月28日致李致，同前书，第203页）次年7月24日给李致的信，巴金与李致交流了这本书的书名："《近作》（三），不印也行。如一定要印，也可以另起书名，像你说的那样，但由你们起名。这不是我自己编的，你们起名吧。"（同前书，第231页）8月2日给李致的信确定了书名："近作（三）改称《探索与回忆》可以，但要注明'巴金近作（三）'。"（同前书，第235页）1981年7月25日巴金给李致的信说："寄上四篇序文，近作（三）稿子齐了，只等五篇回忆录和一篇《文学生活五十年》（附印在回忆后面）。我想不会久等的。"（同前书，第233页）1982年1月20日，巴金校正全书的目录，又增补《怀念鲁迅先生》一文，《探索与回忆》的编辑工作算是告一段落。该书1982年4月由四川人民出版社出版。编者在出版说明中写道："《探索与回忆》是巴金近作的第三集。书中收入作者近年写的随想录、创作回忆录和序跋等散文共五十九篇。虽然题材不一，内容各异，但作家都是以真诚坦率的态度，剖析着自己，讲述着自己的真心话。……从这本书里，我们不仅可以感受到作者的一片真诚，而且可以从他对生活和人生的认识中吸取智慧，增强信念，为美好的明天贡献自己的力量。"这部书从《随想录》三十六篇《小狗包弟》起，到七十二篇《怀念鲁迅先生》，另收《探索集》后记、《我和文学》两篇，共收三十九篇《随想录》文章，包含了《随想录》的《探索集》《真话集》两集的部分内容。

近作之四的出版，则是四年以后的事情，这一集书名为《心里话》，1986年2月版，因为四川文艺出版社成立了，文艺书归属该社出版，所以出版者改为该社。这一集收《随想录》七十三篇《"鹰的歌"》到一二三篇《幸福》，《随想录》五十一篇，序跋五篇，回忆、信件和讲话六篇。这部书的编辑工作始于1985年年初，当年2月11日巴金致李致的信上说："《近作四》大部分原稿寄上，由你编辑。"并告知目录上打红圈的七篇过两天补寄（同前书，第329页）到2月25日，"寄上《愿化泥土·前记》一页，'近作四'的稿子齐了。"（同前书，第333页）第四集出版之后，李致便着手近作之五的编辑，1986年8月30日给巴金的信上说："请尽快把《无题集》寄给我们，以便出《近作（五）》。您放心，我们不会（也不可能）出在香港'三联'以前，但也不能拖得过久。四川文艺社拟再版《近作（二）》《探索与回忆》《心里话》。"（同前书，第341页）巴金在当年10月21日的回信中，谈到了这一集的编辑设想：

"近作（五）明年发稿也行，因为这两年半我就只写了一本《无题集》，不便用两个书名同时在两地印行。而且大半年来我身体差、精力不够，不可能一时找齐全部三十篇的剪报寄给你。目前我的打算是这样：

"一、年底或明年1月寄给你《无题集》全稿。

"二、如果健康，有时间，病情又好转，我要写封信谈谈有关《随想录》的一些事情。"（同前书，第345页）

第二年，他又具体谈到编目的问题："徐靖来，我对她讲过《近作》（五）可以编辑了。除收《无题集》二十八篇和后记一篇外，还有《致青年作家给李济生的信》（《六十年文选》代跋）、《答采臣》（《怀念集》增订本代跋）、《随想录合订本新记》共四篇。可能还有一篇《复苏叔阳同志（谈'老舍之死'）》，很短，听说要收入舒乙编的《老舍之死》中，要是发表了，便可以编入近作。"（巴金1987年8月5日致李致，同前书，第363页）看后来的书信，巴金已经动手做了准备工作，当年12月13日给李致信说："《近作》中需要的文章还未找齐：共七篇……"（同前书，第367页）他开列了七篇具体的题目。1988年1月19日信上说："近作十篇齐了。"（同前书，第373页）看来，书稿的编辑基本告竣。然而，在此书的编辑过程中却多有反复，原因出在出版社方面。1987年4月14日巴金给李致的信上说："《近作》暂时不出也好。对所谓《巴金传》我也是这样看法。"（同前书，第357页）1989年1月24日给李致的信说："《近作》不必出下去，十篇文章的篇目可退给我（包括几篇复印件）。"（同前书，第385页）看来，此事准备了两三年，最后还是没有出版。我推测，《近作》前三集出版时，人文社《随想录》印数少，满足不了读者的需求，而《近作》是很好的替代品。但是，1986年人文社和次年三联书店都在大量印刷《随想录》，《近作》受关注程度必然受到影响。再加上，那几年书价上涨，发行不好，前四集的印数和定价的变化可以看出端倪，《巴金近作》，三角三，版权页未印印数；《巴金近作》第二集，九角四，印刷六万二千册；《探索与回忆》，九角八，五万零四百册；《心里话》，一元六角七，七千四百八十册。第四集印数陡然下降，我想这对第五集的出版不能没有影响，所以才拖了这么久。

不过，四川人的魄力在于，《巴金近作》之五虽然没有出版，但它涅槃为《讲真话的书》，成为一部名副其实的大书，又开始了新的出版旅程。

三

四集《巴金近作》，我最先读到的是第三集《探索与回忆》。人与某部书的相遇，有时候有着很偶然的因素，就像在茫茫人海中遇到某个人并成为朋友一样，它并不一定有什么规律。能够读到《探索与回忆》，那是因为1988年的春天，我读完《春》《秋》之后，开始更加关注巴金的作品，而我们镇上文化站小小的图书室中恰好有这本《探索与回忆》。我不知道，这本书是谁买回来的，它被我借来，让我读到了《随想录》之外，《创作回忆录》中的内容，还有巴金对自己文学生涯回顾的《文学生活五十年》等。它进一步打开了我对巴金的世界的认识，《火》《砂丁》《还魂草》等名字第一次出现在我的面前，让我知道了《家》《春》《秋》之外，巴金还写过很多很多东西。我翻来覆去地读着书中的内容，尽管是借来的，这本内文纸软软的书，却成为我当时珍爱之物，包括它的设计。书的封面是洁白色的，占了三分之二是设计者戴卫所画的巴金正在读书的一幅速写，以银灰色印的。右上方是巴金手写体签名，下端横着的才是烫金的书名。据李致1982年6月25日给巴金的信，萧乾曾对这个封面赞赏有加："昨天接萧乾同志来信，他非常称赞这本书的封面，说：'太好了，实应得奖。'"（同前书，第285页）而我连卷首的那幅"作者近照"都很喜欢，那是巴老站在书架前拿了一本厚厚的大书，低头在看的照片，书架上有中文书，也有高大的外文书。我当年总想看清楚照片上都是些什么书，同时也羡慕：巴金的书可真多。

《巴金近作》各集，我都不是出版当时买的，而是后来陆续补购的，大多只是作为版本存留，并没有认真看过。《巴金近作》第一集，应当是在大连的旧物市场最先买到的，后来在别处看到也买回了些复本。第二集，是到上海以后，在复旦旧书店买的，三块钱。《探索与回忆》，记不得在哪里买的，我手里这本很新的，或许是在孔夫子网上买的？第四集《心里话》，我倒记得是在孔夫子网上买的。好长一段时间，我都不知道还有个第四集，那是偶然发现的。

买《讲真话的书》，则又是一次略带惊喜的记忆。彼时，我已经读高中，县里有图书馆，我除了去借书，还非常关注《文汇读书周报》，那上面有巴金的新作发表，有关于他的消息，还有很多新书讯，我经常拿一个用信纸订成的本子去抄录巴老的新作和各种消息。也就是在这份报纸上，我第一时间得到《讲真话的书》出版的消息，不用说，我的野心萌动，做梦也想买一部。有句话叫远在天边近在眼前，正当我盘算有谁可以到四川帮我买书时，这部书不费功夫飞到我眼前。1991年寒冷的冬天，我的高三第一学期。整个高中时期，没有给我留下什么好印象。至今回忆起来，饭不好吃，觉不够睡，我满脑子都是坐满了人的拥挤的教室，漫长的自习课，做不完的课卷，还有每次考试后内心的茫然感。那是我第一次离家住校，过着个人的独立生活，尽管只是离家六十里，现在看来不过出门逛逛街，但是雏燕孤飞，做什么都找不到方向。本来，读书是我很好的心灵慰藉，可是繁重的学习压力使我不得不减少课外书的阅读量，每逢我考试考得很差的时候，再多读课外书就有一种犯罪感。可是，当一个人内心被某一样东西吸引时，就是泰山也别想压平他心中的念头。那年冬天，临近期末考试，我得了严重的感冒，头晕眼花，两脚无力。你想象不到，那样情况下，我是兴高采烈地去跟老师请假，说我病了，不行了，必须回家休息，不能考试了。居然获得恩准！简直是胜利大逃亡，我是发着高烧哼着歌收拾东西的……现在想一想都觉得心酸，我非常庆幸自己在应试教育下侥幸做了一个逃亡者，然而，它浪费了我们多少一生中真正最美好的时光啊。

那时候回家，要在庄河的向阳桥坐车，坐被当地人称作"小面包"的那种小公汽。向阳桥旁边，是县的新华书店，全县最大的一个书店，也不过上下两层楼而已。因为有了轻松的心情，在重感冒的情形下，我还有劲头逛书店。那天，踏进书店大门我一眼就看到书架上新来的银灰色封面的《讲真话的书》，"巴金"的手写签字巨大，《讲真话的书》竖排书名也鲜亮，十九元五角的定价，在当时可能也不低吧，但恰好我口袋里有这个钱，立即拿下！书的封底上面有一行字："本书收集作者从1977年至1991年初所有著作——包括《随想录》五卷。"这正是我当时最为贪心的地方，我想读到更多巴金的书，始终读不到，经常是找到这本书找不到那本，"所有著作"，大对我的胃口。

《讲真话的书》，由四川文艺出版社出版，版权页上标注的是1990年9月第一版、1991年5月第一次印刷，中国图书的版权页，我始终弄不清楚里面藏着多少奥秘，第一版与第一次印刷，时间差了八个月（书中收的最后一篇文章，是1991年写的，居然超过了第一版的时间）！姑且这是可以理解的，印数上居然标注着"2000～10000册"，什么意思？前2000册是什么？第一次印刷之前还有第零次印数？幸亏我不是研究出版史的，否则脑筋都要累断了。后来弄明白，这书1990年9月，还真的印刷过一次，定价十六元六角，当时是一千一百四十八页，收文到1989年所写的《〈回忆〉后记》。而1991年印本实际上为二刷增补本，页码为一千一百九十二页。难怪巴老1991年1月28日给李致的信上写道："还有我寄了一篇《〈写给彦兄〉附记》给安常同志，这短文《讲真话》中收入了的，不过注释不清楚，这是为《鲁彦选集》写的。不单是《写给彦兄》的附记，出版者是上海文艺出版社。"（同前书，第393页）1991年4月8日，巴金给李致的信："关于讲真话的书，遗漏文章除了十七卷代跋（二）外，都已补齐。代跋共写了两篇，表示两种意见，可能王仰晨已把代跋（二）寄给你了。增订本什么时候出书？"（同前书，第395页）这个"增订本"其实就是第二次印刷本。1993年12月，这书又出版了第三次印刷本，也是补订本，收文至1993年的《没有神》一文，页码为一千二百四十二页。这一次版权页标准的版本才算是可以理解的：1990年第一版；1991年5月第二次印刷；1993年12月第三次印刷。印数是"10001～20000册"，定价为二十八元五角。

这部八十万字的大书，正文采用的是编年法排序，从1977年巴金的《一封信》开始，到1991年2月7日《巴金全集》第十七卷代跋（二）为止，尽收巴金这段时间公开发表的文章。编年的好处，能够沿着文章的先后理清作者的思路，同时时间标志性又在提醒着横向的比较。然而，这个版本更吸引人恐怕还不在这里，而是该书第1026页，《随想录》第一百四十五篇《"文革"博物馆》一文，竟然以"存目"的方式出现的，那一页除了题目，又是白纸一张。这是活生生地为《随想录》的收藏者制造新版本啊！

范用谈及此事气愤地说："大家知道，在国民党法西斯专政时期，报刊常有'开天窗'，报刊因为某篇文章或新闻被审查官'枪毙'了，编者故意让它空着，让读者知道，以表示对审查者的抗议。现在四川出版社的这本《讲真话的书》出现这种现象，又是为什么？""众所周知，党中央已经做了彻底否定'文革'的决定，难道巴老的意见犯了忌？"他还补充说："三联版《随想录》出版至今三十多年，没有发生什么问题，平安无事。天下本无事，庸人自扰也。"（《巴金先生的一封信》，《泥土 脚印》续编第191、192、193页）这是《随想录》第二次享受"开天窗"的待遇，第一次是香港三联版的《真话集》单行本。如今坐在精致的书房中喝着热茶的高士们，不会感受到巴金当年所承受的压力，乃至内心的郁闷。写作一辈子，似乎拥有了很多荣誉和吓人的头衔，他的一篇文章要与读者见面居然会是这么困难，换作你，是什么心情？不过，出版者也有他的委屈，李致在十多年后，于2004年撰文，并披露了巴金先生当年的信件，道出此事的来龙去脉：

在出版《讲真话的书》之前，正碰上一次不是运动的运动，极左思潮再度抬头。……当时，出版社曾被停业整顿，刚恢复出书不久。……在这种形势下，我去上海几次与巴老商量：一、推迟出书时间；二、用"存目"的方法，抽掉三篇文章。巴老认为，不要因为两三篇文章，影响到其他大量文章不能与读者见面。原则上采用"存目"的办法。1989年8月26日，巴老在给我的信中，一开始就说："我同意用'存目'的办法，反正你是责任编辑。我不会让你为难。"在编书的过程中，我认为原拟抽掉的三篇文章中的两篇文章，可能不会让别人抓住辫子，只决定把《"文革"博物馆》一篇"存目"。[①]

四

1995年10月，以四川人民出版社的名义，再一次出版《讲真话的书》，版权页上标注，这是第一版、第一次印刷，印数为五千册，为精装本，定价五十一元，书的页码已经增厚为一千二百八十一页，字数八十四万字，收文止于1994年的《怀念卫惠林》一文。从装帧看，书的变化似乎不大，依旧是银灰色的塑封外护封，不过书的内封，原来只有书脊有书名，现在封面上烫金印着巴金的头像，作者名、书名和出版社。内容上最大的变化，除了增补后续几年的新文章外，第1036-1039页，被开了"天窗"的《"文革"博物馆》一文终得恢复。我佩服四川的出版界和李致先生在于，他们不屈不挠地增补新内容，让这部书一直修订和印刷下去，这是一个接力赛，或者小马拉松，这种劲头应当是做文化的人必不可少的。

2003年11月，巴金先生百岁华诞之时，四川人民出版社《讲真话的书》又一次换装出版。封面换了彩色的巴金晚年写作的照片为衬底的图案，书以平装形式分两册出版，字数为八十六万二千字，收文止于1998年的《怀念曹禺》，封底说："本书收集巴金1977年以来的所有作品——包括《随想录》五卷、《再思录》和封笔之作《怀念曹禺》。"该书只印了三千册，2003年11月第一版，定价八十元。2006年8月，版权页上标着第三版的《讲真话的书》推出，我不知道在这两者之间的第二版是什么样子，这个上下卷本有精装本，难道就是第二版？第三版字数八十七万字，印数三千册，

---

① 李致：《从"存目"谈起》，《生命的开花——巴金研究集刊卷一》，文汇出版社2005年5月版。

定价九十八元，是十六开精装，一本堂皇漂亮的大书，封底上的文字改为："本书收集巴金1977年以来的所有作品——包括《随想录》五卷、《再思录》和绝笔《怀念振铎》。"收文延续到1999年，那一年之后巴金先生不能再执笔写作。这本书封面上还以烫金的字印着"谨以此书纪念巴金逝世一周年"的字样。

从1977年到1999年，在恢复写作后的二十二年里，巴金先生抱病写下了近九十万字，都收在这厚厚的大书里了。从1978年到2006年，二十八年里，家乡的出版者一直在经营着一部大书。作为读者，从初中时我读《探索与回忆》，高中时买《讲真话的书》，离开家乡工作后又受赠两版《讲真话的书》，似水的年华也快染白了我的头发。一部书与那些岁月，似乎有着讲不完的故事。

2015年10月7日傍晚于竹笑居

出书先做人，做好人才能出好书

——一个非出版人读《我与出版》①

◎ 何大光②

　　对出版工作，我很少接触，收到您寄来的这厚厚的书，真不知该怎么办？开始只想选读一部分，但在读的时候，觉得每篇都值得认真看，于是便鼓起劲，从头到尾把"它"读完了。全书内容太丰富了，文笔既朴实又富有情感，许多资料和照片都很珍贵。"它"不仅是出版方面的重要史料，也是教我们如何做人的宝贵教材。现在我就凭不完整的记忆向老领导作读书心得汇报吧！

　　首先，在"十年动乱"后，百废待兴，文化市场，严重书荒，这时您冒着风险，从实际出发，突破"三化"老框框的束缚，提出"立足本省，面向全国"的出书方针，使图书市场，从一片荒凉到欣欣向荣。您这种心系群众，敢于承担责任的气魄，使我十分敬佩。

　　其次，为了满足群众如饥似渴的阅读需求，您用敏锐的目光，高瞻远瞩，提出了出版系列丛书，如"现代作家选集""古今图书集成""诗丛""走向未来"，等等，还为最缺乏图书的农村提供

---

① 该文系何大光2014年6月14日写给李致的信。标题为编者所加。

② 何大光：重庆师范大学副教授，1950年与李致同事。

农民实用的科技读物，并为农村小学提供"小图书馆"丛书，这使川版图书形成"品牌多、成系列、有重点"。这是四川出版史上非常宝贵的一页。我还记得，在"文革"后的一次心理学学术会上，有同志送来几本刚印出还不成套的科技词典，当时大家都争着购买，我也抢购了一本，当时那高兴劲啊，至今难忘！

再有，您特别善于争取领导的支持和帮助，并团结同志共同努力去排除障碍，突破工作中的难点。《在彭总身边》和《最后的年月》是写得很感人、很真实的好书，工作人员是流着泪进行审稿、排字、赶印的，但《最后的年月》刚开始发行，有人就以"莫须有"的罪名叫停。是您通过迂回曲折的办法，找到了耀邦同志，才得以内部发行。我想这事除了您其他人是很难办到的。如果老百姓知道这事的真相，一定会感谢您，彭老在天之灵，也会得到一点安慰。此外对一些有争议的人物的作品，如徐志摩的诗歌，于右任的书法等，能在较早时期出版与读者见面，也多靠您的努力和勇于拍板定案。

第四，您坚持"出书先做人，做好人才能出好书"。有人戏称您是"出书狂人"。您领导下的四川出版社出了那么多的好书，您当然是一个难得的大好人。为了出好书，从组稿、编审、印刷到发行，环环都需要相互支持配合，而您常常是不辞辛苦，一竿子插到底。对一些著名作家，您是亲自登门拜访，带去的见面礼是四川出版社印刷装帧的书籍和高质量的出版承诺，您的真诚服务，赢得了他们的信任和赞誉，从而主动将稿件送交四川出版社出版。您对一些青年作家，认真关心、帮助。您还爱惜、保护了作者。总之，您在工作中尊重人、关心人、帮助人，和许多作家、同志都是能互相交心的好朋友。您是一个好的领导，您用自身的行动带出了一个团结奋斗的好队伍。四川出版社立志做出版家、不做出版商和出版官，这不是偶然的，他们是一群富有理想、具有高尚品德的同志，而众多学者、作家、读者对他们肯定、赞誉也就理所当然了。

附录

1976—1980年国际书店和香港三联书店订购川版书书目

一、政治、经济、理论读物十三种

1. 毛主席赴重庆谈判　红岩革命纪念馆编　500册
2. 周总理的青少年时代　怀恩编　400册
3. 周总理青少年时代诗文书信选（上）　怀恩编　300册
4. 周总理青少年时代诗文书信选（下）　怀恩编　300册
5. 朱德同志在井冈山的故事　中共江西宁冈县委宣传部编
6. 在彭总身边（回忆录）　景希珍口述　丁隆炎整理　500册
7. 忆杨闇公同志　刘伯承等　200册
8. 新华日报的回忆　本社编　300册
9. 川陕革命根据地历史文献选编（上）　400册
10. 川陕革命根据地历史文献选编（下）　200册
11. 社会主义的物质利益　徐秉让　400册
12. 中国道教思想史纲　卿希泰　300册
13. 张国焘其人　于吉楠编写　300册

二、史地、文教、工具书二十一种

14. 古代的巴蜀　童恩正著　1315册

15. 张献忠屠蜀考辨　胡昭曦著

16. 望江楼志　彭芸荪著

17. 王小波李顺起义资料汇编　川大历史系　800册

18. 伪满宫廷杂忆　周君适著1000册

19. 蜀锦史话　编写组编　400册

20. 邹容传　重庆《邹容传》编写组　500册

21. 离骚发微　魏炯若著　900册

22. 增订李太白年谱　王伯祥著　300册

23. 诗词曲律常识　徐洪文著　2800册

24. 文言文阅读常识　400册

25. 汉语成语研究　史式著　1800册

26. 辞典研究丛刊（一）　本社编　300册

27. 汉语成语英译手册　2000册

28. 广释词　徐仁甫编著　400册

29. 写作常识问答　300册

30. 汉语古文字字形表　徐中舒主编　500册

31. 常用形声字　300册

32. 常见成语故事　颜继禄编　500册

33. 英汉缩略语词典　四川外语学院等编　1500册

34. 文史工具书浅谈　张其中、施文义著　1500册

三、科技、卫生读物二十四种

35. 高能物理入门　尹儒英著

36. 崭新的能源——受控核聚变　白唐等　800册

37. 四川峨眉——甘洛地区震旦纪地层古生物及沉积环境
成都地质学院　200册

38. 四川地震资料汇编（二）　200册

39. 英汉科技常用短语辞典　500册

40. 四川植物志（第一卷）　编辑委员会

41. 四川植被　80册

42. 拉丁文植物学名词及术语　方文培编　200册

43. 四川茶叶　500册

44. 活兽慈舟校注　200册

45. 四川中药志（一）　2500册

46. 中医学基础（修订本）　成都中医学院编　1500册

47. 中医眼科六经法要　陈达夫著　1800册

48. 中医儿科学　成都中医学院编　4000册

49. 中医眼科学　成都中医学院编　3000册

50. 李斯炽医案（第一辑）　成都中医学院主编　1500册

51. 实用中医学　成都中医学院编　800册

52. 伤科按摩术　郑怀贤著　200册

53. 四川医林人物　400册

54. X线诊断学　川医附院放射科等

55. 口腔内科学（试用教材）　川医主编

56. 白内障手术学　沈允源　1200册

57. 妇产科疑难病症　乐以成等　500册

58. 临床生物化学检验　张桂生编　500册

四、文艺读物八十八种

59. 郭沫若选集（一）　400册

60. 郭沫若选集（二）　400册

61. 郭沫若选集（三）　400册

62. 何其芳选集（一）　1100册

63. 何其芳选集（二）　1100册

64. 何其芳选集（三） 1100册

65. 李劼人选集（第一卷） （精）300册

66. 李劼人选集（第二卷） （精）300册

67. 邵子南选集 （精）200册

68. 陈翔鹤选集 400册

69. 罗淑选集 600册

70. 东风第一枝（郭沫若近作） 1150册

71. 茅盾近作 500册

72. 巴金近作（小说散文集） 1900册

73. 巴金近作（二） 500册

74. 夏衍近作 400册

75. 丁玲近作 500册

76. 归来的歌（艾青近作） 200册

77. 叶君健近作 1300册

78. 严文井近作 400册

79. 黎明文稿（周立波近作） 200册

80. 罗荪近作 200册

81. 王西彦近作 300册

82. 康濯近作 300册

83. 鲁迅小说选 川大中文系编

84. 巴金中篇小说选（上） 500册

85. 巴金中篇小说选（下） 500册

86. 四世同堂——惶惑（长篇小说） 老舍著 1100册

87. 四世同堂——饥荒（长篇小说） 老舍著 1500册

88. 四世同堂——偷生（长篇小说） 老舍著 500册

89. 八十一梦（长篇小说） 张恨水著 500册

90. 二马（长篇小说） 老舍著 500册

91. 丰饶的原野（中篇小说） 艾芜著 300册

92. 霜叶红似二月花（中篇小说）　茅盾著　400册

93. 英雄的故事（小说散文集）　巴金著　200册

94. 夜归（短篇小说集）　艾芜著　800册

95. 女人集（短篇小说选）　韦君宜著　300册

96. 奇异的书简　柯岩著　300册

97. 四川十人短篇小说选　沙汀等著　600册

98. 涓埃集　沙汀著　300册

99. 爱的权利（短篇小说集）　沙汀著　300册

100. 盼（短篇小说集）　400册　戴晴著

101. 曾克散文选　200册

102. 作家的怀念（文集）　巴金等　300册

103. 呼唤春天的诗人

104. 春涛集（杂文）　唐弢　400册

105. 诗词若干首（唐宋明朝诗人咏四川）　刘开扬注　500册

106. 蜀道奇（诗集）　郭沫若著　1500册

107. 囚歌（革命烈士诗抄）　叶挺著　400册

108. 罗瑞卿诗集　800册

109. 李大钊诗浅释　周红兴等注　500册

110. 追思集（诗集）　魏传统著　300册

111. 郭沫若少年诗稿　乐山文管所编　1200册

112. 献给陈毅元帅（诗集）　陈昊苏

113. 仙人掌（诗集）　公刘著　200册

114. 冯至诗选　200册

115. 海恋花（散文）　艾青等著　300册

116. 春满长征路（诗集）　梁上泉著　300册

117. 日照大江流（诗集）　唐大同著

118. 油海飘香（诗集）　胡笳著

119. 杨慎诗选　王文才注　300册

120. 创作、欣赏与认识　王朝闻著　600册

121. 何其芳评传　尹在勤著　300册

122. 郭沫若研究论集　400册

123. 鲁迅笔名索解　200册

124. 学诗断想（评论）　臧克家著　800册

125. 中国文学家辞典（现代第一分册）　北京语言学院编

126. 三十年代左翼文艺资料编选　200册

127. 文艺和现代化　徐迟著　200册

128. 鲁迅评传　曾庆瑞　400册

129. 中国文学简史　屈守元　600册

130. 郭沫若历史剧《屈原》诗话　300册

131. 杜甫在四川　曾枣庄著　660册

132. 胆剑篇（五幕历史剧）　曹禺等著　1000册

133. 王昭君（五幕历史剧）　曹禺著　2000册

134. 大风歌（七幕历史剧）　陈白尘著　600册

135. 咫尺天涯（话剧）　吴祖光著

136. 大军西进（七场话剧）　300册

137. 庆祝中华人民共和国成立卅周年献礼演出
　　　得奖剧本（上）　300册

138. 庆祝中华人民共和国成立卅周年献礼演出
　　　得奖剧本（中）　300册

139. 庆祝中华人民共和国成立卅周年献礼演出
　　　得奖剧本（下）　300册

140. 传统川剧折子戏选（一）　220册

141. 歪教书（传统相声集）　324册

142. 马季相声选　400册

143. 峨眉山民间故事　500册

144. 自学二胡　舒昭　1000册

145. 巴山春早（民乐独奏曲选）　四川音乐学院编　300册

五、少儿读物五种

146. 赵巧儿送灯台（民间故事）　邵子南整理　1000册
147. 火萤与金鱼（童话集）　包蕾著
148. 猪八戒学本领（诗配画）　马丁绘　张继楼诗　2000册
149. 波罗乔少爷　300册
150. 英王陈玉成（历史小说）　400册

六、美术、书法十八种

151. 四川雕塑选（画册）　四川美协等编　100册
152. 陈子庄作品选（画册）　200册
153. 李焕民作品选（画册）　四川美协
154. 中国画人物头像写生（画选）　刘文西绘　200册
155. 四川版画选　四川美协等编　1100册
156. 羌族挑绣图案（画册）　廖永芳等收集　300册
157. 四川民间挑花图案（画册）　400册
158. 红玉（聊斋连环画）　张雨改编　张文忠绘　2000册
159. 小麻雀照镜子（彩色连环画）　王开术等绘　2000册
160. 喜鹊和蛇攀亲（彩色连环画）　于世绪绘　1500册
161. 蜀道奇（郭沫若手迹）　300册
162. 裴休字帖（《圭峰禅师碑》）　800册
163. 苏东坡字帖（卷一）　800册
164. 柳公权字帖（《金刚经》）　800册
165. 欧阳询字帖（《道固法师碑》）　800册
166. 楷书间架结构帖　1000册

167. 欧阳通字帖（《皇甫府君碑》）　800册

168. 赵孟頫字帖（《寿春堂记》）　1000册

七、民族读物九种

169. 民族问题与民族政策　300册

170. 凉山地区古代民族资料汇编　1050册

171. 羌寨怒火（家史）

172. 少数民族短篇小说选　300册

173. 少数民族诗人作品选　100册

174. 中国少数民族童话故事选　300册

175. 藏文文法概论（藏文版）　200册

176. 藏汉对照常用词汇　西藏民院编　400册

177. 藏文动词释难　30册

八、旅游读物四种

178. 峨眉山　300册

179. 仙山峨眉　300册

180. 天府导游　300册

181. 四川名胜（一）　沈石　300册

九、期刊三种

182. 旅游天府（第一辑）　300册

183. 龙门阵（一）　300册

184. 文明（创刊号）　500册

1981年国际书店和香港三联书店订购川版书书目

一、政治、经济、理论读物八种

1. 政治经济学（社会主义部分）南方十六所大学编　10册
2. 农村人民公社生产队会计教材　1册
3. 生产队联产责任制经济往来手册　1册
4. 停战谈判资料　川大马列主义教研室党史科研组编　200册
5. 重庆谈判资料　川大马列主义教研室党史科研组编　400册
6. 陈毅早年的回忆与文稿　聂元素、陈昊苏等编　320册
7. 红军长征在四川的战斗历程　沈果正等编　400册
8. 法律专业逻辑学　石子坚、杨作洲等著　400册

二、文教、史地、工具书二十四种

9. 广释词　徐仁甫编著 1400册
10. 杜甫　缪钺著　5册
11. 杜诗杂说　曹慕樊著　300册
12. 钓鱼城史实考察　西南师范学院历史系编 4册
13. 川湖陕白莲教资料辑录　蒋维明编　200册

14. 《汉书·周勃传》注释　15册

15. 左传疏证　徐仁甫著　700册

16. 西夏史稿　吴天墀著　600册

17. 蜀锦史话　编写组　15册

18. 张献忠传论　袁庭栋著　800册

19. 伪满宫廷杂忆　周君适著 1500册

20. 四川军阀史料（第一辑）　四川省文史馆编　300册

21. 圣教入川记（四川历史资料丛书）　古洛东著　200册

22. 写作常识问答（汉语基础知识丛书）

　　川师中文系编写　300册

23. 写作和语言　朱伯石著　400册

24. 古代文献知识　赵振铎著　50册

25. 中国古代历史地图集　南充师范学院历史系编著　500册

26. 成都风物　成都市群众艺术馆编　300册

27. 对联选　成都市群众艺术馆编　500册

28. 农村四言杂字　1册

29. 四川成语歇后语韵本　成都市群众艺术馆编 80册

30. 英汉科技常用短语辞典　吴慰曾著　1000册

31. 辞典研究丛刊（二）　350册

32. 红军长征过四川（革命文物选辑）四川省博物馆编写　3册

三、科技、卫生读物十六种

32. 四川植物志　编辑委员会　200册

34. 四川松杉植物地理　管中天著　100册

35. 四川资源动物志（第一卷）　本志编委会　200册

36. 王渭川妇科治疗经验　王渭川著　李友梅等整理　200册

37. 实用妇产科学　刘云波、何玉芬著　6册

38. 临床经验回忆录　刘梓衡著　300册

39. 家庭常用成药　蓝太富等编　30册

40. 四川医林人物　陈先赋、林森荣著　178册

41. 仓储螨类　陆联高编著　1册

42. 电视机的正确使用和维护　刘谨书等　6册

43. 大众川菜　刘建成等　400册

44. 川味小吃　温江地区饮食公司　400册

45. 科普学文汇　中国科普作协成都科普学研究小组　6册

46. 列线图　甘佑文著　6册

47. 四川水文地质专集　四川省地质局著　50册

48. 川西藏东地区地层与古生物

　　四川省地质局、南京古生物所著　100册

四、文艺读物二十五种

49. 腐蚀　茅盾著　500册

50. 陈白尘剧作选　200册

51. 秦牧选集　1000册

52. 周文选集（上）　2册

53. 周文选集（下）　2册

54. 艾芜近作　400册

55. 萧军近作　500册

56. 黎明文稿　周立波著　500册

57. 茶馆（三幕话剧）　老舍著　140册

58. 戴望舒诗集　300册

59. 徐志摩诗集　600册

60. 胡也频诗稿　400册

61. 陈子昂诗注　彭庆生注释　715册

62. 杨慎诗选　王文才选注　200册

63. 刘宾雁报告文学选　340册

64. 西行散记　马识途著　600册

65. 景行集　马识途著　300册

66. 樱花书简　郭沫若著　300册

67. 鲁迅印象记　王志之著　300册

68. 简论李白与杜甫　燕白著　300册

69. 《李自成》艺术谈　胡德培著　400册

70. 谈川剧舞台人物创造　《四川文学》编辑部编　15册

71. 传统川剧折子戏选（一）　15册

72. 中国文学家辞典（古代一分册）

　　北京语言学院编　820册

73. 中国文学家辞典（现代二分册）

　　北京语言学院编　1000册

五、美术三种

74. 白龙公主（连环画）　张雨、槐山改编　黄永镇画　200册

75. 神灯（连环画）　许德贵改编　张修竹画　200册

76. 峨眉山民间故事（盒装）

　　许德贵、张承业编文 张文忠等画　200册

六、旅游二种

77. 旅游会话手册　200册

78. 成都游览图　200册

七、民族读物七种

79. 民族问题与民族政策 本书编辑组编 10册
80. 民族形成问题研究 牙含章著 10册
81. 格萨尔王传——赛马登位 35册
82. 格萨尔王传——仙界遣使 35册
83. 中国少数民族童话故事选 李耀宗编 300册
84. 藏族谚语（藏汉对照） 佟锦华等翻译整理 100册
85. 藏汉对照常用词汇
    西藏民族学院预科藏文教研组编 50册

八、期刊三种

82. 龙门阵
83. 文明
84. 旅游天府

2013年版后记[①]

一

从粉碎"四人帮"，到四川省出版总社结束，川版书有许多经验教训可以总结。我在四川人民出版社任总编辑时，除参与制定总的选题，主要分管文艺（包括少年儿童读物）编辑室、美术编辑室和总编室。总编室重点管设计科、校对科和内刊《交流》。也就是说，有许多经验需要更多的同事来写，所以本书只用了《李致与出版》这个书名。

从过去执行"三化"方针到"立足本省，面向全国"，对四川人民出版社来说，是一个很大的变化，如何适应这个变化需要做许多工作，还有些话想说。

务必调动所有出版人的积极性。出版社的工作是涉及社会的各方面，任何一个领导都不可能是全才，更不可能比所有的人都高明。仅就文艺编辑室来说，小说、散文、诗歌、戏剧、曲艺，尽管有其共性，领导也不可能门门在行，关键是调动全社同志的积极性，放手让大家去干，在实践中提高。干得出色，肯定表扬；遇到困难，帮助解决；遭遇失败，总结教训。这样形成的团队，才可能完成多种任务。

敢于策划重大题材和约请知名人士写稿。我们能出《周总理

---

① 此系《李致与出版》后记，四川教育出版社2013年版。

诗十七首》《在彭总身边》等老一辈革命家的书，能出包括鲁迅、郭沫若、茅盾、巴金、曹禺、老舍、艾青等名家在内的"现代作家选集"丛书，必然吸引更多的学者和作家到四川出书。这就是现在说的名人效应。编辑的主要精力应放在策划、搞好选题、选准作者上，不要肆意修改文字。当然，任何笔误和错误都须校正。

大胆运用外界力量。出《周总理诗十七首》时，请赵朴初指导和把关。"走向未来"丛书，主要依靠在北京的编委会。出两卷《鲁迅选集》时，请了曾彦修（原人民出版社总编辑）与戴文葆来编选和注释。四川出版了许多诗歌集，诗人周良沛为我们出了大力。运用外界力量，对我们来说也是一种学习。

努力提高社内编辑的业务水平。我们举办学习班，由社长、几位总编辑讲课。我负责三讲：出版方针和对出版社的要求；如何写好图书的征订单；搞好装帧设计。平时，重点办好内刊《交流》。每期一两页，把编辑的经验和教训，外界的肯定和批评，图书的印制和销售情况等各方信息及时送到编室和科室，让每一个成员都能看见。原来设想新来的编辑都要先去校对科和设计室各工作半年，再做编辑。可惜当时工作繁忙，人手少，这个办法未能坚持。

与《收获》杂志合作，是"双赢"的措施。1982年，出版社与《收获》杂志合作，在乐山举办笔会，联络了不少当时著名的作家。这些作家的优秀作品，在《收获》杂志上刊登以后，又在四川出版社出版合集或单行本，形成"双赢"的局面。

认真搞好装帧设计和印刷质量。当年我去组稿，最好的办法是带一批装帧设计和印刷质量上乘的图书给作者看。精美的书籍对名家的吸引远比口头宣传有效。这些名家拿着四川出版的他们的书去给朋友看，又扩大了影响。如华君武向张乐平推荐到四川出书。这样的事例很多。

与印刷厂和书店搞好关系。出版社支持四川新华印刷厂买了电子分色机。我个人与厂长李玉山交朋友，他离休以后成了我的读者，常与我通信。四川省新华书店为支持川版书面向全国，把原先只发给省、市、自治区的征订单增发至全国所有的县。我至今对他们心存感激。

二

当年川版书的情况的确值得回忆。我个人的接触面有限，所以附录了一些我保存的资料。

在1986年首届图书博览会，媒体报道川版书"品种多，有重点，成系列"。特别值得一提的是"走向未来"丛书。这套丛书是时任中国社会科学院青少年研究所所长张黎群见我社出书思想解放，直接向我推荐的。该书共出版七十四种，介绍了当代社会科学和自然科学互相渗透这一发展趋势中的新理论、新思想、新知识，是"五四"科学精神的延续。丛书的编委和作者都是知名的学者，当今的副总理王岐山就是编委之一。在长期闭关锁国后出这套丛书，难能可贵。这套书曾受到一些非议，但广大读者和学术界则十分欢迎，1987年5月，累计印数达八百多万册（据四川人民出版社《出版工作情况反映》第八期）。改革开放三十年之际，二十三名学者在《南方周末》将该丛书评为这三十年来影响最大思想类图书之首。此外，"中国漫画"丛书、"小图书馆"丛书、"近代稗海"丛书等等，都很受欢迎。

四川人民出版社与省外众多的出版社保持友好关系。人民文学出版社总编辑韦君宜，在四川出了三本书，她生病时我两次去看望她。三联书店总经理范用成了我的朋友。湖南人民出版社总编辑胡真，在长沙会议之前曾来四川参观，会议以后我仍密切联系，我至今保存他给我的全部信件。我珍惜与他们的友谊，在出版工作中与作者结下的友谊历久弥新。

2013年8月22日

·后记·

2017年春节刚过，四川人民出版社社长黄立新来到我家，希望出版我的文集。

我既感激，又惶恐。为什么惶恐？因为这几年，四川出版了李劼人、沙汀、艾芜、马识途和王火等著名作家的文集，不敢与他们"为伍"。为了有所区别，我想：如果要出，就叫"文存"吧。

有必要出"文存"吗？我征求了多位文友的意见。他们认为，我年近九十，写的一百多万字的往事随笔，无论是欢乐还是坎坷，都具有时代的某些折射或缩影。何况我与巴金老人之间特殊的亲情和相互的理解，以及改革开放之初于四川出版、振兴川剧的亲力亲为，都值得保存。我被说服，便有了《李致文存》。

四川人民出版社的编审谢雪，作为"文存"责任编辑之一，做了大量统筹工作。我们共同商定了"文存"的卷次、编排的体例和收编的原则。拟定"文存"共五卷六册：第一卷《我与巴金》，第二卷《我的人生》（上、下册），第三卷《我与出版》，第四卷《我与川剧》，第五卷《我的书信》，将我前后公开出版和编印的十种单行本，加上早年一些没有成集的、这四年新写的，一并收入。

早期写的文章，这次辑集时稍有补充，或加了附记；有的文章因发表时的侧重不同，辑集后某些细节有重复；还有极少数几篇文章，为适应不同的主题，也为方便分卷阅读，故重复收入，如巴金的《偏爱川剧》一文，在《我与巴金》和《我与川剧》两卷中都能找到。特此说明。

　　感谢四川人民出版社！

　　本书如有差误，恭请指正。

2018年12月9日